U0533245

老庄孙子 著

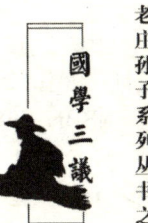

国学三议

老庄孙子系列丛书之二

老庄与论语

山东人民出版社

国家一级出版社 全国百佳图书出版单位

图书在版编目（CIP）数据

国学三议 / 老庄孙子著. -- 济南：山东人民出版社，2016.7
ISBN 978-7-209-09897-7

Ⅰ．①国… Ⅱ．①老… Ⅲ．①国学－通俗读物 Ⅳ．①Z126-49

中国版本图书馆CIP数据核字(2016)第171045号

国学三议：老庄与论语

老庄孙子　著

主管部门	山东出版传媒股份有限公司
出版发行	山东人民出版社
社　　址	济南市胜利大街39号
邮　　编	250001
电　　话	总编室（0531）82098914
	市场部（0531）82098027
网　　址	http://www.sd-book.com.cn
印　　装	肥城新华印刷有限公司
经　　销	新华书店
规　　格	32开（145mm×210mm）
印　　张	14.125
字　　数	360千字
版　　次	2016年7月第1版
印　　次	2016年7月第1次
ISBN	978-7-209-09897-7
定　　价	99.00元（共三册）

如有印装质量问题，请与出版社总编室联系调换。

序

何新先生说：《庄子》书中，存有大量关于孔子生年言论事迹之传说。而古人以《庄子》为"寓言"，儒者目之为旁宗，多不采信。近人以儒道为对立，亦不用之。实际上，《庄子》书中多儒家言。自魏晋以降，俗说习惯以"老庄"并称。其实老子之用世及不离不弃，与庄子之出世而蜕脱尘埃，具有根本意义上的不同。虽然庄子褒扬老子，但事实上我们很难找到老子与庄子的直接渊源。相反，从庄子书中看，庄子与孔门关系颇深，其学应出儒门后学而变异，孔、庄之间具有颇为深刻之历史渊源。

乍一看，何先生说的很有见地，其实细究起来，问题多多，自相矛盾，不能自圆其说。说到根儿上，中华文化、诸子百家如出一辙。南怀瑾先生说均出自《易经》。我不以为然。说久远一点儿是盘古"一划"开天地；晚一点儿距今一万年左右，则是伏羲先天八卦，"一而二"一阴一阳，"二而一"阴阳合和（加上中阴更好，三缘合和，心物一元）。

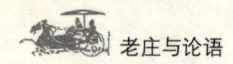

有文字即所谓有史以来，距今5000年左右，即所谓中华5000年文明。炎黄后，唐尧禅位、虞舜传承用一句四字真言"允执厥中"可概括，这才是中华文明的真正源头，所有文化、文人、哲人的宗祖。岂止是儒墨道，严格意义上讲，儒释道也是一家。正如陆象山所说："东方有圣人，西方有圣人，此道同此理同。"说庄子仅仅是个出世者，那是大大的错误。为此，受南先生启发，本人在三十年研习中西文化的基础上，花了三年时间，写了一个小专题《庄子里面的孔子》，庄子是孔子的真正知音、正传。孔子是悟道后的入世者，或者在一生的入世中不断开悟，不断有出离心。若何先生有兴趣，可送一阅。

庄子的终极目标是逍遥、齐物、养生、人间世、德充符、大宗师，最后应为帝王！只不过他是冷眼看大千，正因为他眼太冷，所以总被误认为是个出世者，其实他是以出世之心做入世之事，心又极热！天下对于他来讲，如孔子所说"手心手背"，易如反掌而已，用庄子自己的话讲即尘垢秕糠犹可陶铸尧舜！这种境界恐怕不是何先生当然又不止何先生所能修到的。堪比孔子之："格物、至知、正心、诚意、修身、齐家、治国、平天下。"只是庄子的格局更高、气魄更大，亦非孔子能及。用老子"道"之"大、逝、远、反"，或可一比。严格地讲，孔子是在晚年才悟道的，至少是在69岁以后！

再看看老子之"修观""立德""善建者不拔，善抱者不脱，子孙以祭祀不辍。修之于身，其德乃真；修之于家，其德乃余；修之于乡，其德乃长；修之于邦，其德乃丰；修之于天下，其德乃普。故以身观身，以家观家，以乡观乡，以邦观邦，以天下观天下。吾何以知天下哉？以此"。所谓普者："普天之下，其非王土，率土之滨，莫非王臣。"大慈大悲，普度众生是也。通观《庄子》，引用、叙述、礼赞黄帝、老子之言论、故事远高于论述孔子，且都是真知灼见。有时间我想再写一个专题《庄子里面的黄老》。

说到底，黄老一家、老孔一家、孔庄一家，A＝B，B＝C，A当然等于C了！这是最起码的小学数学道理。其实那些所谓国学大师、大德、泰斗、哲人尤其是文人骚客们又有几许懂数学的（画外音：马克思的哲学思想是建立在自然科学特别是数学基础之上的）？充其量，套用一句老子的话："此两者，同出而异名，同谓之玄，玄之又玄，众妙之门。"

为此，我又写了个专题《老庄与论语》，更深、更广、更透，也顺便与何先生商榷。随后，还要写一个专题《金刚经与道德经》。最后一个大专题《溯源孔子》，还孔子以本来面目，如：野合、野生、野种；英雄不问出处；肇始于礼乐、中和于仁义、究竟于道德……何先生知道后可能会不舒服，不过没有关系，那只是我最终的愿景，等到这个专题问世时，或许何先生早已彻悟、究竟了。那时，我们成为千古知音亦未可知。

关于《老庄与论语》再啰唆几句。众所周知春秋以降的后学们，大都认为《老子》玄之又玄，光怪陆离，从《道德经》

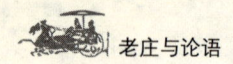

一跃为太上老君,更加神乎其神!认为《庄子》荒诞不经,诙谲诡怪,一变成了《南华经》,庄子没成精,却成就了文章千古事,文学大宗师了!什么屈原啊嵇康啊唐宋八大家啊鲁迅啊郭沫若啊胡适啊,等等。失本逐末,买椟还珠!真是为之奈何?虞兮虞兮奈若何呀!谁知庄子?殊不知,老庄之道甚易知、甚易行,只可惜天下莫能知、莫能行。又岂知,老子对孔子影响最大,是孔子最佩服崇敬的人,其犹龙乎?而庄子则是孔子的千古第一知音(列子也知孔,有些地方超越庄子)!老、孔、庄一脉相传,共同承载着中华伟大文明,"玄牝之门,是谓天下根",是众妙之门。三人合起直与伏羲、黄帝媲美,后无来者。不信,咱就用《老子》《庄子》还有《列子》解解《论语》看,辅助一些诸子百家、历史故事(主要是先秦),穿插一点释家的言语、典故,当然,老庄孙子曰是万万不能少的,有助于更好理解,也更有味道。

注1:何新,男,1949年生,中国社科院研究员。1991年专职调入全国政协。1983年开始写书,著作等身、学富五车。以文化特别是孔子、孔学研究见长。我以为他是当今大陆研究孔学最权威者之一。

注2:选择《论语》哪一个版本,我很纠结。最后,还是选择了钱宁先生的《新论语》,这并不意味着我就同意钱先生的编辑体系。对待《论语》,我是赞同孔子"吾道一以贯之"之观点的。

注3:老子《道德经》,我是以河上公、王弼注本为主,

兼参马王堆出土的帛书《老子》。《庄子》以中华书局新编诸子集成《庄子集释》为主。

2013 年 5 月 5 日

阴历三月二十六日·五十辰

目 录

序 1

第一篇 内编 孔子之语

第一章 核心篇 3

仁为核心（这是钱宁先生说的） 3
仁之形态 29
外化为礼 36

第二章 路径篇 47

君子之路 89

第三章 实践篇 114

从政治国 114
处世为人（人间世） 182

第四章　例证篇 ……………………………… 248

　　评价弟子 ……………………………………… 248

　　谈诗论乐 ……………………………………… 294

　　案例辨析 ……………………………………… 302

　　议论时政 ……………………………………… 304

　　臧否人物 ……………………………………… 329

第五章　哲思篇 ……………………………… 373

　　天命 …………………………………………… 373

　　鬼神 …………………………………………… 381

　　夫子自道 ……………………………………… 386

　　时光如流水 …………………………………… 397

第二篇　外编　弟子之言

第六章　评价篇 ……………………………… 401

　　生前 …………………………………………… 401

　　身后 …………………………………………… 402

　　学说 …………………………………………… 404

第七章　记忆篇 ……………………………… 409

　　音容笑貌 ……………………………………… 409

　　行为举止 ……………………………………… 409

衣食住行 ………………………………… 413
言传身教 ………………………………… 416
生平际遇 ………………………………… 417

第八章　阐述篇 ………………………………… 421

主要思想（有点凌乱且不是主要思想）……… 421
学习修身 ………………………………… 423
君子和志士 ……………………………… 427
从政治国 ………………………………… 429
交友之道 ………………………………… 431
关于弟子 ………………………………… 432
历史之鉴 ………………………………… 434

第一篇 内编

孔子之语

第一章　核心篇

仁为核心（这是钱宁先生说的）

仁是什么

1.1　樊迟问仁。子曰："爱人。"

到底何为仁？先做一个初探。

《庄子》外篇"天道"章记载：孔子晚年，完成《诗》《书》《礼》《乐》《春秋》《易》的编定。准备西行藏书于周室图书馆。**老庄孙子**：孔子是在71岁时鲁国叔孙氏的仆役射杀麒麟，孔子见后记录"十有四年，春，西狩获麟"痛哭后，绝笔《春秋》的！

子路给他出主意：我听说周朝王室负责史籍搜集管理的史官老子已退休归隐。您何不去请他帮忙？

孔子：好。于是往见老子。结果老子不愿帮忙。

孔子着急，忙向老子演说六经如何如何好，想以此说服老子。

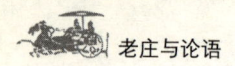

老子不耐烦地打断孔子话:"你说的漫无边际,请简明扼要!"

孔子:"我的学说核心是仁义。"**老庄孙子**:钱先生思路出处?抑若后人都把孔子思想核定为"仁"的因缘?

老子:"请问,仁义是人的本性吗?"

孔子:"是的。君子不仁则不会成功,不义则难以生存。仁义,确实是人的本性,哪里会有其他呢?"**老庄孙子**:注意!仁义是对君子的要求。

老子:"请问,何谓仁义?"

孔子:"心地中正,与物和悦,兼爱无私,这就是仁义的实质。"**老庄孙子**:"孔子在此说了"兼爱"!这是墨家的专利。"

老子:"噫!这都是次要的言论。所谓兼爱,不是太迂腐了吗?无私就是自私。你真的想'牧养'(《管子》中专有"牧人"篇)天下之人吗?然则,天地固有常,日月固有明,星辰固有列,禽兽固有群,树木固有立。你只管效仿天德,循道而行,这就可以了!又何必声嘶力竭、摇旗呐喊、汲汲乎仁义呢?这无异于敲着大鼓去追逃犯。唉!你是在扰乱人心啊。"**老庄孙子**:老子一再讲的"固"要特别注意!欲擒固纵,非故也。

老子接着说,古之明大道者,必先明了天道而道德次之;道德已明,仁义次之;仁义已明,礼法次之;礼法已明,形名次之;形名已明,因任次之;因任已明,原省(反省、考察)次之;原省已明,是非次之;是非已明,刑罚次之;

刑罚已明而愚直处宜，贵贱履位，仁贤不肖各适所适。人人量力而行，尽力而为，名实相符。以此事上，以此畜下，以此治物，以此修身，智谋不用，必归于天，自然而然。此之谓太平，治之至也。**老庄孙子**：此乃真正名也！

人类从远古原始社会、母系社会、父系社会到三代以至于今，世风日下、道德沦丧，不得已（很紧要的三个字，可做一篇大文章）才道、德、仁、义、礼、智、信、行政、因任、刑罚，等而下之。**老庄孙子**：老庄都批评仁（人为之仁），但不反对"至仁"（相当于孔学的止于至善）。二人的共同观点，仁不是人的本性（恶也不是人的本性），不是人类所特有。孔子之人之初，既不是性本善，也不是性本恶！

《老子》第18章，河上公（以下略）命名为"俗薄"：大道废，有仁义；智慧出，有大伪；六亲不和有孝慈；国家昏乱出忠臣。**老庄孙子**：多么合于《庄子》中老子之论！

第19章"还淳"：绝圣弃智，民利百倍，绝伪弃诈，民复孝慈；绝巧弃利，盗贼无有……见素抱朴，少私寡欲。**老庄孙子**：人人都有一颗纯朴的良心，圣智仁义有何用？《黄帝阴符经》中说：绝利一源，用师十倍；三返昼夜，用师万倍。九窍之邪，在乎三要（眼耳口）。心生于物，死于物，机在目。伟大的音乐家大都是瞎子。即老子之"塞其兑，闭其门"。修炼。

第38章"论德"（德经第一篇）：上德不德，是以有德；下德不德，是以无德。上德无为而无以为，下德无为而有以为；上仁（相当于庄子至仁）为之而无以为，上义

为之而有以为，上礼为之而莫之应，则攘臂而扔之。故失道而后德，失德而后仁，失仁而后义，失义而后礼。夫礼者，忠信之薄而乱之首。前识者（掐命算卦、前知后知500年者），道之华，而愚之始。是以大丈夫处其厚（孔子之"地势坤，君子以厚德载物"），不居其薄；处其实，不居其华。

老庄孙子：老庄是站在这个角度批判人为之"仁义"的！

孔子怎么看"前识者"。

《列子·仲尼》篇记载：陈国有位大夫出使鲁国，私下见了鲁国大夫叔孙氏。

叔孙："我国有圣人。"

陈大夫："不就是孔丘吗？"

叔孙："是的。"

陈大夫："孔丘圣在何处？"

叔孙："我经常听颜回说'孔丘能废心而用形'。"**老庄孙子**：心斋而忘形。

陈大夫："我国也有圣人，你知道吗？"

叔孙："谁？"

陈大夫："老子的弟子亢仓子，是一位得道之人，他能耳视目听。"**老庄孙子**：是神通。

叔孙说给了鲁侯，鲁侯大惊。委派上卿厚礼盛约亢仓子。亢仓子应约而至。鲁侯卑辞请教。

亢仓子：那是妄传。我虽然视听不用耳目，但却没有丧失耳目之功能。只是不用而已。**老庄孙子**：真谦虚。

鲁侯：哪里啊！你这么一说，比我听来的还高明。这么深的道行，怎么修呀？寡人愿闻其详，请不吝赐教。

亢仓子：我的修炼分四步。一是身心合一（体合于心），二是心气合一，三是气神合一，四是神无合一。**老庄孙子**：炼精还气，练气还神，炼神还虚，虚空粉碎。

亢仓子接着说：这时已空灵不寐（般若的境界），只要有一点声音，不管多远，我都能听得到。根本不是七窍四肢也不是五脏六腑所能感觉到的。纯粹是灵智、灵感的跃动，自然而知而已。**老庄孙子**：天眼、阿赖耶识、唯识。

鲁侯听后，大悦。随后告诉了孔子，孔子笑而不答。**老庄孙子**：禅机、话头！所谓"废心用形"，脑子清静，空灵不寐，心无杂念，无喜无忧，无烦无恼，物来则照，物去不留。修行、修炼、修养的最高境界。这就是孔子微笑的原因！可比释迦拈花、迦叶微笑，当然鲁侯难比释迦。

孔子说：为政以德，譬如北辰，居其所而众星拱之。与此章一脉相承。也是不得已才仁。道家讲究无为，其实孔子为政的最高境界也是无为。即上德无为而无所不为，是至德。所以最接近于大道。**老庄孙子**：《论语》不足以代表孔子，也非孔子、孔学本来面目！

下德又分三个层次：一是上仁，二是上义，三是上礼。均是有为，但不是妄为，于治人治世还是很有益的，并非刻意表现仁义礼，属于不伪范畴。上仁属于下德的上流，上义属于中流，上礼则属于下德的下流是下下流。

至于一般的，特别是刻意而为的仁、义、礼、智、法、刑、名则不入流。春秋战国时期，礼崩乐坏，弑君杀子，霸权强盗，穷兵黩武,弱肉强食,惨绝人寰,生灵涂炭,人性不如兽性,苛政猛于虎也,天下无道戎马生于郊,就更无仁义礼可谈了!所以一位台湾学者云:秦国一千年,只有两个字"力"与"诈"。**老庄孙子**:现在呢?

《庄子·天运》篇记载:宋国太宰向庄子请教"何谓仁?"

庄子:虎狼也有仁爱。

太宰惊问:你什么意思?

庄子:虎狼父子相亲爱,何谓不仁?**老庄孙子**:虎毒不食子,况且老虎真的毒吗?

太宰:那什么是至仁?

庄子:至仁无亲。**老庄孙子**:还无情。

太宰:我听说,无亲则无爱,不爱则不孝,至仁不孝,可以这样说吗?

庄子:不能!至仁是高尚的,孝则不足为训。我不是在批判孝,而是说你的这种说法不足以说明仁。这就好比你到南方郢地旅游却见不到北方的冥山一样。为何?相去甚远,背道而驰者也。

所以说,从形式上去孝易,但要发自内心去孝难(孔子"色难");以爱去孝易,以忘却亲人去孝难;以忘亲去孝易,能使亲人忘却自己难;亲人忘我去孝易,能够忘却天下难;忘却天下易,天下忘我难。**老庄孙子**:与其相濡以沫,不若相忘于江湖。

所以尧舜不刻意以德行名扬四海,为人民施惠万世功德,却不希望天下人知道，这才是境界。又何须嗟叹不已汲汲于仁孝呢？**老庄孙子**：老子之太上不知有之，百姓皆谓我自然。德荡乎名，智出乎争，更何况仁义乎？

所谓孝悌仁义、忠信贞廉，无非是人们为博取修德的好名声所役使而刻意勉为其难的，很不值得推崇称道！所以说：至贵弃爵，至富弃财，至德弃名，用以达到道德淳厚，不随物迁的境界。**老庄孙子**：庄子之物物而不物于物。

《动物世界》报道"小羊藏刀救母"：一羊汤馆准备杀一大一小两只羊。伙计把刀放在凳子上去拿盆，回来却找不到刀。此时大羊正流泪舔舐小羊，小羊趴在地上看着母亲，也在流泪。伙计在小羊身下发现了刀，几天后老板关掉了羊汤馆。

《列子·黄帝》篇记载"人心与兽心"：老子说，一切生物、动物虽形状不一但却都有智慧，而人虽然形状一样却智慧不一。所以，圣人只注重智慧（般若、涅槃）不重视形状，当然也不论男女，众生平等。一般人只喜欢状类己者却忽略了智慧，状不类己者疏而远之。有七尺之躯，有手有脚有头有发，有牙齿，站立行走，这是形状上的人。可是这样的人却不一定没有兽心，明知其有兽心却还是因为其有人形还是要亲近他，岂不怪哉？

老子接着说：有翅膀、有犄角、有獠牙、有四爪，能飞能爬，人类称之为禽兽。就是这些禽兽却未必没有人心。虽有人心，状不类人，人亦疏远蔑视之枪杀之。你可知，我们的祖先伏羲、女娲、神农、夏后都是蛇身人面、牛首虎鼻。

他们虽有非人之状，却有大圣之德（德充符）。而夏桀、殷纣、鲁桓（死于公元前694年，弑君也是其兄，其妻文姜淫乱、三嫁，鲁桓死于她手）、楚穆（死于公元前614年，弑君也是其父），长得都很英俊人模人样，却禽兽不如。一些人只因为他们是人就认为他们是智慧勇敢的。我无语！

《动物世界》报道"人与兽的感情"：一位斗牛士在一场斗牛里突感不适坐在地上，第一个赶来他身边的是被他刺了几剑的牛，眼里含泪默默地看着他。人也？兽也？**老庄孙子**：闭上眼想一下场面。

我家养了一条杜宾狗，从15天养起，我爱人与它的感情超过了我，一日不见如隔三秋。那狗也却有过人之处，嗅觉、听力、感应、敏锐且不说，单单那份对主人的绝对忠诚就非人能比。

从哲学的究竟上看，老庄的"道德论""天地不仁论"，要远高于孔子的"仁、义、向善"论。切记，这并不是说孔子的学问、水平就低于老庄一等！只不过，孔子是想用"道德仁义礼"之执其两端而用其中的"仁"道来求解修身、治世之法，解决社会人类各种问题的良方妙药，并以此区别禽兽与小人等。主张仁爱、向善。

其实孔子个人修为的终极目标是汲汲于道的，不然他怎么会有"朝闻道，夕死可也"之慨叹呢？他写真自己是"志于道、居于德、依于仁、游于艺"。老子的一道一德也是孔子一生的最高追求，他晚年是得道悟道了的！其境界绝不亚于老子，不然庄子怎么会评价孔子是："内圣外王""圣人"，

"六通四辟，小大精粗""其运无乎不在"呢？如果没有全面超人的水平，能得到苛刻的庄子如此高的评价是不可能的。鲁哀公盛赞孔子为"圣人"。

至于仁，只是孔子用世的方法方便而已（如释迦之八万四千法门），尤其是悟道以后更具大慈大悲入世之心，想用仁道暨"依于仁"解救人世间的种种苦难，比如说拯救"礼崩乐坏"的春秋时代。其核心是引导人们"向善"即后天的"习"（性相近，习相远也），并非傅佩荣先生所一再强调的孔学、儒学的核心是"人性向善"论！更非孟子所言"人之初，性本善"！也不是荀子所说"人之初，性本恶"！更遑论告子的"食色，性也"。**老庄孙子：孔子可以并驾于释迦牟尼。大智大慧，大慈大悲，金刚愿力，普度众生。至于孔子性本什么？请各位善知识展开想象。**

1.2 **孔子说**：曾参啊！吾道一以贯之。

曾参回答：是的。

孔子走后，其他弟子问曾参：老师说的什么意思啊？

曾参：夫子之道就是忠恕而已。

这里大家一定要注意！此段，完全可能是或者说就是曾参弟子的记述。通篇《论语》除孔子用子外，只有曾参和冉求用"子"称，冉求只有一次，而曾参却很多，在当时能称得上"子"的，那是极其的尊重。以此可以说明，《论语》大部是曾参弟子记录整理（其实谈不上整理，仅仅是一个平时课堂随身听课笔记绝不像南怀瑾先生说的极具逻辑性、系统性）。同时，曾参解释孔子之"吾道一以贯之"也只是一

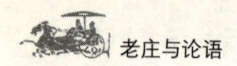

家之言，用在"仁"上尚可，其他则不知。孔子说的是"一"，而曾子说的是"二"。

钱宁先生把一当成仁也未尽然。其实，孔子说的就是道，这个道是包含仁的。**老庄孙子**：这段对话发生在孔子结束流亡后，那时曾参才二十出头，比孔子小46岁。孔子说一他说二，确实够二，所以孔子说"参也鲁"。

孔子所说的"一"就是老子说的"一"，也是盘古一划开天地的"一"。**老庄孙子**：广义的文字的开始。

当然也是伏羲八卦中的一爻的"一"（阳爻），就是太极，无中生有的有。这已远远超越钱宁先生所界定的"仁"的范畴！

《老子》第39章"法本"：昔之得一者：天得一以清，地得一以宁，神得一以灵，谷得一以盈，万物得一以生，侯王得一以为天下正。其致之也，谓天无一以清，将恐裂（只有女娲补天）；地无一以宁，将恐废（所谓天崩地裂）；神无以灵，将恐歇；谷无以盈，将恐竭（秕子）；万物无以生，将恐灭；候王无以正，将恐蹶。**老庄孙子**：败亡，如陈胜吴广起义。

这个"一"也是爱因斯坦所说的"统一场论"或"绝对精神"，是左右宇宙万物的，当然包括渺小人类的那么个东西。孔子把它用于人事上就是曾参所说的"仁"道，即"忠恕"（尽己之谓中，宽人之谓恕。修己及人）。

也就是，1.3　子贡问：有一言而可以终身行之者乎？

孔子：其恕乎！己所不欲勿施于人。

《老子》第42章"道化"：道生一，一生二，二生三，三生万物。万物负阴而抱阳，冲气以为和。

这是对孔子"吾道一以贯之"的最好诠释。孔子后面还要说：一阴一阳之谓道（阴阳也是一篇大文章）。其实老子也好、孔子也好、庄子也罢，从根本上都没有脱离伏羲先天八卦（天、地、火、泽、风、雷、山、水），八八六十四以至于无穷的根本影响，或者说就是来源于此。**老庄孙子：中华文明直追一万年！且不止。**

如果说老子、孔子有区别，老子偏向于阴柔（知其阳，守其阴；知其刚，守其柔），滋阴才能壮阳。天下之至柔驰骋天下之至坚。孔子则偏向于阳刚，多为形而上阳，不太知阴而守阳，一味精进，以至于明知不可而为之。

其实二人最终追求的是阴阳合和而取其中道，孔子中庸，老子中和，庄子中道，合二为一，不二法门。致中和，天地位焉，四时行焉，万物育焉。中也者，天下之大本；和也者，天下之达道。

讲一段庄子故事：有一天，庄子行于山中，见一棵大树枝叶繁茂，伐木者（大匠）搭眼一看就走了。有好事者问其故，回答没什么用。

庄子说，这是以不材（不材、不才之出处）得享其天年啊。**老庄孙子：无用，无以为用。**

庄子出山住在朋友家。老友相见，分外热情。令佣人宰鹅招待。佣人请示说，一鹅能鸣，一鹅不能鸣，该杀哪一只？主人说杀不能鸣者。

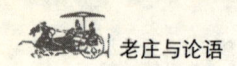

第二天，弟子问庄子，昨天山中之木，以不材（无用）得以享天年。而今日主人之鹅却以不材死，先生怎么看？**老庄孙子**：将了庄子一军。

庄子微微一笑，说：我将处于材与不材之间。即使是材与不材之间，也是似是而非，依然免不了负累。如果是乘道德之风而浮游于万物之上则不然。无誉无悔，一龙一蛇，与时俱化，而不必执着于一端。形上形下，以和为准，遨游于万物之始。物物而不物于物，怎么会有负累呢！这是神农和黄帝的法则。谁懂此道？**老庄孙子**：可不可，然不然；不可于不可，不然于不然。

天下事，合久必分、分久必合，成事不足、败事有余，廉则过刚必伤人，在上者人必议，有为者人必毁，贤良之人遭谋算，软弱之人遭人欺，等等。为什么会是这样呢？悲哀呀！弟子们请牢牢记住，只有居于道德之乡、广漠之野之人才能无为而无所不为啊！**老庄孙子**：逍遥游。

《列子·说符》篇有一则更妙的故事"贤与不贤都得死"。说，有一位大儒名叫牛缺，住在上地，有一天他想到下地（类似四川人说住在长江下游的人谓脚底下的人，如北京上地）邯郸去讲学，途中遇上土匪。土匪把他抢劫一空，他只能徒步前行，不但没有忧愁，还哼着小曲好像很快乐。土匪不解，遂追问其故，牛缺回答"君子不以所养害其所养"。土匪："嗨！这是个贤达之人。"随后与同伙商议："这个家伙这么有才，他一旦去投奔赵国必受重用，回过头来一定会杀了我们，干脆把他干了！"乃追而杀之，以绝后患。

一个燕国人听说后,把家族成员聚在一起告诫"一旦遇上土匪,千万不要像牛缺那样!"大家都以为然。

没几天,燕人之弟要到秦国去。走到关下这么个地方,果然遇上了土匪。便想起了哥哥的告诫,拼命与土匪抗争,最后还是被土匪抢劫一空。仍心有不甘,又追上前去拼抢,抢不过就跪下求情。强盗愤怒:老子让你活下来已是对你的最大恩情!你还不知死活、给脸不要。既然我们已为匪为盗,你可知,强盗有仁爱的吗?遂杀之,还连累杀害了四五个路人。**老庄孙子**:个中趣味,值得深思。此盗不如盗跖"盗亦有道"。

突然想起了六世达赖喇嘛仓央嘉措也曾有此劫。25岁时(1708年清康熙四十七年)被赶下神坛押解北京途中"逃逸"。隐姓埋名,在流浪西藏途中夏贡拉与鲁贡拉两山之间遇上了劫匪,身上仅有的一点糌粑和茶叶也被抢走。他既无抱怨也无恶语,无喜色也无谦卑,抢就抢了。**老庄孙子**:既不像大儒也不像燕人之弟。

孔子的仁爱也是要操心、劝导的。人为者伪,这正是老子、庄子、列子,也是杨朱"慎善"所着眼处。

1.4 子曰:爱之,能无劳乎?忠焉,能勿诲乎?

老庄是讲究大爱无亲、圣人不仁、一视同仁的,这是境界的不同。凡事要有度。在感情上要把握度难之又难。俗语"太阳出来红似火,感情上来不由我"。"好而知其恶,恶而知其好",不能溺爱、愚忠。

《老子》第44章"立戒":甚爱必大费,多藏必厚亡。

老庄孙子：说的是爱之过、贪之祸，如邓通、和珅。

仁不是什么

1.5、1.6　子曰：巧言令色，鲜矣仁！

孔子反对花言巧语，奸佞谄媚，虚伪浮夸，冶艳卖弄，搔首弄姿。但他自己却也是辩才无碍，怡怡和悦，甚至是狡辩。庄子对他有很多的批评甚至批判。《盗跖》就是典范。

《盗跖》篇庄子借盗跖之口讥讽孔子：你号称祖述尧舜、宪章文武，掌握天下辩术，用以迷惑后世；你宽衣解带、矫言伪行、假仁假义，以此来迷惑天下用以骗取高官厚禄；你甜言蜜语说服子路，让他跟随你，迫使他除去勇武的高冠，解下所佩的长剑，接受你的所谓教诲，可最后子路还是死无葬身之地。这都是你说教的不成功，罪莫大焉！

老子亦反对巧言令色。

《老子》第十章"体道"开宗名义：道可道，非常道；名可名，非常名。亦如释迦牟尼之"不可言说""不可思议"。

把世上一切言说打入十八层地狱。

第2章"修为"：圣人处无为之事，行不言之教。

孔子与老子一脉，均主张桃李不言，下自成蹊。后面还有：天何言哉，四时行焉，万物生焉！

第5章"虚用"：多言数穷，不如守中。

民谚：祸从口出也。多言也伤元气。所以女偊告诫南郭子綦"告而守之，守而告之"。

第17章"淳风"：悠兮其贵言。

现如今，那些"西化"的崇洋媚外者流却最推崇西方的所谓大选、民选、巧言令色、夸夸其谈，还有人把其誉为资本主义的阳光、空气、水，并自诩为民主政治。就像那铺天盖地的广告，总统是产品，民众也是产品，极尽刺激之能事。无奈，最后的结局只能是物欲横流，毁灭人类的只能是人类自己！

民谚：贵人语话迟。少说话威信高，多吃萝卜营养高。

1.7 原宪问：**克伐、怨、欲，不行焉，可以为仁乎？**

孔子：可以为难矣，仁则吾不知也。

克者，胜也。原宪认为人只要克服了好胜、自夸、怨恨、贪欲（贪嗔痴）这些毛病就算是仁了。孔子则不以为然，认为克服这些毛病是很难做到的，但还够不上仁。仁的境界不仅仅是惩恶，更重要的是扬善（向善），对人则是隐恶，隐人之恶，扬人之善。**老庄孙子：舜隐恶扬善。**

说说原宪。孔子当鲁国大司寇时，原宪是大管家，并统领孔子所有弟子。孔子流亡，他隐退，直至孔子死后，再未出山。

《列子杨朱》篇记载：杨朱评价原宪和子贡：原宪穷困于鲁国，子贡做大生意。原宪是以穷困损生，子贡是以生意累身。就是说，穷也不行，富也不行，那到底怎样才行？曰：适可而止。人生要快乐而幸福地活着。所以，善乐生者不为穷所困，善逸身者不以富累身。**老庄孙子：达则兼济天下，穷则独善其身。**

老子也是反对人的这些毛病的。第22章"益谦"：不自见，

故明；不自是，故彰；不自伐，故有功；不自矜，故长。夫唯不争，故天下莫能与之争。**老庄孙子**：讲究谦让，不争，退一步海阔天空。

第24章"苦恩"：企者不立，跨者不行，自见者不明，自是者不彰，自伐者无功，自矜者不长。所有这些对有道之人来说都是残羹剩饭，身上多余的赘瘤，是没什么可取的。老子真是苦口婆心，又从反面论证这些毛病的害处，警告人们不要好高骛远、自以为是、骄傲自大。关于欲望，老子论述得更多！

第1章"体道"首当其冲：常无欲，以观其妙。还说"嗜欲深者天机浅"。

第19章"还淳"：少私寡欲，见素抱朴。这是对绝大多数人的要求，人人都可以做到的。

对肉食者们的要求则是第37章"为政"：不欲以静，天下将自正。**老庄孙子**：不要妄为，与民休息。治大国如烹小鲜。

第46章"俭欲"：咎莫大于欲得（贪得）。

第48章"忘智"：为学日益，为道日损，损之又损，以至于无为，无为而无不为。**老庄孙子**：损却各种贪欲，不要妄为，更不要妄想，不扰民，才是修为治天下的根本途径。

同样第57章"淳风"：对统治者提出了具体的要求。我无欲而民自朴。

用心良苦，谆谆教诲，千叮咛万嘱咐。关于"怨"，后面有论述，此略。一句话，老子主张"怨是用希，抱怨以德"。

多么伟大而慈悲的胸怀！我实在是不明白那么多的大家们愣说老子是消极的、保守的，我是怎么也看不出来。

如何做到仁

1.8 **孔子说：仁离我们很远么？我想仁，仁就来了。**

这里要特别注意一个问题。通过这句话就可以证明"仁"不是人的本能所特有。"人之初，性本善"是孟子一个极端的阐发。孔子从来没有说过性恶、性善。只是个方法论的问题，这不是世界观的问题，需要特别注意！不是能不能的问题，而是想不想的问题。孙子还曰：道不远人，远人非道也。庄子则更极致"道在屎溺"。

1.9 **颜回问仁。孔子：克己复礼为仁，一日克己复礼，天下归仁焉。为仁由己，而由人乎哉？**

颜回：请问具体纲目？

孔子：非礼勿视，非礼勿听，非礼勿言，非礼勿动。

这里先说颜回，他是孔子最得意的弟子，也是孔子生前唯一知音，对孔学、孔子的理解和感悟都到了极致，甚至高于孔子。可惜早死，自此，真正的孔学失传！颜回之死是孔子一生中最为痛苦遗憾的事，即在于此。当然《论语》里是看不出颜田优秀之原因的。

在这里孔子讲"克己"，如前所说是让人们"克己"之各种弊病、欲望，但他的目标是复礼，准确地讲是周公之礼。傅佩荣先生非要把"克"解释为"能"，吾不从。《春秋》"郑伯克段于鄢"。

老庄亦讲"克己",但"克己"不是为了"复礼",而是复人性的本根纯朴、厚道。损之又损以至于无为,无为而无不为。

第10章"能为":涤除玄鉴,能无疵乎?**老庄孙子:佛家戒律。**

最好的诠释莫过于六祖的大师兄神秀的偈语:身是菩提树,心如明镜台。时时勤拂拭,勿使惹尘埃。明心见性,比复礼来的彻底。当然"礼"的根本是什么?毋不敬,至诚。

第16章"归根":致虚极,守静笃。万物并作,吾以观复。夫物芸芸,各复归其根。归根曰静。静曰复命。复命曰常,知常曰明。不知常,妄作凶。知常容,容乃公,公乃全,全乃天,天乃道,道乃久,没身不殆。

六祖的著名偈语可为最权威的解释:菩提本无树,明镜亦非台。本来无一物,何处惹尘埃。

"仁"和"礼"确是孔学修身、治世的两大关键,"仁"更多地用于个人修为,"礼"更多用于治世、规矩。才广展开来极致就是"内圣外王"。

而六祖大师兄神秀之偈更合于孔子。孔子是渐悟,老子、庄子是顿悟。

1.10　冉雍问仁,孔子:出门如同去见贵宾,指使民众如同承办大祭。己所不欲,勿施于人。在邦无怨,在家无怨。

在此孔子强调了仁者要有恭敬之心,慎用民力,戒慎戒恐。凡事多站在对方角度考虑,人与人之间就少了许多怨恨,社会家庭也就多了些许和谐。

老子也有此论。第15章"显德"："古之善为道者……豫兮若涉冬川，犹兮若畏四邻，俨兮其若客。"与孔子语如出一辙，为人做事要战战兢兢，如临深渊，如履薄冰。客即宾也。

第49章"任德"："圣人无常心，以百姓心为心。"己所不欲、勿施于人，几乎就是这句话的翻版！圣人皆把百姓视为己之孩儿，高出孔子一大截！孔子曾夸奖冉雍是个当君王的料，此处可见一斑。

庄子论道：古之得道真人，其状义而不朋，若不足而不承；与乎觚而不坚也，张乎其虚而不华也；邴邴乎其似喜也，崔崔乎似不得已也；滀乎进我色也，与乎止我德也；历乎其似世也，悗乎忘其言也。

1.11　樊迟问仁。孔子：为人恭谨，办事敬业，对人忠诚，到哪都不要改变。

孔子为人礼数周到，内心敬畏，绝对忠君。庄子境界是：尘垢秕糠犹能陶铸尧舜，孔子只能祖述尧舜，境界差的过远。庄子讲究逍遥、率性、在宥、恬愉。老子注重无为、清净。孔子在此则是一切不能非礼。

1.12　子贡问为仁。孔子：工匠要想把活做得漂亮，就要先把工具磨得锋利；不论在哪个诸侯国，都要与贤大夫共事，与士中之仁者交友。工欲善其事，必先利其器。

这里要注意几个问题，一是孔子不像某些人所说四体不勤、五谷不分，他是有着丰富的社会经验特别是最底层民众的生存经历能力和技艺。《人民日报》曾经有过一篇评论，

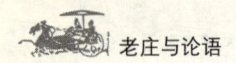

说孔子是奥运全能且琴棋书画无所不精,没有丰富的阅历是说不出这么精准的人生格言的。

二是孔子所谓仁的境界还是差老庄道德之境界甚远。

看《庄子·养生主》之"庖丁解牛":游刃有余,以无有入无间。一把刀用了19年还像新磨砺过一样。

这方面,孔子是大大的缺项和遗憾,不太懂养生。孟子是舍生取义,孔子则当仁不让、杀身成仁。

三是论事奉上级与交友的原则也低于老子一等。

第19章"任德":"圣人无常心,以百姓心为心。善者吾善之,不善者吾亦善之,这才是真善。信者吾信之,不信者吾亦信之,这才是真正的诚信。"老庄孙子:何等胸怀!

1.13 子张问仁。孔子:能以5种品德行于天下,可谓仁。

子张:哪5种?

孔子:恭敬、宽厚、诚信、勤敏、普惠。对人恭敬则不会自取其辱;对人宽厚则会得到众人拥护;诚信则会受到重用;凡事勤敏就会事半功倍;普惠则能调动民众的积极性。

子张和荀子是孔学"外王"的典范,所以孔子有如此之教诲。一个人若能做到这5条,什么大事业都能成就。这也说明孔子是个积极入世者并汲汲于入仕。这5项也非常合于老子之道。

第8章"易性":上善若水。水善利万物而不争,处众人之所恶,故几于道。居善地,心善渊,与善仁,言善信,政善治,事善能,动善时,夫唯不争,故无忧。

较比孔子更上一层楼。为君、为人、为领导者,若能有此大德则可无为无所不为矣！孟子赞扬孔子是"时之圣者"，在孔子那个时代好像没看出来。孔子一生是一肚子的不合时宜，到处碰壁。至于对后世的影响则另当别论。

1.14　孔子说：刚、毅、木、讷，近仁。

老子法地、法天、法道、法自然，孔子亦是。老庄孙子：从《周易·系辞》中可见。

孔子主要法的是天地之阳刚、刚健的一面，老子则是阴柔如水的另一面。孔子是天行健，君子以自强不息，逝者如斯不舍昼夜；老子则是天下之至柔，驰骋天下之至坚，天下至柔莫过于水却无坚不摧，都有精进的理念在里面。一个问题的两个方面，折中而为一，同出而异名。所以，他们都是伟大的哲人。

说到"毅"，二人都有一条道走到黑的坚强意志和决心，最后都站立在了人类思想的最巅峰，会当凌绝顶，一览众山小。这就是"金刚"。

至于"木"，这里讲一段《庄子·达生》篇中斗鸡的故事（《列子》也有此故事），意味犹深。故事的名字叫"呆若木鸡"。

话说，有一位叫纪省子的养鸡专业户为齐王养斗鸡。

过了十天，齐王问：怎么样了？

纪：不行，正在骄横、傲气的劲头上。

又过去了十天，齐王问：怎么样了？

纪：还不行，还受声音和影子的影响。

又过了十天，齐王有些不耐烦了：还没好吗？

纪不紧不慢：还没有，目光依然敏锐，还有点盛气凌人。

又过了十天，齐王耐不住了，不停催促。

这回纪省子说：现在差不多了，听到声音，看到影子均无任何反应，看上去像一只木鸡，已到了处变不惊，精神高度专注的境界。其他鸡没有能与之应战的，望而怯逃。

老庄孙子：似武林高手，周武画钟馗之眼神。形如槁木，心如死灰。

关于"讷"，前面已讲，不言之教，少说多做，敏于事而讷于言。

庄子在"列御寇"篇中讲过：知道易，知道而不炫耀难。知而不言，符合天道（天地不言，四时行焉，万物育焉）。古代的圣贤都观天而行，从不人为刻意。孔子的最高境界是"参赞天地之化育"。弥补天地之不足，而非与天斗、与地斗、与人斗。

《黄帝阴符经》中讲"观天之道，执天之行，尽矣！"

仁者之仁

1.15 子曰：唯仁者，能好人，能恶人。

1.16 苟志于仁矣，无恶也。

1.17 子曰：知者不惑，仁者不忧，勇者不惧。

1.18 子曰：有德者，必有言；有言者，不必有德。仁者，必有勇；勇者，不必有仁。

1.19 子曰：志士仁人，无求生以害仁，有杀身以成仁。

爱憎分明是仁者的标志。人有好坏，有善有不善，有美有丑。这也又一次说明孔子是不承认"仁"是人的本性的，只是说只有仁德的人才能是好恶分明，仁者的使命是扬善抑恶或惩恶扬善或隐恶扬善，也再一次说明孔子主张"向善论"并非人的本性是善的，只是有善的一面。

立功、立德、立言是儒学家们的终生追求。老子不也是留下《道德经》5000言吗？虽然是不得已，但确实是真言。至于庄子《南华经》70000多字，恐怕不是被迫的，不然怎么会那么华丽，大放异彩，纵横捭阖，汪洋恣肆，诙谐诡怪，诗一样的语言，乐一样的韵律，形散魂不散，系而统之，综罗百代，博大精深，哲理的峰巅。是用心写的，是灵与魂的迸发，是再三斟酌推敲的杰作。列子《冲虚经》，其以个人养生、修炼为主！孔子自不必说，著《春秋》而乱臣贼子惧，其笔法影响司马迁等巨匠。至于《易传》更是深得伏羲、文王、周公的真传，放之四海，高山仰止。

关于"勇"，孔子是勇于敢，宁愿杀身成仁，舍生取义，老子则是勇于不敢。

第73章"任为"："勇于敢，则杀，勇于不敢，则活。天之道，不争而善胜。"

天道不争，人亦应法天道，不作无原则的争论、争斗、争利、争名。不争是无为的另一说法，是其一以贯之的思想。

孔子汲汲于仁，明知不可而为，争来争去，一生有若干次性命之忧，依然未能行其道于其世，累累若丧家狗。子路就是最好的例子，以勇著称，孔子用尽各种办法影响改变他，最后还是战死在沙场，临死前还要正一正儒冠。项羽更是，征战一生，逞匹夫之勇，妇人之仁，刚愎自用，最后死无葬身之地，被人分尸，死到临头还在怨天尤人，是勇于敢者的"典范"。

舍生取义的最好论述莫过于孟子之"鱼我所欲也，熊掌亦我所欲也，二者不可得兼，舍鱼而取熊掌者也；义我所欲也，生亦我所欲也，二者不可得兼，舍生而取义者也"。到后世"义"更变了味道，见义勇为，意气用事，逞一时之勇，口舌之快，也谓之大义凛然、浩然正气、义不容辞，走向了其宜的反面还为人津津乐道，视为英雄壮举而大肆鼓吹宣扬。**老庄孙子**：义者宜也。

1.20 樊迟问仁。**孔子**：仁者，先难而后获。

一位有仁德的人，是率先垂范的，知难而上的，见到荣誉要退让的，不过于争名夺利的，成大事者必须勇于担当的，符合老子之道。

第七章"韬光"：天长地久。天地之所以能长且久者，以其不自生，故能长生。是以，圣人后其身而身先，外其身而身存。非以其无私邪？故能成其私。

第2章"养身"：功成不居。

第9章"运夷"：功成名遂身退天之道。

更高的境界则是第17章"淳风"：功成事遂，百姓皆谓我自然。

真正的王者风范应该是第78章"任信"：受国之垢，是谓社稷主；受国之不详，是为天下王。**老庄孙子**：正言若反，这才是真正的担当！赵云、诸葛亮都有救孤、托孤之重，因为他们有这份德行。

1.21　司马牛问仁。孔子：仁者，是**不能随便许诺的**。

司马牛不明白，问：少说话就是仁么？

孔子：是因为做起来难，所以说话要慎之又慎。

这话有道理，大地造就了人，两眼、两耳、两鼻、一张嘴，就是让人多听、多看、多闻、少说为佳。

《老子》第81章"显质"中老子还在那谆谆教导：信言不美（信誓旦旦），美言不信（醇厚朴实）。善者不辩，辩者不善。**老庄孙子**：俗话说越描越黑。

第63章"恩始"："轻诺必寡信，多易必多难，是以圣人犹难之，故终无难。"**老庄孙子**：无论统治者还是一介草民，这都是为人、修身、处世的法宝！

1.22　子曰：**不仁者不可以久处约**（穷则思变），**不可以长处乐**（乐而淫）**。仁者安仁，智者利仁。**

仁德不是人人都有的，安贫乐道也不是大多数人所能为。孟子所说：贫贱不能移，富贵不能淫，威武不能屈，更不是绝大多数人所能做到的。若论真境界还是老、庄说得好：外物，天下于我何为哉？多么洒脱，多大的气魄！想让大多数人修炼到"仁"的境界，是一件几乎不可能的事。所以还是用于要求王侯将相、统治者、领导者的好。一般人则是墙头草，随风倒。上有好之，下必甚焉，关键是上好的是什么！管仲说得好："衣食足而知礼节，仓廪实而知荣辱。"孟子也说："有恒产才有恒心，无恒产而有恒心者，惟君子能为。"所以，发展才是硬道理！稳定是为了发展，改革也是为了发展。

1.23　**子贡问：如果能博施于民而能济众，怎么样？可**

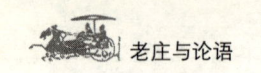

以算得上仁么？

孔子：这岂止是仁，简直就是圣了！尧舜都难以做到。所谓仁者，是自己想站起来，也要帮助别人站起来。自己要想成功，也要帮助别人成功。凡事能设身处地为别人着想，这就是达到仁的方法了。

这段话很重要。首先这是子贡的梦想，他很有钱。如杜甫"安得广厦千万间，大庇天下寒士俱欢颜"，那是幻想。真能普度众生，那是圣人也难以做到的。如释迦牟尼所讲：施若恒沙不若传经布道。能施若恒沙已是不易。既能施若恒沙，又能传经布道，那是圣中之圣了，是至圣！老子也有同样愿望"虽有拱璧以先驷马不如坐进此道"。

孔子眼里没圣人。《列子·仲尼》篇记载：宋国太宰（这个人很厉害，也问过庄子仁）见到孔子，问：你是位圣人吗？

孔子：岂敢，我只是博学多识而已。

太宰：三王（夏商周之明君）圣者欤？

孔子：三王，善任智勇者，圣则丘不知。

太宰：五帝圣者欤？

孔子：五帝善任仁义者，圣则丘不知。

太宰：三皇圣者欤？

孔子：三皇善任因时（因任自然，把握时机）者，圣则丘不知。

太宰大骇（友邦惊诧）：那么，到底谁是圣人呢？

孔子：西方之人（庄子的藐姑射之山有神人居焉，周穆王之西域化人），有圣者焉，不治而不乱，不言而自信，不化而自行，荡荡乎民无能称焉，丘疑为圣。不知真为圣欤？真不圣欤？

太宰吃瘪，默然心计：孔丘欺我哉！**老庄孙子**：禅！真正的话头、机锋！

第62章"为道"：有道者，立天子，置三公，虽有拱璧，以先驷马，不如坐进此道。

施若恒沙、拱璧驷马固然可贵，但传经布道，让人们永远幸福的妙法更可贵。衣食足而使之知礼节，富而思仁，贵而乐道是也！**老庄孙子**：我著此书的目的就是"传真经、布正道"。

孔子知道普世之难，不得已，退其次而求仁道。己所不欲，勿施于人，己欲达而达人，多站在对方角度考虑考虑，真能如此，这世界该少去多少矛盾、争端、祸乱，又会增加多少和谐、幸福、舒适？确实，仁道是孔子治世的好办法。可惜孔子未能将仁道推行于当世。所以孔子有自知之明，说自己既够不上仁，更够不上圣，甚或有时与君子也有差距。不像后人的评价，要么至圣先师、素王，要么丧家狗、伪君子，孔子说了实话还硬说是谦虚。

仁之形态

仁自孝始

1.24　宰我问：守孝三年，有点太长了！君子三年不修礼仪，礼仪必然败坏；三年不演练音乐，音乐一定会荒废。陈粮吃完，新谷登场，钻木取火也已换了新木，依我之见，守孝一年就可以了。

孔子：吃稻米，穿锦衣，你于心忍吗？

宰我：忍啊。

孔子：既然忍心你就那么做吧！凡君子为父母守丧，食不甘味，听音乐也不会觉得快乐，闲居在家心也不安，所以不会像你那样。如果你觉得心安理得，那你就去做吧！

宰我出去后，孔子愤怒：宰我这小子是个不仁的家伙！孩子生下来，要至少三年才能离开父母的怀抱。为父母守孝三年，这是天底下的通行惯例呀！难道宰我这小子没有得到父母这三年之爱吗？

宰我是孔子弟子中一个极其叛逆者。事实上春秋末期，社会动荡，礼崩乐坏，宰我想借此挑战一次孔子。遗憾的是，孔子站在人情的角度上确实回答得很好。是个人都应该尽孝道，守孝三年，天经地义。只可惜，我们现在也做不到了！墨子主张简办丧事。现如今，我在母亲坟前三天已算大孝！

老庄孙子：子贡可是为孔子守坟六年！

老子特别是庄子对于丧事（死）是很看得开的，这里捡两个《庄子》中的故事，让大家把这样一个过于严肃、庄重的话题升华一下，开阔一下胸襟。

一个是子桑户（孔子的朋友）之死。《庄子·大宗师》篇：子桑户死了，还未下葬。孔子得知，差子贡去吊唁并帮忙。子贡到了现场，看到有两个人，一个在编挽歌，一个在弹琴，两人相互唱和：桑户啊、桑户啊，你已回到了本真，而我们却还苟活在这个世上！

子贡大惑不解，质问：请问，临尸而歌，这礼貌吗？

二人相视而笑：你不懂礼的真意。

子贡漠然，落落寡合，回告孔子：这都是些什么人啊？没有修养、放浪形骸、临尸而歌、没有哀色，无法形容，这都是些什么人呀？

孔子：他们是方外之人，而孔丘我则是方内之人。内外不相干，而我还让你去吊唁，我真是个鄙陋肤浅之人啊！他们正在与造物主为友，遨游于天地初始之中。他们以活在世上为悬疣赘肉，以死为脓疮溃破。这样的人，已经泯灭了生死、先后之区别了。假借不同的事物，寄托于统一的本体。忘却肝胆，遗其耳目。死生循环，不见端倪。茫然徘徊于世俗之外，逍遥自在生活在自然无为的境界。你又怎么能以烦乱世俗之礼观察他们的本来面目呢！

子贡问：那么，先生您将依从于哪一方呢？

孔子：我是个遭天谴的人。（天将降大任于斯人也？）尽管如此，我还是愿意与你共同探讨。

子贡：怎么讲？

孔子："鱼生存于水，人生存于道。在于水者，则以水而养；在于道者，则不要无事生非而要使性情安定。所以说：鱼的最大快乐是相忘于江湖，而不是在车辙中相濡以沫；人的最大快乐是相忘于道术，而不是世俗中尔虞我诈。"**老庄孙子**：庄子论道术与方术。

二是庄子之死。

"列御寇"篇：庄子将死，弟子们想厚葬他。

庄子说：我以天地为棺材，以日月为玉璧，以星辰为珠玑，以万物为陪葬品，这样的葬礼还不够完备么？哪里用得着你们操心！

弟子们说：我们怕乌鸦老鹰啄食先生。

庄子：你们怎么这么偏心呢？放在地上给乌鸦老鹰吃，埋在地下给蝼蚁爬虫吃，这有什么区别？你们怎么这么偏心！

从1.25到1.33，孔子说的都是"孝"。孝是孔子仁道的最重要的表现方式，关键是一个"顺"子，一个"诚"字，让父母顺心高兴，竭尽全力去孝敬父母，是人之大伦。最为赞赏大舜帝以孝治（得）天下，名列24孝之首。

虞舜，瞽瞍之子。性至孝。父顽，母（后妈）嚣，弟（后娘养的）傲。三人变着花样想整死他，结果他都以智慧逃生，最后感动了他们，也感动了天地和尧帝，事以九男（大臣），还把两个女儿嫁给了他，最终也把天下禅让给了舜。以此延伸而有《孝经》《二十四孝》。

孔子说："我志在《春秋》，行在《孝经》。"还说："孝是德之本，人生的教育就是从此开始的。身体发肤受之父母，不敢毁伤，孝之始也；立身行道，扬名于后世，以显父母，孝之终也；夫孝，始于侍亲，中于事君，终于立身。"曾子是典范，后面有论述。俗语"母以子贵"即源于此。

但老庄对孝的看法却更高一筹。老子说：家贫出孝子，国乱出忠臣。六亲不和有孝慈。如果家庭和睦，富足安康，人人对父母都好，又何须显出谁孝谁不孝呢？天下太平，人人尽职尽责，又何须忠臣呢？只有乱世、六亲不和才显出忠、孝，这样的忠孝还是没有好。

庄子论孝更上一层。

《庄子·天运篇》宋国太宰向庄子请教什么是仁？

庄子回答：虎狼也有仁爱之心。

太宰惊问：你什么意思？

庄子：至仁无亲。**老庄孙子**：老子之天地不仁，以万物为刍狗；圣人不仁，以百姓为刍狗。圣人无常心，以百姓心为心。

太宰：我听说，无亲则不爱，不爱则不孝，至仁不孝，可以这样说吗？**老庄孙子**：道不同，不相为谋。

庄子：不能！至仁是高尚的（上仁为之而无以为之：老子）！孝则不足为训。我不是在批判孝，而是说你的这种说法不足以说明仁。这好比到南方郢地（楚地）去旅游而见不到北方的冥山，为什么？是因为相去甚远又南辕北辙的缘故。

所以说，从形式上去孝容易，但要发自内心去孝却难（孔子之色难）。

以爱孝易，以忘亲人去孝难。

以忘亲去孝易，能使亲人忘却自己则难。

使亲人忘我去孝易，能够忘怯天下难。

兼忘天下易，使天下人都能忘却我很难。**老庄孙子**：与其相濡以沫，不若相忘于江湖。

所以尧舜不刻意以德行名扬四海，为人民施恩惠万事功德，却不希望天下人知道，这才是境界。又何须嗟叹不已汲汲于仁孝呢？所谓孝悌仁义，忠信贞廉，都是人们为博取修德的好名声所役使而刻意勉为其难的，不值得推崇称道！

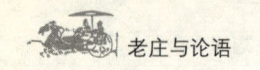

所以说：至贵弃爵，至富弃财，至愿弃名。老庄孙子："逍遥游"至人无己、神人无功、圣人无名。

用以达到道德纯厚，不随物变的境界。老庄孙子：确实是"孝悌仁义，忠信贞廉"的最高境界！

悌即亲情（钱先生说的）

1.34　子曰：弟子入则孝，出则悌，谨而信，泛爱众而亲仁。行有余力，则以学文。

这一段是《弟子规》的总则。现在《弟子规》在全国、全世界风靡，是个好现象。只要是人，就应讲点人情。孝顺父母，尊重兄长，从亲情延伸开去，去广泛地爱所有的人，譬如孙中山的博爱，四海之内皆兄弟，就是达到仁的途径。博施济众，泛爱与人，是达到世界大同（首先是小康）途径，这是孔子的梦想，是解决人类各种问题的理想途径，也是全心全意为人民服务的渊薮。真希望我们世界各地诸多的孔子学院能担当此重任，拯生灵于涂炭，救民众于倒悬。至于行有余力，则以学文，后面还要论述，无非是孔子想让大家都成为文质彬彬的正人君子。人人都成了君子啦，什么科学、民主也都是顺便的事。

信是准则

1.35　子曰：人而无信，不知其可也！就像大车无辕端横木，小车无横木上的插销，怎么行走在世上呢？

不论人立于世，还是社会正常发展；不论是契约，还是口头约定；不论是市场经济，还是治国、理民，如果没有诚信，正如孔子所说：不知其可也。信是待人处世、为政治国最起码的准则。**老庄孙子**：孔子还说"人无信不立"。

老庄也主张人要诚实、不欺、实在、纯朴，但反对愚信。

《老子》第8章"易性"：言善信。说话要算数，不算数，宁愿不说，所以老庄都讲究不言之教，智者不言。孔子还说：言必信、行必果。信的反面就是不信，所以人是有守信的，有不守信的，老、孔、庄都是主张人要守信。从另一个角度讲，信依然是修身、治世的一个方法。

《老子》第17章"淳风"：信不足焉，有不信焉，所以圣人、统治者悠兮其贵言。作为上级、领导者，如果诚信不足，人民就不会信任。所以做不到的就轻易不要说，不要立法，更不要朝令夕改。商鞅为推介法则，让秦人相信他，搞了个城头立木，取信于民，最终使秦国富兵强，统一天下。

老子说了一系列绝圣弃智，绝仁弃义，绝巧弃利，绝学无忧，礼、诚信之薄而乱之始等等，唯独不反对诚信，反之却尊崇朴素、纯洁、厚实。

第21章"虚心"中描述大德大道之人是：其精甚真，其中有信。**老庄孙子**：道确实存在并有征验。

庄子在"盗跖"篇中嘲笑了尾生的愚信，尾生与女朋友约会于大桥下右面第二根桥柱，女朋友久等不来，这时洪水来袭，尾生为了守信，抱住桥柱被活活淹死！庄子评价，像这样的人，跟用于祭祀被宰杀肢解的狗，被沉河的猪以及执瓢乞讨之人没什么不同，都是重名利而轻死，残害生命根本的人。

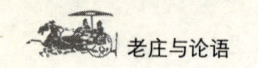

日本是个非常推崇儒学的国家。大多数日本人认为"诚信""中庸""忠孝"是儒学思想的核心。用于经营之道，成就了日本的辉煌。也正因为信奉"诚信"，日本才拥有世界最多的百年老店。日本近现代实业之父涩泽荣一将其成功之道归结为《论语》与算盘。**老庄孙子**：中国的珠算已被列为世界非物质文化遗产。

被誉为经营之父的稻盛和夫也称其经营哲学来源于中国的儒学伦理。聪明的日本人正是从中国古代思想中获取灵感，创造了世界经济奇迹！中国的禅在日本也极发达。

外化为礼

"仁"和"礼"是儒学、儒家的两大根本。"仁"倾向于内在的修为，"礼"是"仁"的外化，是儒家齐家、治国、平天下的根本原则。是规矩、是方圆、是法的基础，子张、荀子在礼的基础上创建了法家。春秋末期，孔子汲汲于"仁"是历史之必然，社会所必须。到了孟子战国中晚期，社会更加动荡，人伦更加混乱，孟子不得已汲汲于"义"，也是历史发展的必然，社会整治所必须。到了战国末期，世风日下，不得已荀子、韩非、李斯以及鬼谷子（四大弟子驰骋疆场、纵横捭阖）汲汲于礼法，也是不得已，但也是历史发展的必然，秦一统天下之必须！**老庄孙子**：到于今我们才谈"依法治国"。

孔子自己说，凡事要有个度。庄子三宝：为善无近名，为恶无近刑，缘督以为经。过犹不及，物极必反。秦因法制强国而一统天下，也因严刑、酷法、苛政而亡天下，不到15年，大秦帝国灰飞烟灭，分崩离析，其反面教训更甚。

"反者，道之动"，老子的名言；"法令滋彰，盗贼多有"，千古一声，振聋发聩，放之四海！法治之害甚于虚礼，虚礼治国，远胜于严刑酷法！但礼多人不怪，也是腐败的最好口实！

礼基于仁

1.36 子曰：人而不仁，如礼何？人而不仁，如乐何？

一言中的！人如果不仁德，说"礼"玩"乐"又有什么意义呢？仁是礼乐的基础，礼乐是仁的外在表现，没有根基的大厦那是空中楼阁，是海市蜃楼。

老庄所批判的礼也是孔子此意。形式的东西太多了，人就会被物化、异化，就会成为愚民、统治大众的卑鄙手段，如董仲舒之天人感应，王权神授，走向真正为统治阶级服务之异端，尊儒的目的是为了尊帝王！孔学的败类，道之华乱之始之祸头！

现在的法律规章政令远远多于周公的繁文缛节（礼仪3000，威礼300）！社会安定了吗？和谐了吗？仅刑事犯罪已是20世纪70年代的百倍，天天严打，且改革开放30年来依然在连年高发！其速度远高于经济发展速度，2012年经济速度增7.8%，而刑事犯罪（内蒙古自治区）同比上升24%。又如：现在的网络自不用说了，乱象丛生，真假难辨。就连电视剧及中央的主要频道及新闻联播等等大肆宣扬英国BBC

丑闻、美国的棱镜门爆料,以至于国内的校长们带领未成年少女小学生去开房。助纣为虐,雪上加霜,丧尽天良!

治国之本

1.37 子曰:有能够用礼让原则来治理国家的吗?很难吗?如果不能以礼让来治国,那要礼又有何用?

这很有意思。孔子不用肯定的语气,而用疑问句,为何?其一,以礼治国确实是好。大家相互谦让、尊重,天下太平,治国安民。其二,遗憾的是,谁能做得到?古今中外,有!在中国的远古,有文字记载的夏朝初期,尧禅位给舜,舜又禅位给禹,确实是发自内心的。唐虞揖让三杯酒,汤武征战一局棋。马克思所说的原始共产主义就是指的那个时候。那时还有比尧舜禹揖让更优秀的人物典范。

例一,《庄子·逍遥游》篇中记载尧让位给许由的故事。

尧在位时间太长了,老了,累了,想找个接班人,找啊找,费了九牛二虎之力,终于找到了许由(著名隐士),想让天下给他。毕恭毕敬,极尽虔诚恭维道:太阳和月亮都出来了,就用不着火把、蜡烛;风调雨顺,好雨时至,再人为去浇灌,只能是徒劳无益!先生您的出现,天下自然安定,而我却在这尸位素餐、自不量力,请先生笑纳天下。

许由:你治理天下,天下已治理得很好。还要让我代替你,我是为了名吗?名只不过是实的外在表现。我是为了浪得虚名,做表面文章吗?小鸟在深林中筑巢,占用的不过是树的一枝;鼹鼠在河边饮水,所需不过满腹。所以,我要这个天下干什么呢？您快回去吧！这就好比厨师不下厨房，尸祝（主祭祀之官）不能代劳，不能越俎代庖的道理是一样的。

例二，《庄子·让王》篇中13个故事全是说让天下的。捡一个最著名的，舜帝想把天下让给善卷（当时大隐），善卷用诗一样的语言，将人生至道讲给了大舜：余立于宇宙之中，冬日衣皮毛，夏日衣葛絺。春耕种，形足以劳动，秋收敛，身足以休食。日出而作，日落而息，逍遥于天地之间而心意自得。吾何以天下为哉！我为什么要去治理这个天下？我要这天下干什么呢？悲哀呀！你也太不了解我了！善卷死活没有接受舜帝的赠予。没过几天，善卷遁入深山大泽之中，不知所处，不知所终。

人们都说曾国藩是大儒，看看他的"耕读"之家就知道他是什么货色！《曾国藩家书》纯粹写给慈禧看的。老道！

自夏朝以后，以揖让治国者几希。一个赵匡胤杯酒释兵权已经高尚得不得了！以礼治国都难成这样！又何谈以仁、以德、以道？

1.38 **子曰：恭敬过头则会劳烦辛苦，谨慎过头则拘泥畏缩，勇敢过头则易闯祸，正直过头则流于尖刻。统治者笃爱于亲，百姓就会兴起仁爱之风。慎终追远，古旧不遗，百姓就不会冷漠无情。**

"礼"的外在表现的关键是要把握一个度的问题，就像河南人口头禅：中不中？中！孔子也说自己无可无不可。老子则说多言数穷，不如守中。庄子是执材与不材之间还犹有困惑。

礼的内在要求是诚敬，是发自内心，凭良心，有良知。孔子强调，社会有无仁道最终取决于统治者、领导阶层的修为，在上者笃其亲，在下者行其仁。上有好之，下必甚之！楚王爱细腰，后宫多饿死。反之，君子之德风，小人之德草，草上风必偃！只可惜，未见好德如好色者也！这是孔子一而再的慨叹！老庄孙子：大礼三百，小礼三千，一言以蔽之，毋不敬！

1.39　子曰：上好礼，则民易使。

换一句话说是，就是单单为了统治好民众，在上位者也应该好礼！礼贤下士。

1.40　有一次，子贡想去掉农历每月初一（朔日）祭祀用的活羊，孔子坚决反对！批评子贡，你心疼那只羊，我却深爱、可惜的是那礼！

子贡是个实用主义者，他想，既然已经礼崩乐坏了，还要那形式干吗？孔子则不然，宁愿保持礼的形式，也不愿让礼消失。哪怕有一线希望，也要努力，尽管是道之华而乱之始。其实老子也不完全批判礼，只是当时社会乱象丛生，道德败坏，仁义不兴，若按顺序来，礼在其末。礼都不存在了，那还不是乱的开始？

君子之道

1.41　鲁定公问孔子：君主指使臣下，臣下侍奉君主，怎么样？

孔子：应该这样，君主礼贤下士，那么，臣下就会竭尽全力去忠诚于君上。

这里，孔子谈了一个领导者和被领导者之间关系的大问题。用马克思的话讲，人类自从有了阶级以来，就分三六九等。孔子还强调，为政必须先正名！老子也是讲名的，只是不得已而名之：名可名非常名。权且而已。如何处理好统治者和被统治者，领导者和被领导者之间的关系？这门学问过大。要想真正的治国安民，还是孔子的方法来得好。君臣共建、军民共建。

鲁定公和孔子一问一答，两个层面，两个档次，两种境界，也是春秋末期社会现实的生动写照。在当时，君王指使（颐指气使，到了清朝就变成了奴才，只有"遮"和三叩九拜的份儿）臣子那是想当然，臣子侍奉君主亦然，根本没有人格可言。孔子是那个环境的亲历和受害者，感而遂通，提出了千古通用的准则。首要的是要求统治者、领导者尊重下属、礼贤下士、率先垂范，只有这样才能调动下属的积极性使其全力以赴去工作。这方面，老子的论述最为精到。

《老子》第39章"法本"：贵以贱为本，高以下为基。是以侯王自称孤、寡、朕、不谷。人之所恶唯孤、寡、不谷，而侯王是以为称。**老庄孙子**：孔子之《周易·系辞》"天高地卑，贵贱"。如果孔子本意真是贵贱，那已是偏了！

所有帝王都自称孤家寡人，就是为了提醒自己位高权重，高处不胜寒，时刻戒慎戒恐。只可惜，做到的实在是少之又少。

孟子更直言不讳：民为重，社稷次之，君为轻。唐太宗将君民比作舟水，水可载舟亦可覆舟。不但说得好，做得也好，所以成就了大唐盛世！

1.42　子曰：我完全按照礼的要求去侍奉君王，人们却以为这是谄媚。

礼数过多确实有虚伪之嫌，其关键还是一个"诚"字，心不诚，礼数越周，伪的成分越大。庄子也是站在这个角度批判礼的。老庄孙子：我说我的一个同学是"人为君子"，仁君。

礼的本质

1.43　林放问礼的本质。孔子非常高兴：问得好！这确实是个大问题！意义重大。所谓礼，与其奢也，宁俭。丧，与其周全完备，宁愿哀戚。

佛家讲究"相由心生"。礼是仁的外在表象，其内在本质是仁爱、诚敬。这里钱宁先生丢了孔子最重要的一句话：礼仪三千，威仪三百，一言以蔽之，毋不敬！如果没有诚敬在心头，再多的繁文缛节、奢靡周全也是没什么意义的。内心的真实情感表达才最重要。佛家的慈悲，老子的俭啬慈才是根本。庄子的丧礼则更高一筹。请看庄妻之死。

《庄子·至乐》篇：庄子妻子死了，惠施前去吊唁。恰逢庄子席地盘腿而坐，敲着破瓦盆在唱歌。

惠施责问：她和你过了一辈子，相夫教子，含辛茹苦，老迈而死，你不哭也就罢了，竟然鼓盆而歌，不是太过分了吗？

庄子：不是这样的。她刚死时，我怎么会不慨叹伤怀呢？可我仔细一想，人本来就无生；岂止无生，本就无形；岂止无形，本就无气。只是大道在惚兮恍兮之间，造化茫昧（上帝粒子）之中，一变而有气，气变而有形，形变而有生。而今一变又有死。就像春夏秋冬四时运行一样自然而然。她已安然寝卧于天地之间，我却在这号啕大哭。自以为不通乎天道、天命，所以止住悲伤哭泣转而鼓盆而歌。

1.44 子曰：**奢则不逊，俭则固。与其不逊，宁固。老庄孙子：君子固穷，小人穷斯滥矣。**

陈毅同志的成由勤俭败由奢；我的俭以养德常自律，秋水文章不染尘。孔子之语与老子之"曰慈、曰俭、曰不敢为天下先"一脉相承。

《老子》第59章"守道"：治人事天莫若啬。啬，是谓早服。早服，谓之重积德。重积德则无不克。无不克则莫知其极。莫知其极则可以有国。有国之母则可以长久。是谓根深蒂固。此乃长生久视之道。

俭与啬，不论治国、齐家、理民还是修身、养生，老子都说到了极致！我们只要照此做就可以了。这是真正的中华美德！

1.45 子曰：**用麻布制成的礼帽，是合乎礼的，现在改为丝绸来做，工艺也比较简单，我随大家；面见国君，臣下在堂下跪拜，是符合礼的，现在大家都到堂上跪拜，显得有些轻慢，我不随大家，还是先在堂下跪拜。**

说到跪拜，我是只跪先考不跪神的。从我会跪时起一直跪到父母丧葬之后，即使现在回去扫墓也还是跪的。

在这里，我们看到了孔子尊君、忠君思想（《论语》中多处流露），不幸的是被董仲舒之流无限放大。天子，君权天授，天人感应等等，无奈乎，历朝历代帝王天子们那么喜爱尊崇孔子，封号已到了无以复加的地步，这是很重要的原因！他也把周朝初期的"普天之下莫非王土，率土之滨莫非王臣"思想推向了极端。主张一切臣民都必须"屈民而伸君"，老子（皇上）天下第一；又提出"屈君以伸天"，给至高无上的皇帝加上"天"这副精神枷锁，即为天子。汉武帝一心想成仙、登天也与此大有干系。

礼之承继

1.46 子曰：周朝的礼乐制度是借鉴夏商二代的，文采丰盈完备（文质彬彬），我遵循周朝的礼制（祖述尧舜，宪章文武）。

周之初的治国思想是以仁德为基础，以礼治国。孔子想"克己复礼"，复的就是周初之礼。因为夏商留下的只是治国的理念，具体的治国方略已无从考证。唯独到了周初，文王拘而演《周易》，三分天下有其二仍然实行仁政。

到了武王，实在不能忍受纣王的苛政、暴虐、残酷，在姜子牙等人帮助下一举推翻了殷商政权，建立了大周王朝。一戎衣而有天下。

武王去世，周公摄政，继承了文武之道，建立了一整套极其完备的"礼乐"制度，这套制度在当时是非常完美齐备的，一统江山800载！

到了春秋末期，礼崩乐坏，孔子痛心疾首，立志文化复兴，重回盛世。与我们现在发愤复兴伟大中华民族是一样一样的！

孔子是中华文明最伟大的继承者、传播者！功厥甚伟！称其为"素王""至圣先师"绝不为过。在这一点上，老子、庄子等等任何前人、后人都没有可比性，绝对是前无古人后无来者！

1.47 子张问：今后的世代可知吗？

孔子：殷朝是因于夏朝之礼，有损有益，可知；周朝因于殷商之礼，有损有益，也可知；将来有继承周礼的，即使百代以后也是可以推断的。

在此可以看出孔子研究《周易》不变、变、发展的思想影响。他的可知不是算卦先生前识、后知的把戏。老子也说：前识者，道之华而乱之始。靠算卦占卜，前知后识都是小道，是大道的枝叶。荀子也说过，善易者不卜。

孔子为后世考证学奠定了理论基础，提供了科学方法。

1.48 子曰：夏礼，我能说其大概，后来的杞国没有足够的史料用以证明；殷礼，我也能说个大概，后来的宋国史料不足也无法证明。都是文献不足的原因，不然，我是都能考证的。

这是上文的继续。考证严谨的史学精神。他二十多岁挣了第一笔钱就到宋国考察史料。可见此话不虚。

庄子也是一位有着严谨史学、考证精神的人。在"逍遥游"篇中一再强调他所讲的故事都是有据可查的，是史有所载的，如多次提到《齐谐志》这部书，只不过后来失传而已。

还有在"寓言"篇中也一再强调，他所讲的故事、寓言

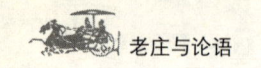

绝大多数都是真实的故事，至少是寓意于故事，很多是历史故事，而且，明确告诉你出处和来源，如黄帝说、许由说等等。不像老子，通篇中多有黄帝、尧、舜、禹之言，他就是不说，让人误以为都是他说的。当然，老子也有难言之隐，《道德经》一书是被关令尹喜所逼，手里没有任何史料，不得已的情况下，全靠记忆、悟性写出的，已实属不易。不过，智者不言，或可为老子另一解（一笑），都不是我说的，是被人逼的。

1.49、1.50　孔子入太庙，每事必问。有人讽刺他：谁说邹人之子知礼？孔子听说后慨叹：这就是礼啊！

一方面，说明孔子重礼、尊礼；另一方面，有借以教人之意（孔子总是不失时机地诲人不倦，学而不厌），看管太庙的人也不以礼管之；第三层意思就是孔子特别谦虚，当然，谦虚也是礼；第四层意思有讽谏意味，讽刺当时社会特别是上流人物大多不知礼。

孔学始于礼乐，直接来源于孔子幼年习于送葬、哭丧！孔子自小对礼乐就有一种痴迷，"俎豆之乐"抑或习以为然。

老庄对此有极深刻地批判；孔子却终生学之、好之、乐之，发愤忘食，不知老之将至，三月不知肉味，当然更主要的是玩索《周易》。

第二章 路径篇

2.1 子曰：朝闻道，夕死可也！

钱宁同志非要把此道说成是仁道，吾不同。前面说过为何选钱宁版本，是不得已。其实钱的编排也大有问题。以仁为核心编排本身就有问题。仁，根本就不是孔子的究竟！在此孔子明明是说道，钱宁非要说仁，真是无可奈何。其实孔子的究竟不是仁。不要说钱宁，古今中外有多少大家、泰斗、名流、大师能跳出此樊笼？钱先生命名"求仁之途"不如"求道之途"更妥。如果说孔子一闻"仁"道就死而无憾，那是太小瞧孔子了！他一生颠沛流离、累累若丧家犬就是想用仁道去救民于水火，解世于倒悬。他怎能不知仁！

孔子所谓之"道"即"吾道一以贯之"之道，"形而上者谓之道"之道，"一阴一阳谓之道"之道，就是老子、庄子终生研究参悟的道，也是黄帝之道、伏羲之道。求道之难难于上青天。这才符合"朝闻道，夕死可也"之意！

南师怀瑾先生说：后世讲中国文化，尤其是唐宋以后，把儒道两家分得很严重。实际上，上古以来的道家，如《庄子》《列子》，可以说都是很捧孔子，捧儒家思想的，不但重修养还重功夫，比佛家的学禅习定简单实用。老庄孙子：这些在《论语》里是看不到的。

《老子》第一章"体道"开宗明义：道，可道，非常道。名，可名，非常名。无，名天地之始。有，名万物之母。故常无，欲以观其妙。恒有，欲以观其徼。此两者，同出而异名，同谓之玄，玄之又玄，众妙之门。

《老子》通篇说道，道之难言难悟可想而知。用于人道上就是"恒无欲，以观其妙"。

我们再看看孔子求道之难之艰！

《庄子·天运》章中记载：孔子51岁时还没悟道。于是前往楚国沛地拜见老子。

老子：你来了。我听说你是北方的贤者，你得道了吗？

孔子：我还没有得道。

老子：那你是从何入手求道的呢？

孔子：我先求诸度数（天文、地理、数术），5年而不可得。

老子：后来呢？

孔子：我又求助于阴阳12年，亦不可得。

老子：是啊！如果道是可以奉献的话，则人们一定会奉献给君王、父母、兄弟，留给子孙。可是不然，无它，主心于内，行正于外。道由内出（相由心生），不为外界所左右，圣人施之；事由外入，不合于心，圣人不纳。名誉是天下公器，不可以多取。仁义是先王的住所，只可一宿，不可久居。过多昭示仁义则会招致更多责难。**老庄孙子**：观孔子一生可知。

古圣先贤，假道于仁，寄情于义，以游逍遥之虚境。自耕自食自足。逍遥即无为，俭朴即易生。没有交易就不会产生机心。**老庄孙子**：没有买卖就没有伤害。无为即涅槃。

在远古时代，这些被称之为：不为外物所役使，逍遥游于无何有之乡、广漠之野。

反之，以富贵为目的者，则不会让禄；以显扬为目的者，则不会让名；权欲熏心者，不可能授人以权柄。这些人，操纵权力时战战兢兢，丧失权利时悲哀不已，没有定性，争斗不止。所有这些都是要遭受天谴的。**老庄孙子**：孔子也说自己是天谴之人。

憎恶、慈爱、剥夺、赐予、劝谏、教诲、好生、处死这8项是规范人与社会的手段，只有遵循大道之圆融无碍者才能正确运筹应用。**老庄孙子**："大制不割，廉而不刿。"

所以说，"政者，正也"。**老庄孙子**：老子还说"以正治国，以奇用兵，以无为取天下"。

不然，心术不正者，上苍都不会眷顾护佑，何况其他？

至于仁义是不是孔子的终极目标？再看看老子和孔子的对话。接上段，过了几天，孔子又去拜访老子，和他探讨仁义。

老子：就像播扬米糠眯了眼睛，会觉得天旋地转，没了方向；蚊虻叮咬，心烦意乱，通宵不能入睡。仁义也是如此，毒害搅扰人心，害莫大焉。要想使天下人不迷失本真，你就应像风一样顺势而行。**老庄孙子**："君子之德，风，小人之

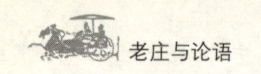

德，草，草上风必偃。"

执德而立。老庄孙子："为政以德，譬如北辰，居其所而众星共之。"

又何苦费心费力汲汲于仁义的宣扬呢？这无异于敲着大鼓去追捕逃犯。

你难道没有看到吗？天鹅不必每天洗澡，羽毛永远是白的；乌鸦无须每日染色，羽毛永远是黑的。黑白本就如此，何须辨别！名誉再大，也不能对人的本性有丝毫影响。老庄孙子："举世皆誉而不加劝，举世皆辱而不加沮。"

给你讲个故事吧。泉水干涸了，两条鱼被暴露在陆地上，相互哈气给彼此一点点能够活下来的湿气，相濡以沫使双方存有一丝丝无奈的生机，苟延残喘。与其如此，真不如相忘于江湖，两不相干，优哉游哉，快乐连连！

孔子回到驻地，情绪郁闷，三天不说话。

弟子们着急问：先生去见老子，是怎么劝说他的？

孔子哭笑不得：我哪是劝说人家。真是无语！这回，我是真的见到龙了！合则成体，散则成章，乘云吐雾而养乎阴阳。看得我惊诧、惊呆、瞠目结舌，不知所以。我又何以去规劝人家呢？老庄孙子：孔子多次称老子是龙。

子贡抢先说：难道真的有这样的人吗？尸居龙见，渊默雷声，动如天地之莫测。不行！我得去看看。老庄孙子：子贡懂《易经》，"臆则屡中"。

于是，子贡打着孔子的旗号去拜见老子。

这时，老子正伸腿坐在堂上小憩，见子贡来，小声说：

我都年纪一大把了，小伙子你有什么要教诲我的吗？

子贡：不客气。那我就先说说三皇五帝吧。他们治理天下的方法虽有不同，但却都声望卓著，道德崇高。可先生非要说他们不是圣人，这是为何？

老子：小伙子，你往前点。请问，三皇五帝之治不同在何处？

子贡：唐尧禅让虞舜以一"允执厥中"四字真言，虞舜又禅让给大禹以"人心惟危，道心惟微，惟精惟一，允执厥中"十六字真言。夏禹竭力去治水（农业、水利发展之最伟大者），商汤用兵打天下，周文王顺从殷纣王而不敢忤逆，武王伐纣一统天下。所以说方法各有不同。

老子：来，小伙子，再靠近一点。让我来告诉你三皇五帝怎么治天下。**老庄孙子**：老子挺喜欢子贡。

黄帝治天下，人民心地纯朴、单一，民间有父母死而不哭者，别人并不责备他。**老庄孙子**：见庄妻之死、老子之死等。

等到了尧治天下，亲爱父母，慈爱子孙，民间有为了自己的亲人而杀了该杀的人，别人也不责怪他。

到了舜治天下，民众开始有了竞争之心。妇女十月怀胎一朝分娩，刚出生5个月就让其学说话，还不会笑时就让其学分辨人物，自此夭折丛生。

到了禹治天下，人心开始机智权变狡诈，动用武力以顺天道，杀死盗贼以为公正。自此，家天下开始传承（禹传天下于其子），私有开始，私欲盛行。

自此以降，道德日滑，战乱频仍，特别是到如今（春秋末期），礼崩乐坏，儒墨并起。定礼乐，正人伦。其结果，初始以敬，到后来就像女人讨好男人（也像美国大选），巧言令色，谄媚奸佞，无所不用其极，还有什么可称道的呢？**老庄孙子**："礼，道之华而乱之始。"

来！小伙子，我告诉你，三皇五帝之治天下，名义上说是治，实际上是乱莫大焉！三皇之治，上悖日月之光明，下逆山水之精灵，中毁四时之运行。他们的这些巧智比蝎子尾巴还毒，比未经驯化的猛兽还凶！让人们性命之情无法得以安定、清静。还个个自以为圣人。真是见过无耻的，没见过这么无耻的！**老庄孙子**：子路、子贡也说过孔子无耻。

子贡听后，惊恐不安，心脑空空，不知所措。**老庄孙子**：孔子眼里也无圣人。

其实，孔子是到了晚年才彻底悟道的。这也是《列子》《庄子》之所以推崇孔子的关键所在，绝不会因为孔子的仁道就那么崇拜他！更可赞的是孔子悟道后的普世情怀。

2.2 **子曰：吾十有五而志于学，三十而立，四十不惑，五十而知天命，六十而耳顺，七十而从心所欲，不逾矩。**

绝大多数后人都认为这是孔子一生求学所经历的阶段，其实不然。这只是孔子给自己或众生特别是所谓的君子们，立下的一个人生目标。

孔子15岁时，母亲一个人带着他，穷困潦倒、家徒四壁、食不果腹、衣不蔽体，顶多是一个哭丧者、放牛娃，生存都是一件极为困难的事，哪里会有一文钱供他上学？加之出身极其低贱，卑贱到私生、野生、野种以至于 17 岁还不知其父是谁、自己姓什么的悲惨地步。孔子真正求学是始于 20 岁左右，在季氏家打工挣到"人生第一桶金"，才开始到他的祖籍宋国求学，同时考证自己的出身。孔子 51 岁才说"假我以数年以学《易》，庶可无几矣"，还未闻至道，当然，50 岁时也就不可能知天命！孔子真知"天道、天命"，彻悟是在 70 岁左右。所以才有聪明、智慧如子贡者说"夫子之性与天道不可得而闻欤"之感叹。

紧接着，2.3 子曰：加我以数年，五十岁以学《易》，则可以无大过矣！

可见孔子 50 岁时还没有认真学《易》，就更不可能知天命了！

其实，孔子是在晚年流浪归来之后才真正把《易》参透的。"韦编三绝，不知老之将至"说的就是孔子晚年参《易》的景况。圣明如钱穆者，愣说孔子没赞过《周易》！也还说"束修"是一捆牛肉干，真是"是可忍，孰不可忍"！

更不可能的是，孔子 51 岁到 55 岁期间正是在鲁国从政的关键时期，与三桓斗得死去活来，他哪里有时间去参《易》、去知天命？就是到了晚年，所整理好的古籍《诗》《书》《礼》《乐》《易》《春秋》，准备藏于周室国家图书馆，去请教老子，还被批了个体无完肤。

《庄子·天运》篇记载：孔子晚年又去拜访老子，说：我删《诗》《书》，定《礼》《乐》，修《春秋》，赞《周易》，这六经我已经研究很久了，自以为精通了，并以此游

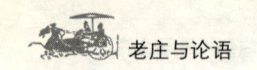

说直言犯谏72位国君，不厌其烦地给他们讲述先王之道（周公、召公的所作所为），结果，没有一个人听信取用的！这不是太过分了吗！人君之难以说服，大道之难以明晓，莫过于此。

老子：你太幸运了！多亏没有遇到你所谓的治世明君。你所谓的"六经"，不过是先王的陈芝麻烂谷子，哪里是什么大道啊！今天你说的这些也是陈规陋习。

所谓足迹，是鞋踩出来的，能说足迹就是鞋吗？更不用说，人穿鞋而踩，足迹因人而异。你听说过吗？有一种叫白婉的鸟，雌雄相视，感其神而受其孕。有一种虫，雄虫鸣于上风，雌虫应于下风感其声而受其孕。究其理，同类生物雌雄相互感应，化而受孕。**老庄孙子**：2012年科学发现一种距今8000万年的蛭虫，无须性交便可受孕完成DNA的传递。

所以说：江山易改，禀性难移，天命不可违，四时流行不能停止，大道广阔不可壅塞。**老庄孙子**：孔子也说"天命之谓性，率性之谓道，修道之谓教"。

能得大道者，无往不通，失去大道者，无路可走。

回到驻地，孔子三个月不出门用以斋心、悟道。

此案例说明，即使孔子晚年赞完《易经》，也依然没有彻底悟道。也再一次说明孔子悟道直接得益于老子。不然，孔子怎么会称赞老子是龙呢？这可是孔子对人的最高褒扬。庄子说"尘垢秕糠犹能陶铸尧舜"。两相比较，可见老子到底有多高明。

2.4 子曰：学而时习之，不亦说乎？有朋自远方来，不亦乐乎？人不知而不愠，不亦君子乎？

习者，见习、实践、修证者也而非复习。后人大都认为这是孔子学习的乐趣。错！这里孔子要表达的是"什么是快乐"，只是举例说明而已，当然也包括学习有得之乐趣。

用庄子"至乐"解此或可启示多多。

庄子自问自答：天下到底有没有至乐呢？有没有全身保生的方法呢？人活在世上，到底应该做什么、不该做什么、依据什么、回避什么、安于什么、屈就什么、放弃什么、喜欢什么、厌恶什么？

在我看来，普天之下人们所崇尚的无非是富有、尊贵、长寿、顺遂；所喜欢的无非是安逸、美味佳肴、漂亮服饰、美女妻妾成群、色彩艳丽、美妙音乐；所鄙贱的无非是贫穷、低贱、夭折、疾病；所苦恼的无非是不得安逸、食不得美味、衣不得绸缎、眼不见美色、耳不听妙音等等。如果得不到这些玩意儿，就大大地不高兴、不开心、憋气、难受、痛苦甚至恐惧、痛不欲生。这些只为表面的、外在的、形式的东西而苟且生存的人，在我看来，不是呆子就是愣子！

看看那些富人吧，整日间苦其心志、劳其筋骨、饿其体肤、蝇营狗苟、机关算尽、拼命做事、使劲儿捞钱，像守财奴一样舍不得吃、穿、用，更舍不得施舍与人，等到一命呜呼，只可叹，钟鸣鼎食散一朝，空手昨日财；而那些所谓地位显赫的贵人们，则是没白没夜、处心积虑、宠亦惊、辱亦惊、优柔寡断、沽名钓誉，一旦失宠，无奈何，江山失去，命运他人宰。

更何况，人生不如意事十之八九，悲伤哀愁与生俱来。勉强多活几年的，不是痛就是病，糊里糊涂，生不如死，何苦来哉！**老庄孙子**：一受其成形，不亡以待尽。

那些所谓舍生取义（烈士）之人的壮举确实让人佩服，但却失去了最宝贵的生命。我不清楚这种作为到底是善还是不善，说他善吧，却丢了宝贵生命，说他不善吧，却又成就了别人。

所以，有道是忠言逆耳，如果谏之不听，真不如干脆缩脖靠在一边一声不吭。**老庄孙子**：孔子："事君数，斯辱矣；朋友数，斯疏矣。"

如若不然，就像伍子胥一样因谏诤而牺牲，却也能青史留名。如若不争，亦不至于死，但也不能青史留名。

如此说来，这世上到底有没有善呢？世俗所追求的快乐是真的快乐吗？根据我的观察，世人所谓的快乐，大都是人云亦云，随大溜，赶浪头，趋趋然，如老子所说：众人熙熙，如享太牢，如春登台。昭昭察察，以为至乐。**老庄孙子**：如露如电，如梦如幻，无常。

我却不以为然，我认为世上没什么可乐的，也没什么不可乐的。**老庄孙子**：乐与不乐均失中。

废了半天话，那这世界上到底有没有真正的快乐呢？依我之见，还是有的。我认为，由无为而达到的那种恬静、淡然、愉悦、恬适，是真乐。**老庄孙子**：说白了，就是唐尧说的"允执厥中"那份中和之乐；也是孔子说的"中也者天下之大本，和也者天下之达道""发愤忘食，乐以忘忧，不知老之将至"

的那份快乐；也是佛家那份经过苦、集、灭、道之后的四大皆空，空灵不寐，究竟、涅槃、般若，常、乐、我、净，物来则照、物去不留、慈悲智慧、普度众生之乐。

至于世俗所崇尚的吃喝玩乐等皆为无常之苦。所以圣人云：人生的至乐就是既不过忧也不过乐（哀而不伤，乐而不淫），人生最崇高的荣誉就是无论取得多少功名都不需要赞誉（老子之"功成事遂身退，天之道也"）。这就是圣人们常说的至乐无乐、至誉无誉。

这里，我（庄子）就"恬静无为"再啰唆几句。就拿天地做比喻吧。天是无为的，所以才清虚，无所不容；地是无为的，所以才宁静，厚德载物（老子之"天得一以清，地得一以宁，侯王得一以为天下正"）。天地两无为之相合才能生长化育万物。惚兮恍兮，不知万物所出；恍兮惚兮，不知万物之所去。万物繁衍，纷纷芸芸，这都是从无中来（无中生有）。请细细品味天地之无为无所不为的道理吧！**老庄孙子**：有几许人能参透这无为恬静的道理呢？我无言。

再反观孔子之学习、求道、悟道之乐，朋友（与人交往）之乐以及君子独处之乐，那是真乐。庄子和惠施在桥上观鱼之乐也是一乐。孔子闻"韶乐"三月不知肉味那是至乐。曾国藩说读书可以健身，那是乐在其中，以至于四肢百骸、条条经络皆通，哪有不健康、不快乐之理呢？尽管孔子一生颠沛流离，还有几次生命之忧，但"吾道一以贯之"之乐却一直伴随着他，难怪台湾薛仁明先生写了一部很好看的《孔子随喜》著作，还很畅销，或可窥孔子一生"至乐"之一斑。

2.5　子曰：知之者不如好之者，好之者不如乐之者。

是我前述观点的进一步证明。就像现在记者问：你幸福吗？其实也是乐在其中。

乐以忘忧、安贫乐道、乐此不疲等等都是孔子学习、悟道的快乐体会，也正因此，才成就了孔子之硕大伟业：施若恒沙不若传经布道。

庄子也正因有此"至乐"观也才有《南华经》这一旷世奇书。

朱熹若没有"独坐窗前读周易，不知春去已多时"这种快乐精神，理学大师之盛名也难副其实，其所集注的《四书》也难以统治中国政坛精神领域800年。

所以说，乐趣和兴趣是出成果和成就一番伟业的重要基础。这也是我国当今教育之最大缺憾！

2.6　生而知之者，上也；学而知之者，次也；困而学之者，又其次也；困而不学，又斯为下矣！

《老子》第17章"淳风"：太上，不知有之。其次，亲之。其次，誉之。其次，畏之。其次，侮之。信不足焉，有不信焉，悠兮其贵言。功成事遂，百姓皆谓"吾自然"。**老庄孙子**：可为孔子一解。但老子还有更深意，是治国理民的最高境界。

《老子》第41章"同异"：上士闻道，勤而行之。中士闻道，若存若亡。下士闻道，大笑之，不笑不足以为道。荀子《劝学篇》之"闻道有先后，术业有专攻"均可说明孔子求、学、悟的是"道"。仅仅停留在知识层面何其下也！

在此，孔子承认人是有先天差别的，即所谓的遗传和血统论。也即俗称"龙生龙凤生凤，老鼠生来会打洞"。也如禅宗的顿渐之别。六祖慧能一个大字不识，听了大师兄神秀一偈，立马顿悟。神秀则是学而知之，渐悟。死活不学者，那只能是愚蠢莫及，也即所谓的"唯上智与下愚为不移也"。

老庄是最讲究悟的，其名言比比皆是，"为学日益为道日损，损之又损，以至于无为，无为而无不为""嗜欲深者天机浅""不出户知天下，不窥牖见天道。其出弥远，其知弥少。是以，圣人不行而知，不见而明，不为而成"。这里说的纯粹是悟道而非求知，所谓"秀才不出门便知天下事"，"行万里路，读万卷书"说的是求知，顶多算渐悟，不可同日而语，望有心者慎之又慎。要物物而不物于物。美国人正在研究如何让天才的孩子接受天才的教育。

2.7　子曰：我非生而知之者，好古、敏以求之者也。

这是孔子的真实写照。不像林彪之流假借圣人之口标榜自己，搞什么"天才""天马行空，独往独来"，确实是在空中毁灭的，倒也知趣。当然，林彪确有打仗的天赋。

孔子一生都在学习，用他的话讲"学而不厌"，悟性也确实不高。若拿六祖慧能比老子，那孔子就是慧能大师兄神秀。

《庄子》《列子》通篇都在棒喝、启示孔子，特别是那些隐士们更是用心良苦。好歹孔子还算争气，临死前终于开悟了，也应了他"朝闻道夕死可也"之谶语。但可惜的是，孔子之道在他所谓得意弟子中没有得到传承！颜回一死，孔道失传。子思之《中庸》也只是因朱熹才见世的。

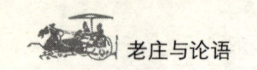

幸运的是，真正的孔学却在《庄子》《列子》中得到正传。更可惜的是，后人不知！至于在文献的整理传承方面，对于中华文明的复兴和发展确实是敏而好古、发愤忘食，做出了最伟大的贡献！在人类文明史上，孔子是光耀古今，永不可磨灭的！

接下来，2.8、2.9、2.10 都是说孔子学而知之，而非生而知之。十室之邑，必有忠信如丘者，不如丘之好学也。

吾尝终日不食，终夜不寝，以思，无益，不如学也。

盖有不知而作之者，我无是也。多闻，择其善者而从之。多见而志之。

纵观孔子一生，确实是博学多闻，记性也好。删《诗》《书》就是明证。孔子一生搜集了3000多首诗歌，最后按照他"择其善者而从之"之原则确定了305首是谓《诗经》，传承后世。整理《尚书》亦如此。至于他这个"原则"是否很普世，另当别论。孔子早已说过"知我者《春秋》，罪我者《春秋》"。其实他所参赞《易经》亦如此！人文的东西太多，或者说只为人文。

老庄都是善学善积累者，悟性也高，可惜只各留下一部书。后人还都以为"玄之又玄"，莫知其门。

2.11到2.17均是学习（道）的方法论。"知之为知之，不知为不知，是知也。"

知道就是知道，不知道就是不知道，这才是学习的好方法，不要不懂装懂。

《老子》第71章"知病"：知不知，上。不知知，病。

圣人不病，以其病病。夫唯病病，是以不病。

以已知知未知又不得瑟，上之上之也！这是我们看到的世界最具哲理的绕口令（当然庄子里到处都是），高于孔子一大截。

"知不知，上"，用孔子赞扬我们老宁家人的话：宁武子，智可及也，愚不可及也。郑板桥的难得糊涂差强其意。

"夫唯病病，是以不病"，用孔子"未见能见己过而自讼者也"或可一解。至于庄子的"吾生也有涯，而知也无涯。以有涯随无涯，殆矣！已而为知者，殆而已矣"，警示世人们人贵有自知之明。

至今，人类认识宇宙也不过5%。所谓科学已探知的宇宙长度700亿光年，宽度400亿光年且仍在极速扩张！能想象到吗？借用佛家一句话"苦海无边，回头是岸"呀！阿弥陀佛就是无量、无限、无寿、无穷的意思。"书山有路勤为径，学海无涯苦作舟"，宇宙万有能学得过来吗？或许只有孔子这么精进、自强不息，逝者如斯者才有希望到达彼岸吧！当然，大智慧（不是学来的）是万万不可或缺的，还是老子"为学日益，为道日损"来得好。

2.12 子曰：**温故而知新，可以为师矣。**

这里要特别强调的是，创新固然重要，但前提是必须要温故。也请那些想搞创新的人去好好学学《大学》之道：在明明德，在新民，在止于至善。德之不存，毛将焉附？

《老子》第15章"显德"：古之善为道者，微妙玄通，深不可识。夫惟不可识，故强为之容：豫兮若涉冬川，犹兮若畏四邻,俨兮其若客,涣兮其若释,敦兮其若朴,旷兮其若谷,混兮其若浊(见庄子混沌之说)。孰能浊以静之徐清?孰能安以动之徐生?保此道者,不欲盈。夫唯不盈,故能蔽不新成。**老庄孙子**:敝帚自珍,历久弥新。蔽者,故也,旧也。故旧不遗,才能新政。

又如,"文革"期间狠批"克己复礼",10亿中国人有几人懂"克己复礼"?

全民皆兵,人人口诛笔伐,真可谓不大笑不足以为道啊!孔子是说批倒就能批倒的吗!

至于如何为人师表?

看看《庄子·大宗师》:知道天道是如何运行、运作、运动的,从而也就知道人道是如何运行、运作、运筹的,这就齐了。

也如《黄帝阴符经》所说:观天之道,执天之行,尽矣!

老子也说:人法地,地法天,天法道,道法自然,自然而然。

释迦牟尼说:法尔如是。如来如来,本来如此。

庄子接着说:能知天道者,属于天生(孔子也承认)。能知人道者,是以已知去推究未知,这样的人能终其天年,寿终正寝而不半路夭折,这就算知识和智能的极致了。

孔子之"参赞天地之化育"真是此意的升华。黄、老、孔、庄一脉于此可见一斑。即使这样,也还是有问题,还不是究竟。什么知识,什么智能,都是"有待",如庄子之鲲鹏展翅九万里也必须借助于羊角风,列子的飞亦是,即释迦的"执"、孔子的"必"、老子的"固"。人生之大德、之最高境界是无执、无待、毋必、不固。

言外之意,你又是凭什么知道天道,凭什么知道人道?必须要有检验、验证、论证。如熊十力先生研究的佛家"唯识"、禅宗的"悟"等等,一个先天,一个后天;一个唯物,一个唯心。

更要命的是,你所依赖、依靠的那个"待"也有问题,也不可靠。比如标准啊、度量衡啊,什么公理、定理、天理、真理——都如此。《参考消息》报道:存放在瑞典的质量砝码变重了!上帝粒子(玻色子)的发现将推翻所有物理学理论!新理论、新发现层出不穷,又用什么来证明它们的对错呢?谁也说不清。你(老子、庄子、孔子等等)怎么知道你所说的就是自然大道、真理而不是人为刻意呢?你又怎么知道你的那些所谓又不是天意该着,自然如此呢?

看来,得需要一个"真人"才能"真知"才能说出"真理"。那谁又是"真人"呢?我们祖先最早的"真人"就是"盘古",就是老子那个"道"、孔子那个"一"、庄子那个"混沌"、《易经》中的"太极"。**老庄孙子**:还不是无极。

那"真人"到底什么样啊?庄子考了一把古。

古之真人,不欺辱弱小,也不妄自尊大,不耍智谋。错过了不后悔,对了也没什么了不起。登高不栗,入水不淹,遇火不热。只有智慧与道合一者才能如此。

古之真人,其寝不梦,其觉无忧,其食不甘,其息深深(踵息、胎息)。真人之息以踵,众人之息以喉。……嗜欲深者，其天机浅。

古之真人，不知说生，不知恶死。其出不䜣，其入不距。倏然而来，倏然而往而已。不刻意追求终始。物来则照，物去不留。不以心捐道，不以人助天（孔子是参赞天地之化育）。心志专一，容貌静寂，额头宽大质朴，时而清秋，时而暖春，喜怒哀乐自然而发。始终与万物和谐相处。其用兵，亡其国而不失人心，利泽万世，不为爱人。自适而适人。不能役人之役，适人之适，而不自适之适也。

古之真人，其状义而不朋（群而不党、和而不同、朋而不比、同流而不合污：孔子语），若不足而不承（似力不从心，如周穆王之西域化人、鲁哀公的哀骀它）；像个大瓢而又似坚不能举（无用之用），内心虚静而不浮华；舒心适意好像很快乐，动静行止又好像不得已，内心充实外表和悦，与乎止我德也（即已与人己愈有，即已为人己愈多：老子），精神辽阔如无际，形象高大顶天立地（顶天立地，唯我独尊：释迦），沉默不语好像没什么可说的，心不在焉忘言忘行。刑、礼、智、德并用，宽大刑罚，礼以行世，智以知时，德以循道。故其好之也一，不好之也一。其一也一，其不一也一。一者与天为徒，不是一者则以人为徒。认为天与人是合一的、和谐的，不相对立的，这就是得道之真人。

说得绝对跟真的似得。其实谁又知道他真与不真呢？真是微妙玄通，道可道，非常道啊！譬如门前树，鸟雀自栖之，来者自来，去者自去。春江之水冷暖自知。所以，这世界，真人也少，假人、糊涂人也多。**老庄孙子：黄帝梦华胥国**最后梦想成真，见后。

2.13　子曰：学而不思则罔，思而不学则殆。

家喻户晓，尽人皆知。岂不知，伟大的思想家都是思考出来的！既思又想，要不怎么能叫思想家。门捷列夫元素周期表是梦出来的。还有弗罗伊德的《梦的解析》（其实不如周公解梦来得好）。对于常人来讲，学而思，思而学已很难得，如果再像曾子那样"吾日三省吾身"那就更了不起了！但对于老子、庄子、释迦、六祖这些不世出之圣人们来说仅仅学与思是远远不够的，更重要的是"悟"。那怎么悟呢？

《老子》第1章"体道"：常无，欲以观其妙。常有，欲以观其徼。**老庄孙子**：也就是无中生有。那怎么算无呢？

《老子》第16章"归根"：致虚极，守静笃。像孔子这样思学，学思，汲汲于外物，物是永远格不尽的。王阳明格竹子，竹子没格清，差点把自己格死。也不可能"知至"。其结果只能是"五色令人目盲，五音令人耳聋，五味令人口爽，驰骋田猎令人心发狂，难得之货令人行妨"。如孔子的诗也好，乐也好，过了就是淫诗郑乐。还是庄子说得彻底："吾生也有涯，而知也无涯，以有涯随无涯，殆已。已而为知者，殆而已矣！"晚年的孔子也是走向了"心斋""坐忘""绝圣弃智，绝仁弃义，绝巧弃利"的参悟路线。释迦牟尼则是从"苦集灭道"至"常乐我净"。

《庄子·大宗师》中记载了这样一个故事：孔子70岁时，有一天，颜回突然兴奋地直嚷嚷（《论语》里描写的颜回是那样沉稳、矜持、正人君子）：我有长进了，我有长进了！

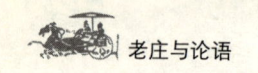

孔子惊讶：你在说什么呢？

颜回：我忘掉仁义了！

孔子：是吗？有意思，不过还不够究竟。

过了几天，颜回又嚷嚷：我有长进了！

孔子：又怎么了？

颜回：我忘掉礼乐了！

孔子：有进步，不过还不够究竟。

过了一段时间，颜回又嚷：这回我是真的进步了！

孔子：怎么讲？

颜回：我坐忘了！

孔子一惊：什么是坐忘？

颜回：遗忘肢体，堕出聪明，超脱形象，去掉智巧，同于大道，这就是坐忘。

孔子非常高兴：大同了，就没有偏好。与物俱化则没有常心（老子之"圣人无常心，以百姓心为心。天地无常心，以万物心为心"）。你果真是圣贤之人了。孔丘我请求拜您为师永随其后！**老庄孙子**：颜回比孔子悟得深、悟得透、悟得早。颜回早死，是对孔子最大打击，孔子恸哭异常：天丧予！天丧予！原因即在此。从此孔子、孔学失去了知音与传承。颜回在"大宗师"篇，孔子差之甚远。三是子思名不见经传。

如果说《论语》编得有点乱，最重要原因有二：一是孔子没亲自看过。二是颜回早死，没有一人得到孔子真传。

2.14　子曰：**不愤不启，不悱不发。举一隅而不以三隅反，则不复也。**

"启发""举一反三"的出处。"启"是苦思冥想怎么也想不通的时候才诱导一下，使其心里明白，思路畅通；"发"是想说又说不出来的时候，予以引导使其能以恰当的语句表达出来。"举一反三"才是孔子收徒教育的大原则，绝不是拿几条牛肉干就行的。孔子喜欢有志气、有本事、敢较真的弟子。套用一句禅宗名句"见与师齐，减师半德。见过于师，方堪传授"。孔子教学的一个核心就是"循循善诱"。孟子之得一奇才而教育之乃人生至乐。

有一次，孔子问子贡：你与颜回谁更厉害？

子贡：我哪敢和颜回比！回也，闻一知十。我，充其量是闻一知二。

孔子：不如也！我和你都不如颜回呀！**老庄孙子**：可见，颜回是有大智慧的。

一是寓教于乐，幽默诙谐。二是乐在其中，其乐融融。真正的循循善诱。看看现在的教育，德不德、体不体、智不智、人不人、鬼不鬼、师不师、生不生。死记硬背满堂灌，为自己培养掘墓人！

育人要讲究"大器"，更不用说"君子不器"。心灵要讲究"逍遥""在宥"，只有心灵不寐，才无所不能，才能海纳百川，有容乃大。

类似的故事在《列子》中也有大量记载。"周穆王"篇中记载：宋国阳里有一位叫华子的人，中年得了健忘症，朝取夕忘，夕与朝忘；在途则忘行，在家则忘坐；今不识先，后不识今。全家人痛苦无奈，求医占卜都不行。后来有一鲁国儒生找上门来说他能治好此病。华子之妻高兴得不得了，许愿如能治好我丈夫的病，全部家产一半相送。果不其然，儒生与华子独处七天，病是好了，可奇怪的现象也发生了。

华子既悟，乃大怒，黜妻罚子，操戈逐儒生。大家七手八脚把他摁住问其故。

华子：过去我健忘，荡荡然不觉天地之有无，现在顿识既往，数十年来之存亡得失、哀乐好恶、千头万绪，近在眼前，使我心烦意乱，痛苦至极。我求求大家，谁能让我回到健忘中。

子贡得知，莫名其妙，以告孔子。

孔子：此非你的智商所能及也！遂告诉颜回记录下此事备案。

2.15　子曰：我有知乎哉？无知也。有鄙夫问于我，空空如也。叩其两端而竭焉。老庄孙子：有老庄释迦味道。

这是个大问题。可惜后人大都把它解为求知、求学的方式方法。过于肤浅！这是孔子为人处世、修齐治平的大原则。这里的"知"指的就是知识，《诗经》里所说的花鸟虫鱼、大千世界万事万物。也是"格物致知"的知，一切事物的表层现象。

也是老子所说的"为学日益"的"学"。就像释迦牟尼所说"传经布道49年却一言未发"。

"空空如也"是其最好的注解。"空"也是一篇大文章。佛家的"四大皆空"，老子的"无""虚"等。

《老子》第11章"无用"：三十辐共一毂，当其无（中空），有车之用。埏埴（制陶）以为器，当其无，有器之用。

凿户牖以为室，当其无，有室之用。所以，有以为利，无以为用。

这就是"有利""无用""利用"的出处。"利用"如果再加上"崇德、厚生"，那文章可就更大了！一切政治、经济、社会、文明、环境全在其中。

至于"叩其两端而竭焉"几乎就是孔子"道""中庸"的翻版。是唐虞传给虞舜真经"允执厥中"的"中"，是哲学的哲，也是折中的中。庄子尊孔，孟子说孔子是"时之圣者"，道理即在此中。

2.16 子曰：**学如不及，犹恐不失之。**

这是孔子的学习态度。也是他学习的真实体悟，学到的东西，唯恐忘却。他确实是学而知之，是思考的结果，是渐悟。其实这也是孔子表扬子路的话，子路知行合一，学一样东西不能践行则不会再学第二样知识。

2.17 子曰：**吾犹及史之阙文也。有马者，借人乘之，今亡矣夫。**

孔子也善比喻，老子、庄子、释迦、耶稣等等都是比喻寓言大家。孔子说文字的缺失就像把马借给别人不还一样，很难找回。**老庄孙子：借钱更是！**

2.18 子曰：**攻乎异端，斯害也已矣！**

这是"叩其两端而竭焉"的反说。告诫人们不要走极端，害莫大焉。很多人觉得此话极难解，其实不然。

2.19 子曰：**古之学者为己，今之学者为人。**

学习的目的是为了不断提高自己的修养、能力、水平，而不是为了得瑟、炫耀、显摆。老子一再警告世人切忌：宰、侍、居、执、衿、夸、自是、伐、骄、淫、奢、泰、盈、锐等等。

2.20　子曰：子路啊！你听说过"六言、六弊"吗？

子路：没听说过。

孔子：你坐下，我告诉你。一味地喜欢仁而不用礼以约束，其弊端是流于愚昧；一味地耍小聪明而不用礼以约束，其弊端是流于张狂放荡；一味地讲诚信而不以礼约束，其弊端则流于贼。

一味地直率，而不以礼约束，其弊端将流于说话尖刻犀利。

一味地好勇，而不节之以礼，其弊端将流于祸乱；一味地逞能刚强，而不以礼节之，其弊端将流于放荡不羁。

这段话的中心意思说的就一个"中"字，孔子讲究凡事过犹不及。再好的东西吃多了也会撑死。我爹（老中医）生前一再告诫我们"膏粱厚味足生大疔也"，后来看了《黄帝内经》才知道出于此处。

这段话也是针对子路说的。子路一生好勇，孔子苦心孤诣、费尽心机调教了他一生，结果还是死于好勇战乱。

从另一个角度也说明人性难改，即俗话说"江山好改，禀性难移"。也再一次说明孔子"知难而进、明知不可而为之"之艰难、艰辛、艰苦。

还是老庄顺其自然来得好。俗语"毛驴要顺毛摩挲"，孔子也说"顺者为孝"。顺其自然。

修身

2.21 子曰：我从未见过喜好仁德之人，也未见过讨厌不仁德之人。能讨厌不仁德之人其实已经算是仁德之人了（类似的话，孔子说过若干）。谁能让不仁之人无法影响自己？又有谁能拿出一天时间致力于仁？我是没见过力不足者。或许有吧，但我从未见过。

此段话的翻版"未见好德如好色者也"。孔子再一次表述"仁德"不是人的本性，只是修身的方法。后儒们特别是孟子非要说"人之初，性本善"，离题万里。荀子"人之初，性本恶"则走向另一个极端！所以说，尽管孔学有八脉，却无一正宗！曾子木讷，一个"至孝"就已偏了。子贡忙于挣钱、当官、耍嘴皮子，小聪明而已。子夏则最后流于法家。其他则更无从谈起了。董仲舒一个"罢黜百家，独尊儒术"，那真是"术"，是权术！不但歪曲了孔学，还统治了中国政坛2000年！朱熹一个"存天理，灭人欲"，人性都没了，何谈其他，却也统治了中国政坛800载！呜呼哀哉——扯远了。人有仁、不仁，善、不善之分。正如庄子所说"仁义是百代之过客，只可一宿，不可久居"。人生的究竟是"等是非""齐万物"，"空、虚、无"，逍遥于无何有之乡。

《老子》第2章"养身"：天下皆知美之为美，斯恶矣；皆知善之为善，斯不善矣。**老庄孙子**：万事万物都是相对的，但最高境界又是一致的。形下是三千大千，变化无端，如影如幻，如露如电，无常万变。形上则是一以贯之。

孔子是好仁的，但也确实知道仁的弊端。孔子主张向善论，仁德是可为的，有人说自己不行，不是不行是不想、不愿、不为，子夏就是典范。

道不远人，人能弘道，非道弘人，是鸟择树，非树择鸟。如老子所说"吾道甚易知、甚易行，只可惜，天下莫能知、莫能行"。老、孔、庄都有此千古一叹！

2.22　子曰：见贤思齐，见不贤而内自省也。

这确实是修行学习的好方法。孔子一生自学成才，靠的就是这些。然而，世上有多少人能认识到自己不贤而他人贤呢？俗语"孩子是自己的好，老婆是别人的好"，大都自以为是，以为人非。况且，善与非的标准又怎么界定呢？现如今人们以包有多少二奶（二爷）为荣！以有多少多少情人（面首）为耀！以贪污多少多少钱为本事！少女嫁男宁愿做小三，坐在宝马上哭也不愿骑在自行车上笑！等等等等，不以为耻，反以为荣。

《庄子·齐物论》篇记载：儒墨是非之争，都以各人之是攻讦对方之非。人类大都是随其成见各以为是，个个都是师，不论愚智。如果没有偏见而有是非，那就像说今天去越国而昨天就已到了是一个道理。是以无为有，以有为无，就是智慧如神禹也是难以知晓的，更何况我们这些凡夫孺子！言论不像吹风，说话的人到底要表达什么意思？他自己都闹不清，更何况听者！

老子所说"道，可道，非常道"，释迦之"不可言说"，俗言"只可意会不可言传"。

庄子接着说，他到底是说了呢还是没说？即使说了又和小鸟的鸣叫有什么区别吗？大道之隐而有真伪，真言之隐而有是非。道是无处不在的,言语也是如此。道因为成见(百家)而被遮隐,语言因为华丽而文过饰非。大道不存,所以才有儒墨之你是我非、我非你是之纷争。辩来争去,没完没了,真不如以本自的空灵(明心见性)来观照大千万物。事物无非彼此,自以为是则看不到对方的长处,站在对方角度看一看就会彼此明了。所以万事万物都是彼此相互对待、依赖的,我中有你,你中有我。

拿生死来做个彼此的比喻吧:彼是刚刚出生,虽然如此,死亡也已随即开始。方生方死,方死方生。方可方不可,方不可方可。因是因非,因非因是。所以,圣人无执无待而以空灵自然相普照,即因任自然(随缘)。如果不然,那此是,彼也是。此说彼非,彼也说此非,非非是是、是是非非,无有穷尽。

难道,彼真的对吗?此真的错嘛?无此亦无彼,无彼此亦不存。只有彼此相待、相互、相对、相因,这才是抓住了道的"中枢",抓住中枢就像执牛耳、握环中,则可迎接无穷,迎刃而解。

不然,"是"也是无穷,"非"也是无穷,无穷之无穷,确实不如以空灵本然相照,珠落玉盘,圆融无碍。

后面庄子还有很长一段关于"相对"的论述,如:"一受其成形,不亡以待尽""天下一指,万物一马""朝三暮四""圣人和之以天钧,是谓两行"。

庄子最后说:远古之圣人早已把宇宙参到极致。"至"到什么程度呢?有的说,宇宙一开始是没有东西的,可谓是极致了。其次，认为开始有东西存在了，但没有界限。再其次，认为有界限但却没有是非之分。自从有了是非，"道"就不圆满了。道之亏才有爱之始。有爱就有恨，爱恨交加，纷争不已。这是圣贤之人所不齿的。"为是不用而寓诸庸"才是正道。**老庄孙子**：老子之无中生有首先是物理描述。

至于大千世界的"无与有"，庄子说了一段最著名的宇宙哲学究竟之绕口令："有始也者，有未始有始也者，有未始有无未始有始也者；有有也者，有无也者，有未始有无也者，有未始有未始有无者也。俄尔有无矣，而未知有无之果孰有孰无也。"

微分的祖师爷"一尺之棰，日取其半，万世不竭。"庄子说了这么一大堆，其实就是诠释了老子一句话："无名，天地之始；有名，万物之母。常无，以观其妙；常有，以观其徼。有无相生。此两者同出而异名，同谓之玄，玄之又玄，众妙之门。"

2.23 **子曰：三人行必有我师焉，择其善者而从之，其不善者而改之。**

意思同上。如果我说，二人行就有我师，其实，自己就是自己的老师。关键是，能否自觉认真反省，反省的又是什么，曾子的"吾日三省吾身"是否就很到位？难说。

还有一个关键问题，何为"善"？我从老子之"善"说：上善若水，水善利万物而不争，处众人之所恶。故几于道。居善地、心善渊、与善仁、言善信、政善治、事善能、动善时夫唯不争，故无忧。也是孔子所极力推崇的"大学"之道："在明明德、在新民、在止于至善"的至善。至于朱熹所说的"善是事理当然之极"，只谈理不谈情，最后走向了"存天理，灭人欲"的没有人性的极端。何善之有？

2.24　子曰：过而不改，是谓过矣。

就像"善"一样，何为过？谁又能知己过？这个度，谁又把握得好？喜怒哀乐、七情六欲，人皆有之，不发，几人能够？发而能中节，何人能为？人生五味，酸甜苦辣咸，哪个又调和得好？道之难为、善之难为、过之难改，概源于此。

黄帝都无奈，御女三千，白日升天，还拖累了鸡犬。

老子也无奈，道之不行，骑青牛，过函谷，西域流沙，不知所终。

孔子亦是，道之不行，乘桴浮于海。

庄子更是，嬉笑怒骂，纵横捭阖，纸上谈兵，也只能是自得其乐。

有错不改，那是真错！颜回之伟大也在于"不迁怒，不贰过"。

2.25　子曰：人之过，源于各有其党。观过，斯知仁矣。

党，即党派、阶级、团体、派别、同类等等，亦即孔子所说"方以类聚，物以群分"，所谓志同道合者也。

世上有几人能超越自己的团体、党派、阶级？又有几人能舍弃一己之私利而去全心全意为别人服务？

教主们之所以伟大，原因就在于能观己过而为人，能"好而知其恶，恶而知其好"，超越了自己，又去普度众生。

我之所以不愿称各宗教而宁愿称各家即源于此。有宗有派自然有过。看看当世的宗派、党派之争就可一目了然,一手拿《圣经》,一手拿利剑,那就更可怕了!

2.26 子曰:**德之不修,学之不讲,闻义不能徙,不善不能改,是吾忧也。**

这对于当今大学,尤其是那些最名牌大学的教育者们是最合适不过的了!学习为何?教育为何?在此均可见一斑。德之不存,毛将焉附?

2.27 子曰:**古之人有三种毛病,现如今,连这毛病都变了样了。**

古之人,狂也肆;今之人,狂也荡;

古之人,矜也廉;今之人,矜也忿;

古之人,愚也直;今之人,愚也诈而已矣。

孔子将古代和他那个时代的人的三种毛病做了对比。如果再延伸到现在,恐怕更有过之而无不及了!远古之人的狂,犹《诗经·魏风》之"园有桃":知我者谓我心忧,不知我者谓我何求?骄也罔极,必也狂狷。狂者敢为,狷者有所不为。

《老子》第20章"异俗":"我愚之人也哉!沌沌兮!俗人昭昭,我独昏昏。俗人察察,我独闷闷。澹兮,其若海,飂兮,若无所止。众人皆有以,而我独顽且鄙。"就是庄子描写的真人!

古人之毛病"狂、矜、愚",有骄人、清高、纯朴之意。现在的则是放荡不羁、无恶不作、愤世嫉俗、骄横、大奸若愚。从人的劣根性上讲，人的顽劣恶习也是与时俱进的，越来越严重，"习相远"也。不以为耻，反以为荣。所以，从这个角度上讲，人类要想达到"礼义廉耻"的境界怕是越来越难了，更不用说"道德与仁"了。老庄孙子：管仲曰"礼义廉耻，国之四维"。

2.28 子曰：狂而不直。无知而又不诚实。巧言令色而又不诚信。这世道成什么样子？我是无论如何也说不清楚了！

当今社会的真实写照，有过之而无不及，我无语，也实在不知道该说什么了，我想老庄黄帝都会无语。老庄孙子又能奈其何？虞兮虞兮奈若何？虞者，忧虑也。

2.29 子曰：古圣先贤的至理名言能不遵从吗？不仅要遵从，还要对照己过而改之，这才可贵。恭维的赞美，有谁听了不高兴呢？但，高兴之余要静下心来想一想，分析一下，这才可贵。光高兴而不过过脑子，光说好而不改己之过我是不知该说什么好了。

《老子》文中多处提到"建言"，即孔子这里说的"法言"。而庄子则会直接告诉你是哪位先贤说的，更有说服力。

人类文明的结晶是一定要继承的。

人类的进步就在于站在巨人的肩上不停地前进，而非推倒重来，这应该是人和野兽的重大区别。所以，达尔文的哲学是根本不适合于人类的！

2.30 子曰：算了吧！算了吧！我从未见过能够看到自己的过错而能做自我批评的人！

我一开始说孔子扇了自己一记重重的耳光！其实，不如说孔子也看到了人性恶的一面。如果说孔子奠定了后来法家的理论基础，自此可见一斑。

老子说，人贵有自知之明。因为绝大多数人不能自知，才显得可贵。连自我批评、承认己过都这么难，又何谈改过和治人呢。人之禀性难移如泰山，可见孔子之自讼、改过、育人之难难于上青天。当然，这也是孔子"明知不可而为之"之处。明知山有虎，偏向虎山行（见盗跖），虽屡战屡败、屡败屡战，直至魂归故里，不复梦见周公，梦想破灭也依然"一以贯之"，最难能可贵！**老庄孙子**：习总群众路线教育活动之"洗洗澡，出出汗，治治病"何其难也。第一期教育活动刚刚搞完，某省打击犯罪的指标作假却愈发严重，如：全省刑事案件13万起，为应付考核，仅电信诈骗犯罪一小项就高达17万起！命案卷宗从头到尾连检察院的都是假的。黑恶犯罪线索能有一万多条！

算了吧！还是看看老子是如何界定"明、智、力、强"的吧。

《老子》第30章"辨德"：知人者智，自知者明。胜人者有力，自胜者强。知足者富。强行者有志。

真正的强人是战胜自己。孔子就是强行者的典范。不过，他是强行于道。英雄征服世界，美女征服英雄。

2.31 子曰：以约失之者，鲜矣。

后人解此"约"者纷纭，大都不能中的。其实就是孔子所解《易经》"不易、变易、简易"之简易即简约的意思。也是刘邦之"约法三章"保大汉江山400载的妙招。唐尧一个"中"字，社会就近于共产主义。

更是老子的三宝"慈、俭、不敢为天下先"中的"俭"的意思。"俭",不仅能养德,还养精、养生、养身,也养民。以此"修齐治平"何有失之虞!

2.32 樊迟陪孔子散步,问:老师,何谓崇德、修慝、辨惑?

孔子:你问得太好了!凡事率先垂范,少考虑名利,这不就是崇德吗!

2.33 子张问崇德辨惑。子曰:主忠信,徙义,崇德也。爱之欲其生,恶之欲其死。既欲其生又欲其死,是惑也!诚不以富,亦只以异。

时刻反省检讨自己的过错,而不要刻薄攻击别人的缺点(隐其恶,扬其善),这不就是修慝(消除恶念、恶业)的好方法吗!

一时激愤,忘掉自身安危并牵连自己的亲人,这不就是迷惑吗!

此"德"就是老子、庄子所说之"德"。

最经典的诠释莫过于《老子》第9章"运夷":持而盈之,不如其已。揣而锐之,不可长保。金玉满堂,莫之能守。富贵而骄,自遗其咎。功成、名遂、身退,天之道也。

孔子也说过"先难而后获"。典范如范蠡、张良。至于如何消除恶念、恶业"修慝",也是老子说得最好。

第79章"任契":和大怨,必有余怨。报怨以德,安可以为善?**老庄孙子**:老子站在这个角度批评孔子"向善"。孔子则说:"以德报怨,何以报德?"主张"以直报怨"。

庄子则更彻底"等是非、齐万物",无所谓是非善恶。

至于"辨惑",孔子"四十不惑"。韩愈"师者,传道授业解惑也"。老子之"虚极、静笃,涤除玄鉴,袭明",庄子之"虚室生白,空灵不寐,以明",释迦之"四大皆空,虚空粉碎"等等都是"辨惑"的好途径。在此要特别注意,孔子(晚年)真正主张的是"隐恶扬善"!而非惩恶扬善。更重要的是人有"善恶"之两面性!力主"向善"。**老庄孙子**:孔子年轻时是疾恶如仇、爱憎分明、惩恶扬善。

2.34 子曰:善人,我是没有见过。能有恒心向善,就相当可以了!一夜暴富、从穷困瞬间到奢泰,这样的人是难有恒心的。

这是孔子"向善论"的直接明证!绝非孟子的"性本善",荀子的"性本恶",也非傅佩荣先生的人性本向善。

孔子承认人的综合性、多面性。要想成为君子乃至圣贤,只有一途,那就是一心向善!至于"无有、虚盈、约泰",用孟子"富贵不能淫、贫贱不能移、威武不能屈"于"向善"和"道",可做一解。孔子的"温饱思淫欲,衣食足而知礼节"也可解。老子也是承认"善人"和"不善人"的。

第27章"巧用":善人者,不善人之师。不善人者,善人之资。圣人常善救人,故无弃人。

第49章"任德":圣人无常心,以百姓心为心。善者,吾善之。不善者,吾亦善之,得善。**老庄孙子**:得善者,德也,是至善。

第62章"为道":人之不善,何弃之有?道者,万物之奥,善人之宝，不善人之所保。**老庄孙子**：境界之高，非孔子所能比。

孟子还说过"无恒产而有恒心者，唯有道者能之"，也确实是现实生活的写照。所以《人民日报》曾通篇报道，我国《宪法》的根基就是要让人民有恒产。发展是硬道理，民富才能国强。但，富了以后怎么办？管仲"仓廪实而后知礼节，衣食足而后知荣辱"，孔子之"庶、富、教"是也。

2.35 子曰：譬如堆土为山，还差一筐就成了，可我却停下了。譬如在平地上堆土，只要不停止，就可成山。

"功亏一篑"即出于此。这里说的还是恒心问题。《列子》中的《愚公移山》可为一解。老子也有不少论述。

第64章"守微"：为之于未有，治之于未乱。合抱之木，生于毫末。九尺之台，起于累土。千里之行，始于足下。慎终如始。**老庄孙子**：较之于孔子更精辟。

2.36 子曰：三军可夺帅也，匹夫不可夺志也。

孔子强调人格、志气的重要，士可杀不可辱。比现在西方的人权如何？庄子则崇尚人格的自由、逍遥。

《庄子·在宥》篇开门见山：闻在宥天下，不闻治天下也！在者，自在者也，恐天下之淫其性也（苦乐均是搅扰人的本性）；宥之者也，舒乐安恬者也，恐天下之迁其德也。天下不淫其性，不迁其德，人人在宥，还需要治天下吗？**老庄孙子**：个性修养的极致。

远古，唐尧之治理天下，使天下人欣欣然而乐其性，是不恬适也！

夏桀之治理天下，使天下人疲惫不堪而苦其性，是不愉快也。

不恬、不愉，是不德也。没有德行，也就是没有人性，可以长久者，天下无之！**老庄孙子**：庄子的人性、人权、自由、民主（人人为主），自由与西方同比又如何？国家治理体系、社会治理能力怎么讲？观自在才能观世音。

2.37　子曰：**岁寒，然后知松柏之后凋也。**

要想成为君子、大器，那是一定要经历艰难困苦、历练磨难的。如孟子所说"天将降大任于斯人也，必先苦其心志，劳其筋骨，饿其体肤，空乏其身，行拂乱其所为，所以动（顿）心忍性，增益其所不能"。俗语"不吃苦中苦，难得甜上甜"，"不经历风雨怎么能见彩虹"。艾柯卡说"世上没有免费的午餐"。孔子一生可为明证，人间所有的苦难他都经历过。

此话在《庄子·让王》篇中也有记载。

孔子穷困于陈蔡之间，七日不火食，米无一粒，菜无一棵。弟子病的病、倒的倒，孔子也是面带菜色，疲惫不堪。即便如此，孔子仍弦歌不辍。

颜回外出采摘野菜，子贡、子路私下议论：先生两次被逐出鲁国，在卫国被铲削掉足迹而禁止居留，在宋国受伐树之辱，在商、周之地走投无路，现又被困在陈、蔡。要杀先生的人无罪，凌辱先生的人不能禁止。君子之无耻莫过于此！

颜回听到后告之于孔子（打了一次小报告）。孔子推开琴感叹道：子路和子贡，浅薄小人呀！把他们叫来，我有话要说。

二人进来，子路抢先说：我们现在已经是走投无路了！

孔子：这是什么话！君子通达于道叫作通，不能通达于道才叫走投无路。现如今，我孔丘怀抱仁义之道而遭逢乱世之患，这怎么是走投无路？

所以说，反省内心而无愧于道，面临危难而不丧失于德，岁寒然后才知松柏之后凋也！这点儿小小的困厄对我来说说不准还是幸事呢！

说完，孔子继续弹琴吟唱，子路奋然执戈起舞，子贡悔愧不及凄然道：我真是不知天高地厚啊！

践行

2.38　子曰：谁能出不由户？何莫由斯道也？老庄孙子：孔子说的是求知的出路，而老子却说求道是没有出路的。

2.39　子张问善人之道。子曰：**不践迹，亦不入于室！**

第47章"鉴远"：不出户，知天下。不窥牖，见天道。其出弥远，其知弥少。是以，圣人不行而知，不见而明，不为而成。

孔子说自己不是圣人，在此可见一斑。明心见性、开悟那是孔子晚年的事。"乐天知命故无忧"是更其晚也。

子张问善人之道。孔子：不践迹，亦不入于室。

后人多曲解。结合上篇老子说。

还有《老子》第27章"巧用"：善行无辙迹，善言无瑕谪，善数不用筹策，善闭无关楗而不可开，善结者无绳约而不可解。

第54章"修观"：善建者不拔，善抱者不脱。

中国建设银行的广告语"善建者行"即出于此。

善人和圣人是有区别的，一个在堂，一个在室，想要登堂入室还要继续修为。至于一般人，那只能是"为学日益""读万卷书，行万里路"了。

2.40　子曰：**志于道、据于德、依于仁、游于艺。**

这是孔子为政终生愿景和一生所执着。"志于道"，吾十有五而志于学，也是学道，包括知识。

黄帝、老庄所追求的主要是道。《道德经》前37篇主要论"道"。

"据于德"，是个人的修为，是为了得道或得道后的表现。

《老子·德经》总共44章论的全是道之用——"德"。

《庄子·德充符》通篇论德，至于散见各章的多了去了。

"依于仁"，则是用"仁"道来修己治人。

"游于艺"，狭义讲即小"六艺"：礼乐射御书数。广义讲是指各行各业、百工，所有得以生存的能力、本事。大"六艺"。

"志、据、依、游"四字要耐心玩味。有人，如薛仁明先生把"艺"只解为"艺术"，也可一乐。

2.41　子曰：**智者乐水，仁者乐山。智者动，仁者静。智者乐，仁者寿。**

打个比喻，人们都把老子、庄子说成是智者、智慧的化身。孔子、孟子是仁者。两者若有机结合则尽善尽美。事实上，老子也好，庄子也罢，他们都有世上最伟大的慈悲情怀。同样，孔子也好、孟子也好，他们都有着世上最为聪明的智慧。不然，孔子早就掉到"仁义"的陷阱里了。只不过是各有所偏而已。关于"乐"，发音有多种。我以为快乐的乐最宜。**老庄孙子：静如处女，动如脱兔。**

2.42 颜回、子路陪侍孔子闲聊。

孔子很高兴：嗨！说说你们各自的志向呗！

子路抢先道：愿意让朋友们共享我的高车、大马、裘皮大衣，用坏了也无所谓。说完，潇洒地耸耸肩、摊摊手。

孔子脸转向颜回。

颜回：我的愿景是，自己做了好事、善事而不炫耀。立了大功也不表白、矜夸。**老庄孙子：老子一脉！**

子路很得意，又抢着问孔子：老师，说说你的志向呗！

孔子：愿老者安之，朋友信之、少者怀之。**老庄孙子：乐天知命故有忧者。大同世界。**

一席话，真乃三人的生动写照。子路的性急、勇猛、干练、义气，颜回的虔诚、稳健、大度、涵养，孔子的胸怀天下、以人为本、治国大道。

孔子、庄子为何那么欣赏、褒奖颜回？因为他既合道，又合儒。

至于老子的远大理想。

《老子》第80章"独立"：小国寡民。即使有强大的军队也不轻易动用。让人民重视死亡而不轻易远徙。虽有舟船也不轻易远航。甘其食、美其服、安其居、乐其俗。**老庄孙子：**

老子描写的就是共产主义美好蓝图。物质、精神双丰收。

孔子"大同篇"更是其终极愿景：大道之行也，与三代之英，丘有志焉，而未之能逮也。大道之行，天下为公，选贤与能，讲信修睦，故人不独亲其亲，不独子其子，是老有所终，壮有所用，幼由所长，孤独废疾皆有所养。男有分，女有归。货，恶其弃于地也，不必藏于己。力，恶其不出于身也，不必为己。是故，谋闭而不兴，盗寇乱贼而不作。故，路不拾遗，夜不闭户，是为大同。老庄孙子：智慧出，有大伪。法令滋彰，盗贼多有。

2.43 子路、曾皙（曾子父）、冉有、公西华一同陪孔子唠嗑。

孔子：我比你们年长一些，你们不要因此就不敢说话。背地里总吵吵，没人理解我啊，没人理解我啊。假如真有人要了解重用你们，那你们打算怎么做呀？各自都说说。

话音未落，又是子路抢先说：一个千乘之国，夹在大国之间，常常受到侵扰，国内又遭饥荒。如果让我去治理，不出三年！就能使民众英勇善战，还要懂规矩。

孔子微微冷笑。面向冉求：你呢？

冉求：一个方圆六七十里的地步，五六十里也可。让我来治理，三年，就能让百姓温饱富足。至于礼乐之教，那得另请高明。

孔子不置可否，看着公西华：你呢？

公西华：不敢说能做什么，只是愿意多学一点。遇有宗庙祭祀或诸侯会盟，我愿穿着礼服，戴上礼帽，当一个小小的司仪。

孔子：曾皙！你呢？

这时，曾皙正在弹琴，琴声渐慢，"铿"的一声，戛然而止。推琴而起，说：我的想法和他们三人不太一样。

孔子：没关系，各言其志嘛。

曾皙：在暮春三月，风和日丽，穿上刚做好的春装，五六个成年人，六七个少年，一起去沂河游泳；泳后，在求雨祭祀的舞台上吹吹风、晒晒太阳，然后一路歌声回家去。

孔子听后，喟然叹曰：我的想法和曾皙一样啊！

大家相继散去。曾皙故意留下，问孔子：他们三人说得怎么样？

孔子：各言其志而已。

曾皙：那你为何冷笑子路？

孔子：治国是要靠"礼"，不能以兵强为。再者说，他又那么不谦虚，所以我笑他。

曾皙：那冉求说的是不是治国之道呢？

孔子：怎么见得方圆六七十里或五六十里的地方就不是国家呢？**老庄孙子**：周文王祖先就是在这么大的地方起家的，老子之小国寡民。

曾皙：那公西华说的是治国之道吗？

孔子：宗庙祭祀和诸侯会盟本就是君王所为。如果公西华这样的人只能做一个小司议，那谁还能做大司仪？

这段话完全可以拍一集电视剧。虽然是各言其志，说说而已，但孔子还是批评了子路，表扬了曾皙。批评子路的深意在于，人人都像子路一样穷兵黩武，那世界永无安宁之日。表扬曾皙的深意在于，人人都能过上曾皙的日子，那不就是大同世界吗！**老庄孙子**：傅佩荣先生既不喜欢曾皙也不喜欢他儿子曾参更反对朱熹对爷俩的赞誉。参也鲁，皙也陈义过高。

孔子和老子一样，不反对有强大的军队作为国家和人民的坚强后盾，是强调战争只有在不得已的时候才可一用。

《老子》第80章"独立"：使有什伯之器而不用。虽有甲兵，无所阵之。

第68章"配天"：善为士者，不武。善战者，不怒。善胜者，不与。不得已则以奇用兵。

第73章"任为"：勇于敢者，死！勇于不敢者，活！**老庄孙子**：子路就是因为过于勇敢而走向不归路。

第30章"俭武"：以道佐人主者，不以兵强天下。其事好还（因果报应）。师之所处，荆棘生焉。大军过后，必有凶年。

第31章"偃武"：夫兵者，不详之器，非君子之器。故有道者不处。不得已而用之。恬淡为上。胜而不美。而美之者，是乐杀人。夫乐杀人者，则不可以得志于天下矣。杀人之众，以悲哀泣之。胜者，以丧礼处之。

第46章"俭欲"：天下有道，却走马以粪。天下无道，戎马生于郊。等等。

冉求之赞，孔子亦有"小国寡民"之意。

"治大国如烹小鲜。"小国也好，大国也罢，一路下来，孔子何以治世理民？思路清晰：富民、强国、教育、诗意的栖居，人类"大同"美景！也亦庄子"在宥、逍遥"的境界。

君子之路

君子和小人是孔学的一个重要组成部分。孔子定义：人之仁者即为君子。人之不仁者即为小人。仁者爱人，不仁者害人。

君子的标准

2.44 子曰：**是君子而不仁德的有吗？我是从未见过小人而有仁德者！**

君子与小人区别的标准是心中有无仁德。再次证明仁不是人的本性，只是区别君子与小人的重要标准。

庄子是这样定义君子的：以仁为恩，以义为理，以礼为行，以乐为和。熏然慈仁，谓之君子。比孔子定义得好，还极其形象，"熏然"像兰花草、薰衣草，屈原所描绘的一切香草一样的芳香让人陶醉其中，也陶冶人。

孔子也做过"倚兰操"诗：习习谷风，以阴以雨。子之于归，远送于野。何彼苍天，不得其所！逍遥九州，无所定处。时人暗蔽，不知贤者。年纪逝迈，一身将老！

2.45 子曰：**君子之道有三，我则一条也没做好。仁者不忧，智者不惑，勇者不惧。**

子贡：先生说的就是他自己呀！

孔子多次说过他不够君子的标准。子贡一开始是瞧不起孔子的,流浪期间亦是。聪明如子贡者终其一生也未能参透孔子。何况他人。原因有二,一是人性与天道过于深奥。二是孔子悟道太晚。我倾向于后者。看遍《庄子》《列子》可知。孔学、儒学有一个发展过程。孔子少年、青年、中年和晚年是截然不一样的。**老庄孙子**:子贡评价孔子最平实的一次。

2.46 司马牛问君子,孔子:君子不忧不惧。

司马牛漠然:不忧不惧就是君子?**老庄孙子**:言外之意,莫非傻子就是君子?一笑。

孔子:内省而不愧疚(王阳明的良知,百姓的良心),有何忧惧的?

内省不疚就是不自欺,就是良知、良心!所以,孔子还说"君子慎其独也"。俗语"头上三尺有神灵",曾子也说"十人所指,十目所视"那是很严重的。凡事能问心无愧就差不多了。不做亏心事,半夜鬼敲门也不惊。孰能?

2.47 子曰:君子谋道不谋食。种田的人不一定有饭吃(荒年),读书,禄在其中。君子忧道不忧贫。

这是"学而优则仕"的翻版。君子的目标在于干禄,忧"道"之不闻、不悟、不施,而不是去当农民。

我的一个故事,1981年高中毕业时,举办联欢会,一位考得很好的女同学,被清华录取,主动给大家剥糖,有一位同学说,如果考不上就回家顺垄沟找豆包(种田)。到我时,我很愤怒(考得不好),骂道:老子就是考大学的命,明年如果超不过你,老子不姓宁!想想好笑。不过,第二年我的专业还真的就超过了她。

在这里，孔子（包括我）绝没有瞧不起农民的意思。不论到哪儿，我都说我是农民的儿子（其实我是中医世家，"文革"期间我父亲是右派、出身又不好，在农村多年）。只是想，考上大学能做更多的事。

老子也一样。他们绝不像"文革"所说的那么恶心、肮脏！说白了，君子是为别人活着的，是想"全心全意为人民服务"的！事实上，我们党这一宗旨就是来源于这些至圣先师们特别是墨家，渊源于大禹。为何要打倒、砸烂、还要踏上一万只脚、批倒批臭，让其永世不得翻身？用意何在？该到了反思、反省、痛定思痛、改过自新的时候了！放下屠刀立地成佛！文化是割不断的，历史是推不翻的。忘记了历史就是背叛。

2.48 子路问怎样才能成为君子。

孔子：修己以敬。

子路：就这么简单？

孔子：修己以安人。

子路：就这么简单？

孔子：修己以安百姓。修己以安百姓，尧舜都难以做到。

循循善诱，孔子在子路身上是下了最大功夫的！只可惜，孔子以惨败、恸哭而告终。老子之"顺其自然"到底高孔子到什么程度？"明知不可而为之"多么难呀！修己就是内圣，安民就是外王。"内圣外王"是孔子一生的追求。也是老子、庄子的究竟！

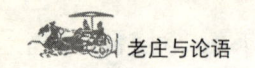

《庄子》内7篇"逍遥游、齐物论、养生主、人间世、德充符、大宗师、应帝王",思路何其清晰,何其系统,何其明了!"外篇"和"杂篇"是对"内篇"的佐证。后人对庄子那么多歧异、非议、侮辱、轻蔑、神话——竟何以堪?哲学如傅佩荣者也还用"驳杂"论之。究其原因是"蛤蟆跳井——不懂"。郭象注得也不究竟,更何况有窃取向秀注解之大嫌。

2.49 子曰:圣人,我这辈子是看不到了,能遇上一两位君子也就心满意足了。

可见,春秋以降,礼崩乐坏,道德沦丧到什么程度?致使孔子发出这样的慨叹!老子、庄子比孔子看得还要透彻,还要入木三分。只举一例。

《老子》第57章"淳风":天下多忌讳,而民弥贫。民多利器,国家滋昏。人多伎巧,奇物滋起。法令滋彰,盗贼多有。

多么现实的写照!事实上,君子也不多见。圣人更是2500年才一世出!老子是、孔子是、庄子是、释迦也是。大圣人则要5000年。黄帝是,伏羲也是。但老子、孔子都不认为他们是圣人。

2.50 子曰:君子不但要博学,还要以礼相约束,不然会跑偏。

其实,绝大多数人连博学都做不到,何谈礼约?这年月,谁还读书? 老庄孙子:刘项从来不读书。

我的故事。我为了祭念南师怀瑾先生写了一小本《庄子里面的孔子》。顺便送给一些我认为比较有水平的人，有省一级的领导，国家行政学院的领导，有厅级领导，有北京大学的博导、教授，有大学的校长、书记等等，得到的一致评价是：这世界都物欲横流成这样了，你还有闲心，能静下来研究这么高深莫测的东西？何况你又是个小警察。可喜的是，有几位比较了解我的同学、朋友、兄长认真看了多遍，包括我爱人、孩子，给我以鼓励，聊此慰藉。

老子所谓"为学日益"做不到，"为道日损"就更难了！孔子"约之以礼"也有老子"为道日损"的意思，只是没他老道。

2.51　子曰：博学于文，约之以礼，亦可以无畔矣。

同上。孔子51岁时还说"假我以数年以学易，则可以无大过矣"。70岁完成《诗》《书》《礼》《乐》《易》《春秋》后还依然被老子收拾！

2.52　子曰：君子食无求饱，居无求安，敏于事而慎于言，就有道而正焉，可为好学也已矣！

学习到底为何？为了多做事、做好事、少出错、早日得道，是要废寝忘食、乐以忘忧的。孔子之好学也如此。

老子只为道，亲力亲为，自己上战场那他是不干的。用他的话讲"虽有拱璧，以先驷马，不如坐以进道"，也即释迦所说"施若恒沙不如传经布道"。

庄子亦是。这也是"儒、道"的所谓不同处。道家总爱在幕后捣鼓，儒家则更喜欢冲锋陷阵、事必躬亲。受孔子的影响和后人的曲解，除孔子外，儒家不太注重养生，更不用说修炼，颜回、原宪是其典范。这确实是儒学的一大缺憾！

如果颜回不死,说不准,中华文明早已渗透到全球从而成为主流文明。其实庄子早已看破,《庄子》通篇唯有"养生主"章没有孔子的身影,这绝不是偶然!如果颜回能活到84岁,哪怕73岁,可惜只活了41岁!

2.53 子曰:**质胜文则野,文胜质则史,文质彬彬,然后君子。**

"文质彬彬"的出处。君子就应该内外都好,质量和形象俱佳,像一块美玉,质地好,切磋琢磨的也恰到好处。德行好,文采又棒。不偏不倚,过犹不及。这是老子、孔子、庄子的"中"道在君子身上的最佳应用。

2.54 子曰:**君子以义为质,行之以礼,谦逊待人,诚信于事业,这就是君子。**

义者宜也,绝不是孟子墨家及后人的义气!还是内外兼修。"行礼""敬礼"的出处。

2.55 子曰:**不知命,无以为君子。不知礼,无以立。不知言,无以知人。**

五十而知天命。孔子到了50岁也未知天命,一般人要想成为君子该有多难,可想而知。

孔子30岁知礼,所以才立,"礼"就是内在的诚敬、外在的规矩。

通过语言来考察一个人是孔子的一门艺术。

从治国理民角度讲,君子应该是对领导者说的,作为一个领导者特别是高级领导者应该用这个标准来考虑。至于个人修养人人都可努力。老子、庄子对肉食者的要求那就更多了。随便举一例。

《老子》第66章"后己":江海之所以能为百谷王者,以其善下之,故能为百谷王。是以圣人欲上民,必以言下之;欲先民,必以身后之。是以圣人处上而民不重,处前而民不害;是以天下乐推之而不厌。以其不争,故天下莫能与之争。

说得多好!谁要想得天下、坐天下,就必须这样做!屡试不爽!不然,一定灭亡!

老子之"必以言下之"也是孔子"知言"之一解。当然,如何说好,语言确是一门大学问。不然各国为何都有语言大学。总之,君子是修来的,不是想当然耳。

2.56　子曰:君子敏于行而讷于言。

少说多做,谨言慎行,这是为人处事的不二法门。老子也说"天道酬勤。多言数穷,不如守中"。一个老成持重,勤勉为民,说话算数的人总是受人欢迎和尊重的。巧言令色如美国大选,花枝招展如"商女不知亡国恨"者总给人不信任、不安全、不可靠之感。"祸从口出,病从口入",尽人皆知。

庄子是另类,汪洋恣肆,纵横捭阖,嬉笑怒骂,冷嘲热讽皆文章。但庄子没入仕,是个冷眼旁观者,仅做了个漆园小吏,还狼狈得不行。

《庄子·山木》篇:一天,庄子在栗园里游逛,看见一只大鸟从南面飞来,翅膀宽有七尺左右,眼睛很大,擦庄子头皮而过,落入栗树林中。

庄子奇怪:这是什么鸟?长翅膀飞不远,大眼睛看不见。于是,提起衣服,蹑手蹑脚,拿着弹弓伺机而动。

这时，有一只蝉乘树叶之阴凉小憩，有点忘乎所以。一只螳螂张开双臂伺机以捕，有点得意忘形。

就在此时，那只大鸟又盯上了螳螂。正在这彼此（包括庄子）得意之间。管园子的人突然出现，大骂庄子偷栗子。庄子狼狈逃回家，三天不出门，闷闷不乐。

弟子问其故，庄子：唉！螳螂捕蝉黄雀在后，庄子在黄雀后，谁知管园人还在我之后啊！这都是因为贪得而忘却了本真呀！人生在世，可不慎欤？**老庄孙子**：贪嗔痴慢疑妒。

2.57　**子贡问君子。孔子：先做后说。**

这也是针对子贡说的。子贡口才极好！是位伟大的外交家，也是苏秦、张仪等纵横捭阖家的鼻祖。但也经常言过其实。一开始很是瞧不起孔子，到后来又把孔子捧上了天。不如颜回来得踏实、客观、稳健。

"先做后说"也有普世价值。看看现代人，先说后做，说了不做，信誓旦旦，夸夸其谈，见人说人话，见鬼说鬼话，就是不说人话，更不做人事！

2.58　**子曰：君子不能言过其实。老庄孙子**：原来上述所说之人都不是君子，难怪！

2.59　**子曰：有些人，说话跟真的似的，是君子呢？还是装的呢？貌似忠贞。老庄孙子**：以貌取人，孔子上过大当。

2.60　**子曰：君子不以言举人，不以人废言。**

《庄子·德充符》篇中记载：鲁国有一位没有脚趾名叫叔山无趾的人，用脚后跟走路，长途跋涉去拜见孔子。

孔子：你以前因为不识时务而遭此祸患。今天才想起来要补救，你认为还来得及吗？

叔山无趾：我正是因为不识时务才遭此祸患。我今天来，就是为了寻找比脚趾更珍贵的东西，求之用以保全自己。常言道：天无不覆，地无不载。我以夫子为天地，真没想到，夫子您是这样一种人。说完，扭头就走。

孔子非常不好意思，赶紧上前拉住，深表歉意：我孔丘真是个鄙陋之人！先生莫怪，快请进，愿有教于我。无趾挣开手走了。

孔子索然无味、怅然若失、黯然神伤，告诫弟子们：你们要努力呀！叔山无趾一个受了刑的人，还努力学习修行以补救过失。更何况我们这些健全的人呢！

叔山无趾走后又长途跋涉去拜见了老子，诘问：孔子还没有达到至人的境界呀！他也配向您请教？他企图以奇异怪诞而闻名天下，岂不知这恰恰是至人以为桎梏者！

老子：那你为什么不让他看破生死、泯灭是非，从而破除他的枷锁、智障，这样不是更好吗？**老庄孙子**：等是非、齐万物。

无趾：这是上苍对他的惩罚！是不可破解的。

孔子也确实承认他是"天谴"之人。

孔子接着说：君子不以言举人，不因人废言。吸取了教训。看人，不要光听他说什么，也不能因为讨厌他而否定一切。好而知其恶，恶而知其好，这才是真水平。

2.61　子曰：君子无所争。**必也射乎！揖让而升，下而饮。其争也君子。**

"不争"岂止是君子，简直就是老子说的圣人！不争之德，无为而无所不为。"唐虞揖让三杯酒，汤武征战一局棋。"争与不争，境界立现。只可惜，这样的事，中国4000年一遇，世界亦如。赵匡胤"杯酒释兵权"已是高尚得不得了。"狡兔死，走狗烹。飞鹰亡，良弓藏"，却充斥人类每一个角落。人之初，到底性善，还是性恶，谁能说得清楚？想当君子吗？好！坚船利炮伺候。达尔文的牲口哲学让东方的君子们灰飞烟灭！

2.62 子曰：君子矜而不争，群而不党。

孔子说"矜"是古人的优点。老子则不喜欢"矜"。北京话叫"端着"。可怜的现代人，哪里还有一点点"矜持"，物欲横流，金钱至上，有钱能使鬼推磨。哪里还有一丁点羞耻之心。

"不党"多好！可是，只要你想在这个社会上有立锥之地，你就必须不是这派，就是那派；不是这党，就是那党；不是隶属这个领导，就必须隶属于那个领导。难怪孔老夫子感叹，这年月，想成为君子都几乎不可能！

2.63 子曰：君子不器。

很境界！合于老子思想"大器晚成""朴散则为器"。

还是老子说的好：天之道，损有余而补不足。人之道则不然，是损不足以奉有余。孰能以有余而奉天下，唯有道者！

谁有道？"不器"者！所谓"科学发展"，何谓"科学"？怎么做才算"科学"？笼而统之，统而笼之，以其昏昏想使人昭昭那是不行的！

2.64 子曰：君子有三畏，畏天命、畏大人、畏圣人之言。小人不知天命而不畏，狎大人，侮圣人之言。老庄孙子：无知者无畏。

精辟！无知者无畏！现代人活一天潇洒一天，不是有"潇洒走一回"吗，还有"过把瘾就死"，我看他(她)才不死呢，过这把瘾还想过下一把，因为他们也知道"天命无常"。圣人，早死了！剩下的全是"灰人"、小人！死了的人说的全是鬼话！谁听过圣人之言？孔子不是一再说"唯女子与小人为难养也"吗！可这世上除女人外，男人有几个不是小人？这世界，小人多，君子少，那可怎么办呢？还是求求老子、庄子吧！

《老子》第5章"虚用"：天地不仁，以万物为刍狗。圣人不仁，以百姓为刍狗。天地之间其犹橐龠乎！虚而不屈，动而愈出。多言数穷，不若守中。

其实，圣人是不在乎别人的看法的。

《庄子》中的宋钘"举世皆誉而不加劝，举世皆辱而不加沮"，这也是圣人的境界。"先天下之忧而忧，后天下之乐而乐"，那是君子的风范。光脚的不怕穿鞋的。小人的做法也不无道理。上有好之，下必甚焉。圣人是要先下地狱的，领导是要率先垂范的。严格意义上讲，君子和小人都属于半吊子。

2.65 子曰：君子有三戒。少之时，血气未定，戒之在色；及其壮也，血气方刚，戒之在斗；及其老也，血气既衰，戒之在得。老庄孙子：俗谚"老不看《三国》，少不看《西厢》"。

这岂止是对君子的要求，对所有人都适用。佛之三戒：杀、盗、淫。多好的"三戒"！可谁又能做到？

老子三宝"慈、俭、不敢为天下先"。俭，包括俭欲。"勇于不敢者活"！慈，就是要舍得，人越老越应慈悲、舍得。这是需要老人们特别注意的！

2.66 子曰：陪伴君子（不如说领导）有三忌，不该说的说了，是谓"燥"（冒进）；该说的没说，是谓"隐"；不会察言观色，一味瞎说，是谓"瞽"。老庄孙子：这就是说话的学问。老庄也强调说话要中的。

2.67 子曰：君子不重则不威。学则不固。主忠信。无友不如己者。老庄孙子：孔子不愧为老子的学生。

《老子》第26章"重德"：重为轻根，静为躁君。是以，圣人终日行不离辎重。虽有荣观，燕处超然。奈何万乘之主而以身轻天下？轻则失根，躁失君。

静如处女，稳如泰山，不论修身还是为政都应如此。根深才能叶茂，宁静才能致远。

"无友不如己者"，众说纷纭、莫衷一是。多简单的一句话，字面意思就是，没有朋友不如自己的。说白了，每个人都有长处！都有值得我们学习的地方。"三人行必有我师焉，择其善者而从之，其不善者而改之"，多么明了！还至于说孔子是势利眼，瞧不起比他差的人。他有那么俗吗？老庄孙子：鲍叔牙是，孔子不是。

2.68 子曰：君子有九思。看是为了看清楚；听是为了听明白；对人脸色要温和；态度要谦虚；说话要实在；工作要敬业；有问题要不耻下问；**发火时要考虑后果；见利思义**。

这是每个人都应时刻注意的问题。可惜，现在半调子太多。看不清，道不明，一知半解还牛的不行。巧言令色，偷奸取巧，见利忘义。老庄孙子：衡人量己均可以此九思为据。

2.69　子曰：**君子之于天下也，无适也，无莫也，义之于比**。

孔子绝对是庄子的老师！这是庄子的主要思想。"齐物论"通篇都在论述这一思想。与老子"圣人不仁以百姓为刍狗"如出一辙。万事万物，大千世界，芸芸众生，我无所谓好坏善恶，无可无不可，都是相对的，一切以适宜为准，合适就好。较比爱因斯坦早2000多年！也是"禅宗"的鼻祖。莫者，谋也。周而不比，和而不同，朋而不党。

2.70、2.71、2.72　子曰：**君子正直，捍卫真理。君子不要怕别人不了解自己，而要忧患自己无能。君子怕死后无名**。

孔子名利心挺重，讲究"立功、立德、立言"。难怪老子、《庄子》《列子》、隐士们不停地棒喝他，让他早日觉悟。孔子还说，人家不知道你不要生气等等，人家不知道你生的哪门子气？还是过于在乎别人的感觉。当然，人不知而愠确实也是绝大多数人的表现。

2.73　子贡问：**君子也讨厌人吗**？

孔子：**君子讨厌下面四种人，到处说人坏话，下级诽谤上级，逞匹夫之勇，刚愎自用**。老庄孙子：这样的人世上到处都是。孔子就背后说过晏子坏话，结果受其利一辈子。

孔子问子贡：你也有讨厌的人吗？

子贡：我讨厌以苛察为智慧者，桀骜不驯为勇敢者，攻击别人以为正直者。

一个正人君子是应该有是非观、善恶念的，要爱憎分明。孔子、子贡所讨厌的人，老子、庄子也讨厌，只不过他们追求的境界更高！"等是非，齐万物，天地一马，万物一指，天地不仁，圣人不仁"而已。

君子和小人

2.74　孔子告诉子夏：你要做君子儒，不要做小人儒。

"儒"在孔子之前是办理丧葬的一个职业。孔子从小受丧葬的影响，也爱帮人送葬、哭丧。他的"礼乐"是肇始于此的。他能从哭丧者声中辨出音律。**老庄孙子：孔子是在死人堆里长大的。**

儒者，人需也，首先是死人的需要。现在我们所说的"儒"是始于孔子的，偏于形而上。而子夏则偏于形而下，所以孔子有此警告。但是，后来子夏还是走向法家一脉，步入小道，最终造成秦始皇"焚书坑儒"的恶果。可见孔子有先见之明。

《庄子·田子方》篇中有对儒家的嘲讽：庄子见鲁公。

鲁公：鲁国多儒士，很少有学先生道术者。

庄子：鲁国很少见到真正的儒士。

鲁公：全鲁国到处都是穿儒服的，怎么能说少呢？岂有此理。

庄子：我听说，儒者戴圆帽子的知天时，穿方鞋者知地利，佩玉玦者明于断人事。真正有道之人未必穿儒服，穿儒服者未必有道行。您若不以为然，不妨贴一告示，曰：无道而穿儒服者，斩！

于是，鲁公下令。5天后，鲁国再没有敢穿儒服者，只有一人穿儒服站在鲁公门前。鲁公招他以国事问之，千转万变，没有穷尽。

庄子：请问，举鲁国之境仅一儒尔，可谓多乎？

其实，也是孔子的意思，鲁国多小人儒而少君子儒。

2.75　子曰：**君子坦荡荡，小人长戚戚。**

走大道多好，坦坦荡荡、安安全全，可惜，走的人太少。人们大都爱走小道还以为是快捷方式。岂不知歧路亡羊，一不注意进了黑豆地！难怪老子感慨。

第53章"益证"：使我介然有知（只要稍有常识的人都知道），行于大道，唯施是畏。大道甚夷，而人好径。

还有：我道甚易知，甚易行，天下莫能知，莫能行。**老庄孙子**：真是，人间正道是沧桑啊！

坦荡荡的君子能活下去吗？司马迁说"天下熙熙，皆为利来。天下攘攘，皆为利往"。此言不虚！小人戚戚的真实写照。**老庄孙子**：委曲才能求全。

2.76　子曰：**君子泰而不骄，小人骄而不泰。老庄孙子：泰者，太也，过于悠闲、舒坦。老子不取。**

第29章"无为"：将欲取天下而为之，我见其不得已。天下神器，不可为也，为者败之，执者失之。是以，圣人去甚、去奢、去泰。

孔子是想说，小人心理就没有踏实的时候，无时无刻戚戚喳喳、交头接耳。

2.77 子曰：**君子求诸己，小人求诸人。**

严于律己和凡事苛责于人也是君子和小人的一大区别。出了问题，首先要从自身找原因，不能总怪罪于客观，一味追究指责别人，这才是君子风范，才是解决问题、化解矛盾的好方法。老子更是主张君王、上级、领导、圣人们严于律己，还要敢于担当！

《老子》第78章"任信"：圣人云，受国之垢，是为社稷主。受国之不详，是为天下王。

有多大的担当，才能成就多大的事业！

2.78 子曰：**君子成人之美，不成人之恶。小人反是。**

老庄孙子：每个人都死盯住别人的缺点不放，恨不得置之死地而后快，这世界将永无宁日！

老子主张雪中送炭，不喜欢锦上添花。

其实，孔子所说的小人有时也没有贬义，更多的是指偏于形而下，为生计所迫，是必需的。所说君子，更多地注重形而上，也是必然。我所说的小人，那是真小人。

2.79、2.80 子曰：**君子和而不同，小人同而不和。君子周而不比，小人比而不周。**

"和"，就像一个庞大的交响乐团，各种乐器共同奏出一曲美妙的乐章。"同"，则是同流合污，一个乐队就一种乐器，不成音乐，只能是助纣为虐。"周"，周济、周全、周流六虚、变动不居,像太阳一样普照,人人有份,如珠落玉盘,圆融无碍。"比",则是互相攀比、勾结,狼狈为奸,一起干坏事。"和"与"周"都是老子、孔子、庄子的最高追求。

《老子》第55章"玄符":含德之厚,比于赤子……终日号而不嗄,和之至也。知和曰常。

孔子还说"和也者,天下之达道"。和气,不但生财,还生万物。即所谓阴阳和合而万物生。

2.81 子曰:**与君子共事容易,但想取悦他却难。不以正道与之则不悦。然而,君子总能量才使用。**

小人则相反,处事难,取悦易。不按正道办事,他也喜欢,只看结果,不择手段。至于用人则会求全责备,百般刁难。

看看那些忠臣和奸臣,此言不虚。老子说:"国乱出忠臣,家贫出孝子。"

2.82 子曰:**君子喻于义,小人喻于利。**

义者,形上也。利者,形下也。君子舍生取义,小人舍身取利。这一点,马克思说得好:一个商人、资本家,如果有300%的利润,他就会杀人放火、动枪动炮、不择手段、无所不用其极。八国联军的坚船利炮打碎中国的大门莫不如此!

"义"与"利",看看满苟得是怎么说的。

《庄子·盗跖》篇中记载:子张问满苟得,你为什么不修德行?人没有德行就没有信义,没有信义就不会被重用,不被重用,就不会有利禄!所以,从名来看,从利来算,"仁义"才是人生最重要的！就算是抛却名利反省内心，那士大夫们也不可能一天不修行仁义啊！

满苟得：你难道不知道？只有那些无耻不择手段的人才能富有，善于夸耀、投机、奸诈的人才能显贵。那些名利最大的人几乎都出于无耻而矜夸（如希特勒），所以，从名来看，从利来算，虚言苟得、巧言令色、不择手段，才是人生最重要的！即使是抛却名利反省内心，那些士大夫们也只能是抱守自然、纯洁心灵，才是正道！绝不应该是抱守你那什么所谓的"仁义"！

子张不服气：昔日，桀、纣贵为天子，富有天下，今天你即使是对地位极其卑贱的人说，你的品行像桀、纣，他们也会不齿。更何况君子？孔子、墨子是穷困的贫民出身，现在你如果对宰相说，你的品德像孔、墨，他们都会欣欣然高兴得不得了，还客气地说自己远远不够。所以，士大夫们一定要注意自己的品行。故而，势大如天子，未必就尊贵。穷困如平民，未必就卑贱。尊贵和卑贱的区别就在于品德上的"善"与"恶"。

满苟得：你哪里知道？小强盗被拘捕，大强盗摇身一变为诸侯，诸侯门下道义存焉？

来，子张，我给你讲几个故事，齐桓公你是知道的，他杀兄娶嫂，后来管仲却和他合作得很愉快，九合诸侯，一匡天下。

齐国的田成子，你更应该清楚了，就是当今的事，他杀君窃国行仁道，有国12世，孔子还接受了他的大量馈赠，有传说，孔子还偷偷地支援了他。

你评论起来认为卑贱，可行动起来却和他们一样，这就是言行不一。嘴上一套，行为另一套，岂不太自相矛盾了？你没见你们孔老夫子在《尚书》里所说的吗？谁恶谁美？成功了就是尊贵之首，失败了就是卑贱之尾。

子张继续说教：你不修品行，将会亲属没有伦常，贵贱没有准则，长幼没有顺序，人伦关系的"五纪六位"（五纪：岁、日、月、星辰、历数。六位：君、臣、父、子、夫、妇）该怎么区别？

满苟得：尧杀害了自己的长子，舜流放了同胞兄弟，你说！亲属有伦常吗？

汤流放了桀，武王杀了纣王，你说！贵贱有准则吗？

王季不是嫡亲长子却继承了王位，周公杀死了他的兄长，你说！长幼有序吗？

儒家言辞虚伪，墨家主张兼爱，你说！这样的人伦会有区别吗？

况且，你正在追求名，我正在追求利，名和利的实质都不顺理。你还曾记否？以前在无约那里，我俩辩论，我说，小人为财而丧命，君子为名而牺牲，他们所以改变真情、更易本性的原因虽然不同，但在舍弃生命，为了不正当的东西而丧生这方面则是一致的。

所以说，不做小人求利，反求自己本性（回光返照观自在），不做君子求名，顺从自然的道理（道法自然观世音）。是曲是直，任其自然。观照四方，随时变化，无事无非，执扭循环变化之中枢，不离本意，与道共游。

不要固执己见，不要制定什么正义规则，不然，将会丧失你的真性。不要奔赴什么富贵，不要为什么所谓的成功而牺牲，不然，将会失去你的本有。

你哪里会知道，比干被剖心、伍子胥被挖眼，那是"忠"之过！

直躬证明其父偷羊、尾生畏女友被淹死，那是"信"之过！

鲍子不辩而死、申子不论而亡，那是"廉"之过！

孔子周游列国母死不能见（有误，应是孔子老婆），匡子谏父不成终生不见，那是"义"之过！

你要求所谓的君子、士大夫们，语言要正直，行为要端庄，明知不可而为之，如孔子，所以才遭受这样的灾殃，饱受如此的祸患！

子张彻底无语。**老庄孙子：我也无语。好一个满苟得！还有盗跖。**

2.83 子曰：君子上达，小人下达。

此句也是众说纷纭。结合孔子"形而上者谓之道，形而下者谓之器"及上篇所述，君子基本上没有饮食之忧，更多思考的是形上的东西。平民百姓温饱都有困难，所以更多考虑的是形下的东西，即君子喻于义，小人喻于利。没什么难解的。老子说得更好。

第39章"法本"：贵以贱为本，高以下为基。

没有形下，哪有形上？特别是两者的关系，孔子好像没太搞清楚。还是老子说得好。

第3章"安民"：不尚贤，使民不争。不贵难得之货，使民不为盗。不见可欲，使民心不乱。是以，圣人之治也，虚其心，实其腹，弱其志，强其骨，常使民无知无欲，使夫智者不敢为也。为无为，则无不治。

这都是老子对君子、领导者们的要求！

孟子之"天将降大任于斯人也，必先苦其心志，劳其筋骨，饿其体肤，空乏其身，所以动（顿）心忍性，增益其所不能"。

只要是东西，包括人和人之间都是有区别的，不存在绝对的平等，比如阶级、阶层、男女、君子与小人、先天、后天等等。如何处理好这些关系才是高手！

2.84 子曰：**君子要有大智慧，才堪当大任。小人担不起大任，也就只能耍点小聪明。**

如老子之大智慧才能成就《道德经》万古奇书。庄子之"大宗师"才能"应帝王"。俗语"没有那弯弯肚子就别吃哪弯弯镰刀头""没那金刚钻就别揽那瓷器活"。

2.85 子曰：**君子怀德，小人怀土。君子怀刑，小人怀惠。**

说得太好了！国人的土地情结到了极致，入土为安，叶落归根，均可为"小人怀土"一解。"刑不上大夫"，因为刑律、法规是大夫们制的，且君子、大夫们应有大德、风范，是要普度"小人"、惠及民生的而非巧取豪夺"苛政猛于虎"。不能与民争利，这也是老庄的思想。

2.86 子路问：**君子尚勇吗？**

孔子：**君子以义为上。**老庄孙子：义者，宜也。

人若只一味好勇而不以义约之，其结果只能是祸乱，即"侠者以武犯禁"是也。子路以勇著称，孔子再一次警醒他！老子更是反对一味的勇，"勇于敢者死！"老子极少用死字。凡事要有度，过犹不及。老庄孙子：见义（宜）才勇为，现代人理解有点偏。始于墨子、孟子。

孔子师徒在陈国、蔡国被困绝粮，弟子们病倒饿倒一片。子路怒见孔子：难道君子也有穷困潦倒、走投无路的时候？

孔子：君子能守得住穷困，小人挺不住则作乱。

说到陈、蔡绝粮，孔子有太多的故事。钱穆先生竟然认为不实而删掉！拣选一段以飨读者。

《庄子·让王》篇记载：孔子被困于陈、蔡之间，7天没能生火做饭，吃野菜、啃树皮，米无一粒、火无一盆，饥病难耐。即便如此，孔子依然在弹琴吟唱。

颜回到外面采摘野菜，子路和子贡在私下议论：先生两次被逐出鲁国，在卫国被铲除足迹严禁居留，在宋国受到伐树的屈辱，在商、周之地被逼走投无路，现在又被困在陈、蔡之间，恐怕死无葬身之地。我就不明白，这世道还有无理可讲？杀先生的人无罪，凌辱先生的人得不到惩处。他老先生却还在那又唱又跳，真是见过无耻的没见过这么无耻的！

颜回听到后报告了孔子。孔子推开琴慨叹道：他俩真是浅薄小人那！把他俩叫来，我有话要说！子路、子贡进来。

子路愤愤地说：我们实在是走投无路了！

孔子：你这是什么话？君子通达于道叫作通，不能通达于道才叫走投无路。如今，我孔丘怀抱仁义大道而遭乱世之患，这怎么能叫走投无路呢？所以，反省内心而无愧于道，面临危难而不丧失仁德。你们难道不知，岁寒然后知松柏之后凋也！陈、蔡困厄对于我来说说不定还是一件幸事呢！**老庄孙子**：此时孔子已60岁还在怀抱仁义之道。

于是乎，孔子继续抚琴吟唱，子路奋然执戈起舞，子贡悔愧不及凄然道：我真是不知天高地厚啊！

关于君子和小人，老子和庄子是怎么看的？在此做一小结。孔子以智、仁、勇三达德来界定君子和小人。从大处讲，对于"智仁勇"，老庄是持批评态度的。注意！是批评，不是彻底否定！只是站得角度更高。以道观之，不得已才道、德、仁、义、礼、智、信等等。若站在社会角度看，道、德、仁、义、礼、智、信、勇、行政、法度、赏罚、因任，能做到任何一项都是很不容易的！秦始皇仅仅一个"法"且是残政酷法就一统天下！何况其他智勇双全、德智体全面（形全、才全、德不行，德充符）发展、德艺双馨者。说到底，这些主要是用来要求君子、领导者、侯王们以及社会精英的。用于要求百姓、平民乃至"小人、庶民"则显太高、太苛！

孔子说得好：小人只能怀土、怀惠。能把吃喝拉撒睡整明白了就已非常不简单！庄子也说庶民的职责就是种好地、织好衣即"所谓庶民，以耕织工商为常业，以衣食住行为主，繁衍生息，积蓄储藏，老弱病残、鳏寡孤独皆有所养"。在老庄体系里没有贬义的"小人"。他们讲究"天地不仁以万物为刍狗，圣人不仁以百姓为刍狗。圣人无常心，以百姓心为心"。善人吾善之，不善人我亦善之，这才是真善！圣人常善救人，故无弃人。常善救物，故无弃物。讲究报怨以德，是真正的大慈大悲。

《庄子·大宗师》篇中记载：子贡问孔子何谓奇人？

孔子：所谓奇人，是指不同于常人而与天道同行的人，即天之小人，人之君子。人之君子，天之小人是也。

意思是人与天道、宇宙、自然比太渺小了，但人只要一心向道（善），则可成为人中君子。子贡穷其一生也没闹清楚何为人性与天道！可见孔子说"朝闻道，夕死可也"真不虚也。庄子在"天下"篇中所论"君子"综合了孔子所有论述。

在"骈拇"篇中庄子说：仁、义、礼、智、信、乐，均不是天下之正道。五色令人目盲，五音令人耳聋，驰骋田猎令人心发狂。这是《老子》第12章"俭欲"的直接引用！还有五味令人口爽，难得之货令人行妨。过于宣扬仁义，则会蔽塞人的自然本性。天下人汲汲鼓簧于礼法而不可得。

竟有人说老庄不是一家！《老子》原文在《庄子》中比比皆是！而且庄子还多有指出《老子》之出处。

关于"君子不器"，再啰唆几句。孔子的君子概念很含糊，一会这儿，一会那儿，云里雾里。"不器"岂止是君子的标准，简直就是要求圣人、君王、领袖们的大法则。

《老子》第28章"反朴"：知其雄，守其雌，为天下溪。为天下溪，常德不离，复归于婴儿。知其白，守其黑，为天下式。为天下式，常德不忒，复归于无极。知其荣，守其辱，为天下谷。为天下谷,常德乃足,复归于朴。朴散则为器,圣人用之,则为官长。故大制不割。

最好的制度是不伤害任何人的!"官长"是统领百官的君王、领袖、舵手,可不是"君子"所能为的!"朴"是"道"的别称。

刘邦赞赏张良、萧何、韩信,他们三个就是"器",刘邦就是"不器"。难道能说刘邦是君子吗?那哥仨就是小人吗?

第三章 实践篇

从政治国

治国平天下是孔学入世的终极目标。格物也好，诚心也罢，正意、修身、齐家，最终都是为了治国平天下。老庄也是走的此路，只不过方法略有不同。都是内圣外王。只是后儒，特别是朱熹、王阳明等错解"内圣"之道。

《老子》第54章"修观"：修之于身，其德乃真。修之于家，其德乃余。修之于乡，其德乃长。修之于邦，其德乃丰。修之于天下，其德乃普。**老庄孙子**：普度众生，内圣外王。

至于老子之修身、养生特别是修炼较孔子更可取，如"专气致柔，能如婴儿乎"等等。

《庄子》内7篇一路下来更是了得：逍遥游、齐物论、养生主、人间世、德充符、大宗师、应帝王。至于养生、修身、长生亦比孔子来的彻底，如"为善无近名，为恶无近刑。

缘督以为经，可以保身，可以全生，可以养亲，可以尽年"。

仁政

3.1　子曰：老百姓渴望侯王施行仁政，远胜于对水火的需要。我见过赴汤蹈火而死者，从未见过赴仁而死者！

　　此段也是众说纷纭。我以为，这是孔子的慨叹。春秋末期，礼崩乐坏，杀戮征伐，道德沦丧，仁义不存，苛政猛于虎也。也是他汲汲于仁义缘由所在。当然，仁政已是高不可攀，更是遑论王道。

　　《诗经》中有众多记载，如《国风·魏风·硕鼠》：硕鼠硕鼠，无食我黍！三岁贯女，莫我肯顾。逝将去女，适彼乐土。乐土乐土，爰得我所。人民渴望平安、富足，渴望诸侯王们施行仁政。百姓虽渴望仁政，但行仁政比赴汤蹈火还难！纵观历史，有几个朝代、君王施仁政？汉武帝是第一个"罢黜百家，独尊儒术"者，可是，穷兵黩武，酷吏如张汤者盛行（首创腹诽罪）。为了一个李夫人，不惜二十几万大军毁在他小舅子李广利之手。

　　2013年3月1日，我到苍天般阿拉善出差，在航天城、酒泉与额济纳右旗之间的大路两旁，到处都是微耸的"坟包"，一望无际，我以为那就是当年二十几万士兵的冤魂，苍凉、沧桑、苍茫，那是苍天对他们的祭祀！

　　所以孔子愤懑，代苍天诘问那些统治者们：行仁政，你们能死吗？至于后来的君为舟，民为水，军民鱼水情等等皆源于此。至于把水比喻最好的还是老子。

第 8 章 "易性"：上善若水。水善利万物而不争，处众人之所恶，故几于道。居善地，心善渊，与善仁，言善信，政善治，事善能，动善时，夫唯不争，故无尤。

对于一个有道者、领导者、统治者，要想一统天下，民富国强，实现伟大复兴，行政，莫过于此，只能如此！

3.2 子曰：**如有王者，必世而后仁**。

行仁道，是王者的风范。如尧、舜、禹、周文王、周公等都是圣者，行的都是王道。至于春秋五霸、战国七雄、项羽等等，都是行的霸道。武王伐纣，是霸道，但不久即由周公行仁道，加之文王乃至其祖先之王道、仁道之余蕴，才有周朝 800 载。

如秦始皇以霸道得天下，依法富国强兵，得天下后仍行霸道甚或强盗，只能灭亡。如果由大公子扶苏继位而行仁道，蒙恬治军，李斯富民，秦王朝灭亡或可以免。**老庄孙子**：请看贾谊《过秦论》。

看看贾谊怎么说：秦始皇霸天下之后，于是废先王之道，焚百家之言，以愚黔首。毁名城、杀豪杰。收天下之兵，聚之咸阳，销锋镝，铸以为金人十二，以弱天下之民。自以为子孙帝王万世之业也！哪知，陈胜、吴广揭竿而起，一夫作难而七庙隳，身死人手，为天下笑者，何也？仁义不施而攻守之势异也！

不施仁政，打天下和坐天下是有本质不同的！陆贾告诫刘邦"马上打天下，安可马上治天下？"至理名言！于是，刘邦是第一个以皇帝身份祭拜孔庙的帝王，保大汉江山 400 载！

3.3 子曰：知及之，仁不能守之，虽得之，必失之。知及之，仁能守之，不能庄以莅之，则民不敬。知及之，仁能守之，庄以莅之，动之不以礼，未善也。老庄孙子：知者，智也。

一句话。孔子说的就是打天下和治天下。打天下要靠智慧、出奇制胜，但治天下仅有智慧是远远不够的！要道德仁义礼智信法相配套！还是老子说得好。

第57章"淳风"：以正治国，以奇用兵，以无事（为）取天下。吾何以知其然哉？以此：天下多忌讳，而民弥贫；民多利器，国家滋昏；人多伎巧，奇物滋起；法令滋彰，盗贼多有。故圣人云："我无为，而民自化；我好静，而民自正；我无事，而民自富；我无欲，而民自朴。"

与孔子说的比一比，就明白为什么老子是他老师了！孔子为什么说老子其犹龙乎！

刘邦之约法三章、文景之治、贞观之治、康乾盛世等可作为史鉴。再看看历史反面教材，夏桀、殷纣、暴秦、明末、清末等等，都是不施仁政的恶果。上有好之，下必甚焉。楚王爱细腰，后宫多饿死。武力得天下，一定要以仁德治天下，法是底线，文武兼备，阴阳合和，缺一不可。孔子以礼治鲁，没有强大的军队，最后以失败而告终，不得已到处流浪十四年！

3.4 子曰：好勇斗狠而又厌恶贫穷，这种人易犯上作乱。

人而不仁如禽兽，怨恨深，祸乱更甚。

以德治国

3.5 子曰:为政以德,譬如北辰,居其所而众星共之。

这是孔子最高治国理念,不仅是仁政。也是与老子思想最为一致的地方。《老子》5000言,通篇要求统治者以德修身,以德治国甚或以德报怨。可是,纵观历史,有几个王朝能做到"以德治国"?**老庄孙子**:详见《庄子·德充符》。

《庄子·缮性》(可不是性善)篇记载:除了远古原始共产主义时期以外,从燧人氏、伏羲氏(距今一万年左右)主政天下始,人类道德开始衰败,世风日下,他们只能顺天下而为,不能实现天人合一。**老庄孙子**:顺其自然的本意。有了文明就有了祸患,其实自从有了有,就爱恨交加,矛盾重重,是非不已。

道德继续衰落,到了神农、黄帝(距今5000年左右)主政天下时,只能安定天下,而不能同万物、顺民心。

道德继续衰败,到了唐尧、虞舜主政天下时,开始治理天下,人性由淳厚变浅薄,质朴之性离散,背离大道而求仁善,危害德行而求时尚,人类丧失本真而随心所欲。**老庄孙子**:今天,我们才开始谈论"建立国家治理体系和社会治理能力"。

当时,有一位名叫意而子的得道高人去拜见许由。

许由:尧是怎样告诫你的?

意而子:尧说,你必须躬行仁义而明辨是非!

许由:既然如此,那你为何还来见我呢?尧既已墨刑仁义、劓刑是非与你,那你又凭什么去逍遥游于无何有之乡、广漠之野呢?

意而子：所以，我才要拜在你的门下，请收我为徒。

许由：你不能那样！你可知道，蒙眼之人不能欣赏漂亮与否，瞎子无法欣赏锦绣彩缎。

意而子：你可知，无庄（古代美女）能忘其美，据梁（古之大力士）能忘其力，黄帝能忘掉自己的智慧，靠的是什么？不都是锤炼、修养的结果吗？你怎么就知道造物主不能平息、抚平我这受了"仁义"黥、劓之伤痛，使我形体完整、道德完善以追随先生呢？**老庄孙子**：形全、才全、德不形，德智体全面发展相仿佛。

许由：嗨！你这人挺有意思。确如你说，未可知也。既然如此，那我就给你说个大概，我的大宗师啊！我的大宗师！调和万物而不为义（宜），泽及万世而不为仁，长于上古而不为老，天覆地载、刻雕众形而不为巧。这就是大宗师所应逍遥游的境界。**老庄孙子**：大宗师，不仅仅是给帝王当老师！宜亦不执。尘垢秕糠陶铸尧舜而不为。

自尧舜禹，特别是禹家天下以降，阴谋横行，心与心斗巧，人与人斗智，天下益愈难以治理，不得已，开始实行礼仪教化，辩论是非。礼仪过于形式而失去本根，人心溺于狡辩、虚华而失去真性。

到了春秋、战国，礼崩乐坏，霸道横行，儒墨道并起，百家争鸣，直至秦始皇以法霸取天下，天下再无宁日，人类再无安心。熙熙攘攘，利来名往，再没办法使人心回到淳备质朴的本初。刘邦实行的是流氓政治；汉武帝则穷兵黩武；唐太宗欺父杀兄；宋太祖陈桥兵变，黄袍加身；成吉思汗也只识弯弓射大雕，强盗于世，黑瞎子掰玉米，掰一个丢一个；朱元璋大兴杀伐，动辄灭十族；皇太极、多尔衮铁骑踏天下，孤儿寡母进关，孤儿寡母出关。**老庄孙子**：以上是老庄孙子曰。

有人曾说过："一个没有文化的军队是个愚蠢的军队，愚蠢的军队是不可能战胜敌人的！"一个民族、一个国家也同样！一个没有文化的民族（国家）是个愚蠢的民族（国家），愚蠢的民族（国家）是不可能战胜敌人的！也是不可能屹立于世界民族之林的！那我们的文化文明到底是什么呢？我们所要复兴的文化文明又到底是什么呢？这是一个必须要明确回答的根本问题！

再看老子、庄子是如何论"德"的，这也是我中华文明的核心、关键之一。

《老子》第38章"论德"：上德不德，是以有德；下德不失德，是以无德。上德无为而无以为，下德无为而有以为。上仁为之而无以为，上义为之而有以为。上礼为之而莫之应，则攘臂而扔之。故失道而后德，失德而后仁，失仁而后义，失义而后礼。夫礼者，忠信之薄，而乱之首。前识者，道之华，而愚之始。是以大丈夫处其厚不居其薄；处其实，不居其华。故去彼取此。

这是老子对一万多年中华文明的精辟概括总结！而不是他的臆想。

老子之德分上德与下德，所谓"上德"就是最好最高最完美的德行，即"无上正等正觉"，接近于道。这种大德，从不刻意宣传、炫耀，也即老子所说"生而不有，为而不恃，长而不宰，不矜夸、不自是、不自伐，功成、名遂、身退。太上，不知有之。无为而无不为。百姓皆谓我自然"的境界。

所谓"下德"是有为，用以修养自己、教化百姓、修炼君王，有人为的成分，所以不属于大德。现代人所谓的"有为才有位"就是站在这个层面上说的。"立功、立德、立言""为天下立心，为生民立命，为往圣继绝学，为万世开太平"亦是。

讲一个小故事吧！扁鹊哥仨都是名医，而扁鹊医术最差，名声却最高。他的两个哥哥医术太高如《黄帝内经》所说"不治已病治未病"，亦如《孙子兵法》所说"不战而屈人之兵，善之善者也"，把所有病都消灭在萌芽状态，根本没发过什么大病。人们以为他只会治小病，自然名声小。**老庄孙子**：目前美国等发达国家最流行的是免疫预防保健医学。

扁鹊却不然，专治大病、重病、疑难杂症、病入膏肓者，且药到病除，自然名声大得不得了！可见"太上，不知有之"该是一件多么不容易的事！无论是圣明之君王，还是无为之大道。

庄子之德。庄子把有道德之人称为真人，所谓真人不逆寡、不雄成、不谟士。若然者，过而弗悔，当而不自得也。登高不慄，入水不濡，入火不热。是知之能登假于道者也若此。古之真人其寝不梦，其觉无忧，其食不甘，其息深深，真人之息以踵，众之息以喉。屈服者，其嗌言若哇。其耆欲深者，真天机浅。古之真人，不知说生，不知恶死；

其出不䜣,其入不距;翛然而往,翛然而来而已矣。不忘其所始,不求其所终,受而喜之,忘而复之,是之谓不以心捐道,不以人助天。是之谓真人。若然者,其心志,其容寂,其颡頯,凄然似秋,煖然似春,喜怒通四时,与物有宜而莫知其极。故圣人用兵也,亡国而不失人心,利泽施乎万世,不为爱人。

而那些以通达万物为乐者,不是圣人;以亲疏贵贱为乐者,不是仁者;以懂天时为乐者,不是贤人;不知利害,也不是君子;为名失己,非士也;为利丧身,非役人也。

古之真人,义而不朋,若力不足而不承,有见识而不固执;虚而不华,舒心惬意面带喜色,动静行止好像不得已;内心充实,相由心生,高山仰止,德有所归,精神辽阔无所不容;沉默稳健,刚毅木讷,心境空灵。**老庄孙子**:周穆王之西域化人。

这种人,以刑为体,以礼为翼,以智为时,以德为循。以刑为体则不轻易杀人,以礼为翼者则为了畅行于世,以智为时则是为了不得已去处理万事万物,遵循道德则说的是人有脚可以登上山丘,让人真以为他是一个勤于行走的人。**老庄孙子**:有道者入世之次第。

他喜欢的是一,不喜欢的也是一,说一是一,说不是一也是一。其一是天道,其不一是人道,天道与人道和谐而不对立,能做到这些的,就是真人!

而狐不偕(尧时贤人),务光(夏时贤人),伯夷、叔齐(商时贤人),箕子、胥余(殷纣王贤臣),纪他、申徒狄（商汤时贤人）等等不属真人，都是为别人操劳，为他人快乐安适，并不是为自己快乐安适而又让他人快乐安适活着的人！**老庄孙子**：自适适人。

《庄子·德充符》篇论德，孔子出现次数最多。顾名思义，德者，得也，德行之充沛、完美以符合大道。德者本也，形者、才者末也。道德完美者，可化丑为美，化腐朽为神奇。

不同于儒家等世俗追求的"仁义礼智、笃学善教"者。真正"全德"之人是"有人之形，无人之情"，等是非、齐万物，独与天齐，因任自然而又合于自然。

故事一，鲁国有一位因刖刑而无脚名叫王骀的人，他弟子之多堪比孔子。

常季（孔子弟子）问孔子：王骀，一个受刖刑之人，弟子之多与你中分鲁国。站着不讲课，坐着不议论。空空来者却都满载而归。真的有"不言之教，而于无形之间达致心与心之契合"的吗？他到底是什么人呀？**老庄孙子**：拈花微笑，教外别传。

孔子：他是位有大德的圣人，孔丘我也是直落其后还未及前去拜访求教呢！我将以他为师，那些不如我的人就更不用说了。何止鲁国，我将引领全天下的人风而从之。

常季：一个受刖刑的人，竟然高于先生，那他超越我们这些普通人的就更远了！他到底是怎样用心的？

孔子：死生，是人生大事，都不能影响他，即使天塌地陷也奈他不何。处于无待境界而不因物变迁，任物变化而独守其宗。

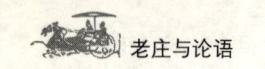

常季：您在说什么呢？我怎么听不懂？

孔子：从事物相异的角度看，肝胆就像楚国、越国那么远。但从相同的角度看，万物皆一也（天地一马，万物一指），如此，则不必过于追逐耳目之所适而应逍遥于无何有道德之乡。求其大同而存其小异（这是傅佩荣先生最爱说的一句话），他失去一只脚就如同甩掉一块土块。

常季：王骀修养自己，以其智慧之光回光返照于空灵的内心，从而进一步证得如如不动没有分别之真如常心。如此就能赢得众人之心与追随吗？**老庄孙子**：小乘。

孔子：止水才能照人，流水不能照人。只要自己稳如泰山才能稳定众人之心（知止然后有定）。万物，虽然都是被大地所承载，可只有松柏独得大地之正气，伟岸、正直、四季常青（子曰：岁寒然后知松柏之后凋也）。均为天覆，可只有尧舜独得上苍之清虚，统领万物而为首长（老子之天得一以清，地得一以宁，神得一以灵，谷得一以盈，万物得一以生，侯王得一以为天下正）。只有明心见性，先正己才能正人。

所以，只要保有天真的本性，无所畏惧，一介匹夫也可以雄入千军万马如履平地。一名将士为了千古留名，尚能这样要求自己。更何况，主宰天地，包藏万物，以六骸为寄宿，以耳目为幻象，以智慧、觉悟为普照，心无旁骛，死生不入于怀之人呢？**老庄孙子**：生，寄也；死，归也。

王骀指日即可得道成仙，必将仙及鸡犬，何况人乎？这样的人又怎么会以烦琐世俗之物缠身呢！所以，圣人逍遥、在宥、恬适。以耍小聪明为孽障，以约束为胶漆，以小恩小惠掠夺人心，以奇技淫巧为商贩，圣人所不为。

是以，圣人不谋，智有何用？不切不断，何以用胶？保有天真，何以用德？不求利益，何用商贩？

故事二，庄子提倡"有人之形，无人之情"。

惠施：人没有性、情吗？

庄子：是的。

惠施：人而无情，何以谓人？

庄子：道与人貌（道貌岸然），天与人形，何不谓人？

惠施：既然谓人，何以无情？

庄子：你说的无情不是我说的无情。我所谓的"无情"，是指人不能以一己之好恶而内伤其身，因任自然而不刻意求生（老子之生生之厚，《黄帝内经》之膏粱厚味足生大疔也）。有形以同人类，无情以和天钧。**老庄孙子：孔子之废心用形。存天理，灭人欲。喜怒哀乐之未发。**

惠施：不特别注意养生，何以有身？

庄子：道与之貌，天与之形，无以好恶而内伤其身。而你却放纵心神，劳损精力，倚树而吟，靠几而眠。上苍赋予你美好的形体，你不好好珍惜，却以"坚白"论丧失自己的本真！**老庄孙子：圣人无常心（情），以百姓心（情）为心！**

说说北辰，众人皆以为是北极星，错也，孔子之本意是要表述，圣人之以德治国如北辰一样如如不动。北斗七星是动的，北辰是指左右北斗七星那么一个地方，叫紫微宫，故宫亦名紫禁城、紫禁宫，取永远不动、万世永恒之意。广义上讲就是左右宇宙那么一个东西，老庄、孔子曰"道"，释迦曰"法尔如是"，基督曰"上帝"，爱因斯坦曰"绝对精神"，《易经》曰"无极"。意为，统治者不要妄为，就是改革也要稳健，没有七八成把握不要瞎折腾！老子之"治大国如烹小鲜"有此味道。前提是你要有那份"德行"！**老庄孙子**：商鞅立木为信。

3.6 子曰：**道之以政，齐之以刑，民免而无耻。道之以德，齐之以礼，有耻且格。**

这是为政的两个层面，引导民众一心向德（善），再施以礼教，人们有羞耻之心且懂规矩。**老庄孙子**：道德为上，礼法其次。

"羞耻心、恻隐心"是孟子"性本善"理论最原始的支撑点。人一旦没有了羞耻心，这世界就更说不清了！更何况不以为耻，反以为荣。**老庄孙子**：礼义廉耻，国之四维。

政者，正也，即老子之"以正治国，以奇用兵，以无为取天下""清静乃为天下"。其实孔子此意倾向于政令、指令、命令，缺少德行、人性。

如前所述，正人先正己，正己以德才是最根本的。仅以政令、法令治国，没有道德的修养，特别是统治者，那结果只能是老百姓到处躲避法律的惩罚而不会再有羞耻之心！更何况法律的制定是否公正，执法者是否处以公心。执法犯法，权力寻租，"法令滋彰，盗贼多有"恐怕是现实的写照。**老庄孙子**：良知是一切法律、法规的根本。

3.7 齐景公问政于孔子。

子曰：君君、臣臣、父父、子子。

齐景公: 善哉！真要是君不君、臣不臣、父不父、子不子，虽有粮食，我还能吃到嘴吗？

这是当时齐国、春秋各国的真实写照。礼崩乐坏，杀戮征伐无义战。讲一段孔子与晏子的故事吧！

景公问政正是晏子在齐国当宰相时。两人治国理民的方略是不一样的。孔子是周公一脉（周初，周公封鲁），晏子是姜太公一脉（周初，姜太公封齐）。孔子一开始瞧不起晏子，在景公面前有过挑拨，包括上述所谓正面的谏言。当然晏子也看不起孔子。

话说公元前517年，即鲁昭公25年，三桓（季孙氏、孟孙氏、叔孙氏）专政，孔子35岁。鲁国发生了"斗鸡"事件，季平子与郈昭伯斗鸡发生龃龉，打死了人。鲁昭公想借此削弱季氏力量，结果三桓联合，鲁昭公失败逃亡到齐国。

随后孔子也到了齐国。"苛政猛于虎也"就是孔子在这时说的。齐景公问政就在此时。孔子还建议"政在节财"。两人一拍即合，景公想重用孔子，还想给他700里封地。

这时齐国以宰相晏婴为代表的贵族掌权者跳了出来，坚决反对！晏子反对的理由是"夫儒者滑稽而不可轨法（儒者以文乱法，侠者以武犯禁之渊薮），倨傲自顺，不可以为下；崇丧遂哀，破产厚葬，不可以为俗；游说乞贷，不可以为国。自大贤之息，周室即衰，礼乐缺有间。今孔子盛容饰，繁登降之礼,趋详之节。累世不能殚其学,当年不能究其礼。君欲用之以移齐俗,非所以先细民也。"**老庄孙子**:晏子是春秋著名三大宰之一。

晏子的话深深切中了当时孔子儒学的要害。一句话,孔子之"仁道"在当时即已不合时宜。

老庄孙子:给我刺激最大的是所谓儒学"累世不能殚其学,穷年不能究其礼",振聋发聩!中华文明,别的不说,单说"四书五经",当今,包括北大、北师大等高校的中文系学生乃至研究生、博士生、教员,有几人通读过一遍?我当年问过一位社科院经济元老"我们那些建国元勋们有几人通读过《资本论》?"更不用说汗牛充栋的考证、诠释、注解!其实晏子客气了,仅仅"大礼三百,小礼三千"的《礼经》,谁能一年究竟?更不用说具体演练!所以,这也是我不太同意南怀瑾先生坚决主张"从小学读经书"的理由!这也是我所要破解的终极课题!让95%以上,只要具有中学知识的国人不出半年掌握国学的精华!不再看古文。这才是正路!这也是我写老孙子系列丛书的一个目的。精准、通俗、幽然。

晏子是齐国三朝元老,主政57年,是春秋乃至国史上最了不起的宰相之一!(管仲可排第一,也是齐国宰相,公元前685年上任,左右春秋40年。)晏子在春秋各国乃至周室的影响力远非孔子可比!前面说了,齐国是姜太公封地,一向以"因势利导,尊智尚功,因俗简礼"等实用主义为基本国策,两者相悖甚远!

两人矛盾原因,《晏子春秋》记载:孔子到齐国,拜见了齐景公,而没有见晏子。**老庄孙子**:隔锅台上坑。

随行弟子子贡悄悄问孔子:拜见君王而不见执政者,不妥吧?

孔子说了一句他后悔一辈子的话:我听说,晏子侍奉三位国君,且都顺从他们,我怀疑他的为人。

不幸的是,这话齐景公以深表怀疑的态度质问了晏子!晏子听后是什么反应?可想而知。

晏子不愧是晏子!看看他是怎么回答的:我们晏氏家族世世代代为齐国平民。如果不能维系自己的品行,不能检省自己的过错,就不可立于这个世上!我听说,幸运者被宠爱,倒霉者遭厌弃,诽谤与赞誉都与自己的品行有关。就像声与响一样,有因必有果。对待一个人也是如此,先要看他做了什么然后才能做出恰当的评价。您问我是如何侍奉三朝君王的?那么我告诉您,我是以一心侍奉三位君王的。我要是以三心侍奉一位君王,我还会活到今天吗?他孔子没有看到我的行为就擅自评价我的人品,这不是太过分了吗?我还听说,是君子就会独立而不惭其影,独寝而不惭其魂。他孔子被拔树削迹,不自以为辱;穷困于陈蔡,不以为走投无路;想要责怪别人却找不到确切的理由,就好比住在海边的人责怪斧头之无用,住在山里的人责怪渔网之无用,话已出口,还不知祸以临头!过去我很尊重儒学和儒者,现在再也无法信任他们了。

从晏子所说可推断事情发生在孔子晚年,也证明孔子一生多次到齐国。

孔子得知晏子的态度,很是后悔,做了如下表露:我听俗语说:"好事不出门,坏事传千里。一言既出驷马难追。群众的眼睛是亮的。"我私下议论晏子却没有说中他的过错,此罪难免啊!亏我还说过"无友不如己者",老子也教诲过我"善者不善人之师,不善者善人之资"。现如今,我失言于晏子,他批评我,他就是我的老师啊!随后委托宰我去道歉,后来又亲自去当面道歉。晏子没有原谅他。**老庄孙子**:孔子后半生,晏子的影响很关键,甚至是致命的。宰我死于齐国田氏叛乱。

孔子与齐景公关于"君臣父子"的对话被后儒们特别是董仲舒神话成"三纲五常",为历代统治者所利用,以至于宋朝理学把人性异化到"存天理,灭人欲""饿死事小,失节事大""君让臣死臣不得不死,父叫子亡子不得不亡"之极端!大大歪曲了孔子的原意!

齐景公是正解,君要像个君样,臣要像个臣样;父要像个父样,子要像个子样。孟子说:父子有亲,君臣有义,夫妇有别,长幼有序,朋友有信。孔子也说过:父慈子孝,兄友弟恭,夫义妇听,长惠幼顺,君仁臣忠。更倾向于对父、君、夫、兄强者的要求而不是相反!**老庄孙子**:记住!夫义(宜)如才听。

3.8 **叶公问外交政策。孔子:近者悦,远着来。**

这是孔子,也是中华民族几千年来"一以贯之"的外交路线。诸葛亮七擒孟获是其典范。可是,近一百多年来没搞好。

如何处理好国与国特别是大国与小国的关系？老子如是说。

第61章"谦德"：大国者下流（下流之出处，可惜变调了）。天下之牝，天下之交也（天下之牝，天下之母。谷神不死，是谓玄牝。为天下谷，常德乃足复归于朴）。牝常以静胜牡，以静为天下。故，大国以下小国，则取小国。小国以下大国，则取大国。或下以取，或下而取。大国不过是想兼畜小国，小国不过是想仰仗大国。两者各得其所，还是大国谦下为好。

同样的叶公，《庄子·人间世》中也有记录。楚大夫叶公要出使齐国，中途拜见孔子：楚王交给我的使命重大。我不知该怎么办，特此前来求教。据我所知，齐王接待使者，总是表面谦恭，内心傲慢。不要说齐王，就是一般人，你有求于他，人家不把你当回事，你也没辙。您经常告诫我不论大事小情，都要以道经营，不然，不是天灾就是人祸。要想无患，唯有道者。

孔子：与近邻国家打交道要靠诚信，与远方的国家打交道要靠客观准确的言语。**老庄孙子**：所以，外交家都是语言天才。像子贡、苏秦、张仪等。

3.9　季康子问政于孔子：杀掉无道之人，亲近有道之人，怎么样？

孔子：子为政，焉用杀？子欲善而民善矣。君子之德风，小人之德草，草上之风必偃。

一个统治者、领导者，不要动不动就杀呀、伐呀、打呀、骂呀，首要的先看看自己德行够不够，率先垂范的怎么样？

俗语"法不责众，民不畏死焉以死畏之"，战争是不得已的事，法令、惩戒也是不得已偶一为之。关键还是要提高自己的修为，特别是一党执政的一把手们。上有好之，下必甚焉。榜样的力量是无穷的。

老子是坚决反对战争和杀伐的，发狠说以道佐人主者，不以兵强天下；其事好还；师之所处，荆棘生焉；大军之后，必有凶年。

善战者，有果而已，不敢以取强。果而勿矜，果而勿伐，果而勿骄，果而不得已，果而勿强。

至于对君王和统治者的道德要求乃至"无为而治"那是多得不可胜数。所谓的"无为"，主要是指统治者不要妄为，也不要妄想，民众是知道自己该干什么的（市场决定），用不着你指手画脚。**老庄孙子**：国家到底应该干点什么？

老子说民之饥，是因为统治者食税过多！民之难治，是因为统治者的严酷、苛刻、法令滋彰！民之轻死，是因为统治者求生之厚（苛政猛于虎，奢靡，难得之货令人行妨）！我以为，当今改革应重在公务员体制和税收体制。大大减少权、力、利。既无权也无钱又无力何腐之有？古人的十一税最科学。文、景之治是3%以至于不收税。王莽时代是百分之3.3。俄罗斯是百分之13。我们的燃油税45%！美国是15%。一半以上的富翁移民，为何？

所以，统治者、领导者们要"少私寡欲，见素抱朴"，要"多读书，少应酬"。**老庄孙子**：关键是读好书。

3.10　子曰：善人为邦百年，亦可以胜残去杀矣！

是啊！十年树木，百年树人。一个家族也好，一个民族也好，一个国家也罢，要想兴盛、富强、文明，没有三代以上的奋斗和努力是不成的。所以，中国共产党立下了两个百年的奋斗目标，实现小康和中华民族伟大复兴。富民强国易，没有残酷、杀戮难！复兴文明、文化更难！那是需要长期教化、熏陶的。

3.11 颜回问治国。孔子：用夏代的历法，乘坐殷代的车子，戴周朝的帽子，听韶乐，禁郑声，远佞人。强调，郑声淫乱，佞人花言巧语，都危险。

此段有史料价值，夏历是太阳历，准确。殷车实用。周帽简洁庄重。韶乐尽善尽美，孔子闻韶乐三月不知肉味。郑国的音乐是靡靡之音，扰人心志，败坏民风。奸佞小人，巧言令色，鲜矣仁。孔子是与时俱进的，不是一味复古，是既以史为鉴，又懂得变通。

3.12 子张问政。

孔子：尊五美，屏四恶，可以为政。

子张：何谓五美？

孔子：当权者要施惠于民，而不轻易耗费民力。民劳而不怨，贵而不骄，欲而不贪，威而不猛。

子张：何谓惠而不费？

孔子：因民之利而利之，择可劳而劳之，欲仁得仁，不分众寡，不论大小，一视同仁，不怠慢任何人，君子正衣冠，仪容自重，望而生畏。老庄孙子：子张问一，孔子答五，何其急也！

子张：那何谓四恶？

孔子：**不教而杀谓之虐，不戒视成谓之暴，慢令致期谓之贼，犹之与人也，出纳之吝谓之有司。**

看了"五美四恶"想起了20世纪宣扬的"五讲四美"，其出处于此，但差此甚。统治者如何为政？孔子这里给了明确答案：首当其冲的是要为人民服务，要给百姓带来好处，当务之急是尽快达到小康。

何谓小康？孔子也给过答案。孔子说完"大同"之后又说：今大道即隐，天下为家，各亲其亲，各子其子，货力为己。大人世及以为礼，城郭沟池以为固。礼义以为纪，以正君臣，以笃父子，以睦兄弟，以和夫妇，以设制度，以立田里，以贤勇智，以功为己。故谋用是作，而兵由此起。禹、汤、文、武、成王、周公，由此其选也。此六君子者，未有不谨于礼者也。以着其义，以考其信，着有过，刑仁讲让，示民有常。如有不由此者，在势者去，众以为殃。是谓小康。**老庄孙子：夫妇以和，而非男尊女卑。**

"大同"是上古、尧舜时代即马克思所说的原始共产主义的真实记录和写照，马克思是研究过中国远古史的且充分借鉴！前不久，《参考消息》推荐过美国学者写的一部书，极力推崇人类远古的制度和生活方式，特别是德行。

孔子所描写的"小康"是以夏商周特别是周朝初期的盛世为蓝本的。比较一下，我们现在所要奋斗的"小康"目标，有何异同？"大同"是公有社会的蓝图，"小康"是私有制度的摹本。

第一篇 内编 孔子之语

"五美"几乎就是从老子口中说出,惠民、爱民、少私寡欲,贵而不骄,君子行不离辎重,不重则不威,慈、俭、不敢为天下先等等。

一个好的统治者要牢记"四大忌讳":对待手下、民众、犯错误者,不能不教而诛,要善于教化;部署任务,包括战争,不要指望没有奖赏、劝勉而奢求取得成功、战果;不要迟迟不下命令却要求部下很快完成;更不要口头许愿,等真该表彰、奖励的时候却吝啬的不得了。

例如,项羽把大印都摸得圆了角也舍不得奖出。而刘邦正开口大骂韩信不是个东西,关键时刻要挟他,张良桌底下一脚,刘邦顺势改口"要什么假王,要封就封真王!立马封韩信为真齐王!"天下归谁?立现!

老子还说"乐与饵,过客止"。留客、用人的最好方法就是让他快乐,给他优裕的物质生活!要想让人民、手下拥护你,那你就必须全心全意为人民服务!**老庄孙子:物质与精神。**

战争更是如此,重奖之下必有勇夫!地位那么高,官儿那么大,还要与民争利,社会能安定、和谐那才怪呢!

从最平凡的道理讲也一样,你诚心诚意为别人着想,人家也会为你服务,你打人家一拳,人家当然踹你一脚,这是我对佛学因果报应的解释。用孔子话讲"以直报怨,以德报德",老子境界则更高"以德报怨"。俗语"种瓜得瓜,种豆得豆""恶有恶报,善有善报,不是不报,时机不到"。

至于孔子说"不敢慢",想到了《庄子·天道》篇:虞舜曾问唐尧,您平时最用心在何处?

尧:我从不敢慢待状告无门者,不抛弃穷苦百姓,同情爱惜妇女,嘉许亲爱儿童,悲悯死去的人,这就是我平时最为关注的问题。**老庄孙子**:国家的行为"公平,公益"。

就是这样,虞舜还不满意:是够美好的了,但还不够究竟!

尧默然:此话怎讲?

舜:法天道而行,德行广大,天下安宁。就像日月之普照,四时之运行,昼夜之更替,云行而雨施那样自然而有常法。**老庄孙子**:舜是以孝得天下,而非以孝治天下!看此便知。

至于孔子说"君子正其衣冠,尊其瞻视,俨然人望而生畏之,斯不亦威而不猛乎!"庄子可把他骂得够呛。

《庄子·盗跖》篇:盗跖骂孔子,你个匹夫!以巧伪乱人的孔丘!作言造语,自以为祖述尧舜,妄称文武。头戴高枝,扎死牛皮腰带(冠冕堂皇);多辞谬论,不耕而食,不织而衣,四体不勤,五谷不分;到处摇唇鼓舌,擅生是非,迷惑天下君主,使天下学士执迷不悟,妄作孝悌,沽名钓誉,以邀封侯富贵。

一句话,形式一定要服从内容,名实相符。相由心生。外强中干,色厉内荏,金玉其外败絮其中那是不行的!

至于"犹之与人也,出纳之吝",前面已说项羽和刘邦。其实,这种心态是人所共有的,就看谁先放得下,想得开。为什么那些宗教家都被公认为伟人,就因为他们有一个共同特点,大慈大悲,智慧普度,善于助人。

还是老子说得好，要想成为一个伟大的统治者，成为一个英明领导者，那就必须做到"圣人不积，既以为人己愈有，既以与人己愈多，天之道，利而不害；（圣）人之道，为而不争"。

贪官的最大特点就是贪，无所不贪，也是当权者大忌！舍不得，放不下，舍得舍得，只有舍才有得。放下放下，只有放下屠刀才能立地成佛！尤其是要把心放下。

以信立国

3.13　子贡问政。

孔子：足食、足兵、民信。

子贡：不得已去其一，先去掉哪个？

孔子：去兵。

子贡：不得已再去掉一个，是哪个？

孔子：去食。接着补充说：人生自古皆有死，民无信不立。

几个需要注意的问题：

其一，孔子重军事但反对战争特别是不正义的战争（春秋无义战），绝不轻易用兵。与老子如出一辙。

《老子》第76章"戒强"：兵强则灭，木强则折。故，强大处下，柔弱处上。

第69章"玄用"：用兵有言，我不敢为主而为客。不敢进寸而退尺（得寸进尺的翻版）。祸莫大于轻敌。抗兵相加，哀兵必胜。悲悯世人"舍慈且勇，舍俭且广，舍后且先"，那绝对是死定了！还说"强梁者不得好死！"等等。

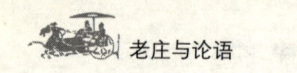

其二，孔子不反对稼穑。相反，强调"民以食为天"，"崇德、利用、厚生"。孔子55岁任鲁国大司寇兼摄相事，堕三都失败，被迫流浪的第一站到卫国，看到人很多（那时，各诸侯国都渴望人越多越好）。非常高兴。

冉有问：人多了，下一步干什么？

孔子：想办法让他们富裕。

当时，富裕的根本办法就是重农！孔子所要强调的是，论学问、治国方略，老农不如我；论种地、种菜，我不如老农和老圃。

同时，孔子非常讲究正名，说白了，农民就应该干农民的事，工人就该干工人的事，知识分子就该干知识分子的事，军人的天职就是保家卫国！要各司其职，各负其责。帝王当然也要干好帝王的活。**老庄孙子**：庄子把人分为七类，"天下篇"。

《庄子·逍遥游》篇中记载了一个伟大帝王的故事：尧帝在王位待的时间太长了，100多岁了，累了，力不从心了，想退休找一个王位接班人，找得很辛苦，他找呀找，终于找到了许由，当时著名隐士。

尧说：太阳、月亮出来了，就用不着火把、蜡烛；风调雨顺，好雨时至，再人为去浇灌，只能是徒劳无益。先生您的出现，天下自然安定，而我却在这尸位素餐，自不量力，请先生笑纳天下。

许由：你治理天下，天下已治理得很好。还让我代替你，我是为了名吗？名，只是实的表象。我是为了浪得虚名做表面文章吗？小鸟在深林中筑巢，占用的不过是树的一枝；鼹鼠在河边饮水，所需不过是满腹。所以，我要这个天下干什么呢？您快回去吧。这就好比厨师不下厨房，尸祝（古代主持祭祀之官）不能代劳、不能越俎代庖的道理是一样的。

遂不受，于是乎，逍遥于天地之间、无何有之乡、广漠之野，不知所归。

大舜也一样，也是一位伟大的君王，在位太久了，累了，想退休了，也想找一个接班人，找得也很辛苦，找呀找，终于找到善卷，也是当时著名隐士。善卷用诗一样的哲学语言回答了舜帝，这就是最著名的击壤歌：余立于宇宙之中，冬日衣皮毛，夏日衣葛絺；春耕种，形足以劳动，秋收敛，身足以休食；日出而作，日落而息。逍遥于天地之间而心意自得。吾何以天下为哉！悲夫！子不知我也！遂不受，去而入深山，莫知其处。**老庄孙子**：其实善卷已明白告诉舜"大道何为"。颜回的终极追求。

多么美妙的一幕啊！羡煞人也！看看后来，再看看现在，为了一点权力、一点利益、一点美色、一点名声，争得死去活来、怒发冲冠、杀父弑君、无所不用其极！何苦来哉？

其三，对"民信之矣"的理解。后人多解释为"民众守信"，故可一解。所有人都守信用，那是一个多么美好的世界！在这里，孔子更倾向于对统治者、领导者、在上位者的要求，要率先诚信，要让人民信任。如商鞅改革，城头徙木之信。

"民无信不立"也是此意，凡事不能取信于民，想要立国、强国、发达、立威于民，那是不可能的！诚信也是一种美德，当然也是治国平天下的重器。诚如孔子所说"君子之德风,小人(指民众,无贬义)之德草,草上风,必偃!"老子、庄子也极讲究诚信,但他们(包括孔子)都反对愚信、愚忠。

《庄子·盗跖》篇,盗跖骂孔子:世上所谓的贤士莫过于伯夷、叔齐!他俩辞让了孤竹国的君位不食周粟而活活饿死在首阳山上,骨肉尸体都得不到埋葬。

鲍焦行为刚正,非议世俗,却抱着树木枯死。

介子推最忠诚,随晋文公流亡19年,穷困之极,割自己的肉给晋文公吃,还帮他夺回了政权,晋文公却背弃了他。介子推一怒之下,背负母亲归隐绵山,晋文公还不放过他,把他母子活活烧死在山里!为纪念介子推,此山改名为介山至今。**老庄孙子**:在太原。

尾生更是愚蠢之极!和女朋友约会在大桥下面,她没来,洪水时至,不知躲避被活活淹死!

世上所谓的忠臣没有比过比干、伍子胥的!伍子胥被挖眼抛尸投江,比干被剖心。

凡事,过犹不及。君臣之间的关系都是相对的。唐太宗李世民说得好:"君使臣以礼,臣事君以忠。君视臣如草芥,臣视君如仇寇。"文天祥之"人生自古谁无死,留取丹心照汗青"即源于孔子"自古皆有死,民无信不立"。

3.14 曰:引导、治理千乘之国,敬事而信,节用爱人,使民以时。

多好的治国方略!需特别注意的是,孔子频繁用"道"字。道者,导也、顺也、引导、引领、启发、参赞、疏导甚至诱导,如,"道之以政""道之以德""道千乘之国"。很少说治理、强制、强迫、高压、强暴、武力等。

老子更是戒用强,如,"强梁者不得好死""坚强者死之徒"等等,极力主张"顺其自然""知阳守阴、知雄守雌、知刚守柔""慈、俭、不敢为天下先""无为而无所不为"等等。

至于孔子说的"节用爱民,使民以时"几乎就是老子原话!广泛的爱人即是老子之"善者吾善之,不善者吾亦善之,德善""圣人常善救人而无弃人";也如地藏菩萨所说"我不下地狱谁下地狱,地狱不空,誓不成佛!"这是多大的愿力!大慈、大悲、大智、大勇!

"使民以时"即不劳民伤财,效法天道,天地不言,万物生焉,四时行焉。既知天时又懂地利外加人和,何事不成!

以教兴国

3.15 孔子被迫流亡,第一站到卫国,冉有侍从。看到民众甚多。

孔子:呵!这么多人!

冉有:人口已经很多了,下一步怎么办?

孔子:想办法让他们富有。

冉有:然后呢?

孔子:教化他们。

孔子主张仓廪实而知礼节(从管仲那儿学来的),实施教化。老子则主张返璞归真,少私寡欲,见素抱朴。

第3章"安民":不尚贤,使民不争。不贵难得之货,使民不为盗。不见可欲,使民心不乱。是以圣人之治,虚其心,实其腹,弱其志,强其骨,常使民无知无欲。使夫智者不敢为也。为无为则无不治(以无事取天下)。

"无知无欲"后人多解为"愚民政策",非也!老子之意是,使人不要有过多的智巧,少要心机,不要太贪,即释迦牟尼所说三戒"贪嗔痴"之贪。特别是要求统治者、领导们不能欲壑难填,更不能用阴谋、智巧去愚弄百姓。主张"以正治国,以奇用兵,以无为取天下"!

现实的社会却如老子所说天下多忌讳而民弥贫。民多利器则国家滋昏。人多使巧就会奇物滋起。法令滋彰盗贼更加多有。"贪嗔痴"遍地横流!道德沦丧,奇技淫巧,盗贼横行,谁之过?如何教化?是一重大历史课题!纵观中国60多年的教育,总体上讲是失败的!"文革"十年浩劫险些将中华5000年文明推向万劫不复的深渊!《最后的大师》作者邢军纪说"叶企孙先生一人的贡献超过新中国成立后北大、清华所有人的贡献!"中国的教育到底如何?可见一斑。阚凯力说"中国大学在养猪"。

宇宙即我心,我心即宇宙。细微至发梢,宏大至天地。世界、宇宙乃至万物皆为思维心力所驱使。博古观今,尤知人类之所以为世间万物之灵长,实为天地间心力最致力于进化者也。夫中华悠悠古国,人文始祖,之所以为万国文明正义道德之始作俑者,实为尘世诸国中最致力于人类自身与天地万物间精神相互养塑者也。盖神州中华,之所以为地球文明之发祥渊源,实为诸人种之最致力于人与社会与天地间公德、良知依存共和之道者也。古中华先贤道法自然，文武兼备，运筹天下，何等的挥洒自如，何等的英杰伟伦。然天妒英杰，愚昧丛生，国人于邪魔强盗、阴险心力渗透、攻击治下，渐渐失忆，泱泱中华众生却败于甘愿自卑沉沦、散弱。

有德者心力难济，无德者霸拥民众所赋世权以为私，神器私用，贪腐国贼举家富贵，万众民脂民膏皆被劫掠。则国力日衰，国力衰则国家民族之心力衰竭，内可诱发天灾兵祸、朝代更迭，官僚、商贾、农工、学者尽难免沉沦；外则诱引强盗来犯，到头来看，国贼、汉奸、军民、学生均家破人亡。今年甲午海战，八国联军……不平等诸般条约引狼入室，资敌来犯，实为召唤、鼓励诸多蛮夷强盗分食华夏之举。与蛮夷通商者使洋货泛滥，居高居奇，国人尽被盘剥，泱泱中华竟无力生产民众生活诸品。多年来世界强盗在中国多有斩获，故恶敌觊觎长存、亡我之心不死。太多国耻未雪，蛮夷、豺狼、凶魔纷沓而至，国民皆因腐败、汉奸、军阀、买办所欠洋人无尽之亡国债务而自危。国债深陷，物价飞涨，民众食宿艰难，灾厄连连，何日可止？尽清虽败，可恨国、政、经济均被愚昧独夫、洋奴把持，国民心力沉疴羸弱，蛮夷、恶敌肆意分割、吞并华夏，万民为奴，国资殆尽。

若欲救民治国，虽百废待兴，唯有自强国民心力之道乃首要谋划，然民众思维心力变新、强健者是为首要之快捷方式！

心力变新、强健者首应破除封建、官僚之愚昧邪道，惩治卖国、汉奸、洋买办之洋奴愚众，明戒不义浮财绝善终。

以国家民族之新生心力志向缔造世界仁德勇武文明之新学，新学为思想理论之基石、栋梁，新学不兴，御敌难成。

中华古国之敌皆为西方邪恶之魔盗与汉奸，万勿混淆。

力主洋务借鉴"师夷之长技以制夷"之道，尽知"非我族类其心必异，非我族者其性必恶"之祖训。留学列强之同胞须警惕邪魔强盗对我正义灵魂之误导、侵扰，则各类洋奴、汉奸将无处安身，中华栋梁亦生自主自强之睿智。开设抗御蛮夷强盗杀戮预防国策，弘扬神州民众自强富国雄军壮志，恤农商并滋养工业。为抗击西方蛮夷列强剿灭中华神圣传承之奸计，执履行万国大同目标之正义道德教化优靖之使命。

夫闻"三军可夺其帅，匹夫不可夺其志"（孔子语）。志者，心力者也。民之志首推举国民个性之天然强健者，则国家栋梁层出不穷。数百年外侮内斗中，民众个性屡被君主官僚残害，举国凡有压抑个人、违背国民个性者，罪莫大焉！故我国三纲所在必去，愚民愚治尽除，方有优塑民众强盛希冀。

自中国开埠以来，封建、洋务祸国殃民，究其缘由，而教会、资本家、君主、卖国贼四者，同为天下恶魔强盗者也。

四贼之中，尤以执掌政权之官僚最为紧要！盖国之神圣重器以民为先，决不可助长恶私贪欲窃为己用！国之中枢如有愚昧肤浅宵小之徒窃而居之，则外魔必侵，国民必衰亡。

自洋务运动之后，贪墨腐败家族皆以盗取、盘剥民脂民膏逃逸海外为家族享乐之诡计。假以时日，神州中华亿民之血肉、骨髓乃至福祉将被尽数剥夺转送西方魔盗！国人如寒冬之时又堕深渊，农业落后之吾国民众必将沦落为亡国之奴。今无人于海内查处、治罪，于海外统计、堵截，故国贼趋之若鹜。吾辈倘若不能惩戒，又与国贼、禽兽何异？

千古圣人，教化为根。我辈恰逢此乱象当前之世，人皆逐物欲而迷心，循末节而忘真，醉娱乐轻国志，谋小私绝大利，认蛮夷做乃父，拜魔盗为师尊，毁文明于无耻。你我何必苟且偷生，熟视无睹？有志者呼吸难畅，应以天下为己任。

今愚者忘本堕渊，竟争先自掘其坟，却不思危亡之计。苟活于当下，遗失神圣之使命，忘却民族之重任；背离于真理，违逆人本之慧根，灭毁先民之道德；醉心于享乐，不知当世之惊变，甘当媚外之洋奴；沉迷于自我，罔顾危机之四伏，轻信魔盗之谗言！故西方强盗可肆意侵杀、奴役中华。

普看当今，世界格局风云激荡，人类文明之前途扑朔渺茫，天下苍生之幸福岌岌可危。虽有科技带来物质之充足，仍难满人欲之巨壑，各派皆为私利而竞相奔走，人人皆被牵入滚滚洪流。强盗流氓制订裁决世界法律，邪恶魔鬼公然成为人间领袖，万国不思兴道义之师，竟全然拜魔盗为导师，此星球之一草一木万物生灵涂炭、灭绝之期不远矣。

虽有智者、勇者愿做中流之砥柱，却犹如闹市之人语，瀑下之鱼鸣。请问周边，还有几人执着于真理？还有几人探求于本源？一句开心就好，便甘愿随波逐流；一句事不关己，便通行四海愚夫；一句莫谈国事，便据民权为私器。殊不知天下兴亡匹夫有责？试问为天地立心何以立？为生民立命何以立？为往圣继绝学何以继？为万世开太平何以开？若我辈之人此心已无，则中华即将亡亦！中华亡则人类必亡亦！

天之力莫大于日，地之力莫大于电，人之力莫大于心。阳气发处，金石亦透，精神一到，何事不成？改朝换代，为民谋福，惩治贪墨汉奸，又有何难！苟其公忠体国，百折不回，虽布衣下士，未始无转移世运之能也。有志之士可不勉哉！人生于天地之间，形而下者曰真心实性。血肉者物质之所成，心性者先天地之所生。故而有唯物唯心之论说。人活于世间，血肉乃器具，心性为主使，神志为天道。血肉现生灭之相，心性存不变之质，一切有灵生命皆与此理不悖。盖古今所有文明之真相，皆发于心性而成于物质。德政、文学、艺术、器物乃至个人所作所为均为愿、欲、情等驱使所生。

故个人有何心性即外表为其生活，团体有何心性即外表为其事业，国家有何心性即外表为其文明，众生有何心性即外表为其业力果报。故心为形成世间器物之原力，佛曰：心生种种法生，心灭种种法灭。西方强盗宗教亦有旧约主神虐民之邪暴，后有耶稣新约爱民之改良。神魔心性之变幻如此，故世人多为耶稣所迷。耶稣明之故说忏悔，懂耻而不恶；孔子明之故说修心，知止而不怠；释迦明之故说三乘，明心而不愚；老子明之故说无为，清静而不私。心为万力之本，由内向外则可生善、可生恶、可创造、可破坏。由外向内则可染污、可牵引、可顺受、可违逆。修之以正则可造化众生，修之以邪则能涂炭生灵。心之伟力如斯，国士者不可不察。

大凡英雄豪杰之行其自己也，确立伟志，发其动力，奋发踔厉,摧陷廓清,一往无前。其强大如台风之发于江海,如好色者之性欲发动而寻其情人,决无有能阻回之者,亦决不可有阻者。尚阻回之,则势力消失矣。吾尝观大来勇将之在战阵,有万夫莫当之概,发横之人,其力至猛,皆由其一无顾忌,其动力为射线之进行,无阻回无消失,所以至刚而至强也。众生心性本同,豪杰之精神与圣贤之精神亦然。

故当世青年之责任,在承前启后继古圣百家之所长,开放胸怀融东西文明之精粹,精研奇巧技器胜列强之产业,与时俱进应当世时局之变幻,解放思想创一代精神之文明。破教派之桎梏,汇科学之精华,树强国之楷模。正本清源,布真理与天下!愿与志同道合,追求济世、救世真理者携手共进,发此宏愿,世世不辍,贡献身心,护持正义道德。

故吾辈任重而道远,若能立此大心,聚爱成行,则此荧荧之光必点通天之亮,星星之火必成燎原之势,翻天覆地,扭转乾坤。戒海内贪腐之国贼,惩海外汉奸之子嗣;养万民农林之福祉,兴大国工业之格局;开仁武世界之先河,灭魔盗国际之基石;创中华新纪之强国,造国民千秋之福祉;兴神州万代之盛世,开全球永久之太平!也未为不可。

3.16 子曰:善人教民7年,则可以即戎矣。

3.17 子曰:以不教民战,是谓弃之。

子路的目标是3年。看看!前面刚刚说完孔子知兵,这里就开始训练打仗了。当然,孔子的意思是教育人民如何为正义而战。孔子是主张"文武"之道的,"宪章文武"就是明证。除了尧舜以外,孔子最为推崇的就是周文王和周武王。

文武之道，一张一弛。文质彬彬，然后君子。这才是真正的孔子。

3.18 子曰：民可使由之，不可使知之。

问题来了！后人特别是那些别有用心者愣说这是孔子的"愚民政策"。也是与老子一脉！同罪。可见这师徒俩好到什么程度！这是后人断句的错误，应为："民可，则使由之。不可，则使知之。"意思是，人若具备相应的能力、条件、水平，那就由着他去干他该干的。如果能力、水平、条件不够，那就应该加以培养、教育、训练，从而使之具备应有的能力、水平、条件。小到"六艺、百工"，大到"君子不器，朴散则为器"。与孔子"不患人之不己知，患不知人也，患己无能也。古之学者为己，今之学者为人"有异曲同工之妙。愿老子、孔子在九泉之下，不，老子应在天庭，会心一笑。我心足矣！

退一万步讲，这世上又有几许人既能知其然又知其所以然？

3.19 子曰：中庸之为德也，其至矣乎！民鲜能久矣。

这可是一篇太大太大的文章！这是孔子的"至道"！老庄思想的灵魂！中华文明的核心！中也者，中也。中央之中，中和之中，中间之中，中空之中，中的之中。是行、中、可以、适当、动态的平衡、阴阳和合之意。庸也者，用也，常也，恒也。天下万物，宇宙玄黄，皆以"用中"为根本、为达道。

《中庸》之"中"。《中庸》是子思（孔子之孙）独立成篇的，他为什么要这么做？忧"大道"之失传也。大德如南师怀瑾先生至死也未出版关于《中庸》的书，为何？也是因为其承载的是"大道"，大道精微，不敢轻易为之。**老庄孙子**：2015年1月14日我一好友去台湾南师大弟子处专为我购此书，未果。南师是2012年中秋前一天去世的。

至于程朱之流，明明暗中痴迷于"佛、道"且得意多多，却还大言不惭骂其"弥近理而大乱真，似是而非"，德行之差，人品之低，当了婊子，立了牌坊，还要灭绝人欲！"天理"何在？特别是《朱熹集注》《中庸》只解了"发而皆中节"，而没解更重要的"喜怒哀乐之未发"！而王阳明到是心虚、虚心了，但却死死地咬住"心即是理，心外无理，心外无物"走向绝对唯心主义一途。

子思传授孔子之心法，曰"中也者，天下之大本。和也者，天下之达道""喜怒哀乐之未发，谓之中；发而皆中节，谓之和""致中和焉，天地位焉，万物育焉"。

孔子解中庸：君子中庸，小人反中庸。君子之中庸也，君子而时中；小人之中庸也，小人而无忌惮也。

子曰：道（中道）之不行也，我知之矣！智者过之，愚者不及也。道之不明也，我知之矣！贤者过之，不肖者不及也。

这就像，人没有不吃饭的，但却很少有人知道饭的真正滋味！中者，过犹不及也。**老庄孙子**：道不远人，道在屎溺。

子曰：道之不行矣夫！民鲜久矣！**老庄孙子**：孔子一憾三叹！

老子亦然："吾道甚易知，甚易行，天下莫能知，莫

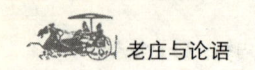

能行！下士闻道，大笑之，不大笑不足以为道！大道甚夷（平坦），而人好径。"

子曰：舜是天下最有智慧之人！即便如此，他仍然好问、善察，不放过任何浅显、微妙的细节。隐恶而扬善，执其两端，用中于民，这就是大舜啊！**老庄孙子**：舜有大智慧，不仅仅是孝！

孔子也说自己解决问题是"空空如也，叩其两端而竭焉"。何其相同也！注意！舜是"隐恶"，而不是惩恶！本质不同，孔子继承。

子曰：人们都说我有智慧，可一旦被驱逐追赶而钻入网罟、掉入陷阱之中而避之不及。人们都说我有智慧，可是中庸于我决不能坚持一个月！**老庄孙子**：还是行道之难。

子曰：颜回之为人也，择乎中庸，得一善，则拳拳服膺而不失之矣！**老庄孙子**：颜回悟道并得孔子真传的又一明证！所以孔子盛赞、恸哭。

子曰：天下国家可均也，爵禄可辞也，白刃可蹈也，中庸不可能也。**老庄孙子**："中庸"之难难于平天下、上青天、辞爵禄、赴汤蹈火！所以，不是大多数人所能为。极少数圣人、君子、形而上者、领袖，参之、悟之、行之即可！然后再去风化，引导百姓。

子路问强，孔子：宽柔以教，不报无道，南方之强也，君子居之。衽金革，死而不厌，北方之强也，而强者居之。故君子和而不流，中立而不倚，国有道，不变塞（于道）焉，国无道，至死不变（于道），这才是真的强啊！

孔子一生用心最良苦者，子路也。最后还是视死如归！死于勇。可见"江山好改，禀性难移"之难！以此，再参悟一下大舜的"隐恶扬善"之深意！亦可见孔子之"明知不可而为之"之难！再想想"顺其自然"。

子曰：君子遁世不见知而不悔，唯圣者能之。

孔子之"朝闻道，夕死可也"说的即此意。以舜之智，颜回之仁，子路之勇，方可入道。多难！道不远人，但真要知、悟、行"道"，那是难之又难。

所以子思说君子之道，虽然广博精微，但即使是匹夫愚妇，也是可以使其知道的，及其至（极致）也，虽圣人亦有所不知焉！**老庄孙子**：道，不肖之夫妇是可以践行的，及其至也，虽圣人亦有所不能焉。

如孔子告诫子贡"博施济众，尧舜犹病诸！"这就是形而下到形而上之难点、关键点！也是叔本华、尼采所最为痛楚之处！不是什么人都能超越、超脱、开悟的！

子曰：道不远人。人之为道而远人，不可以为道。忠恕违道不远，施诸己而不愿，亦勿施诸人。**老庄孙子**：此道应为人道，仁道。

子曰：诚者，天之道也；诚之者，人之道也。诚者，不勉而中，不思而得，从容中道，圣人也。诚之者，择善而固执之者也。自诚明，谓之性。自明诚，谓之教。诚则明矣，明则诚矣。**老庄孙子**：在此一明证曾子、朱熹之《大学》中"止、定、安、静"之后的绝非"虑"，而是虚！即孔子"心斋"：气也者，虚也；虚也者，心斋也。惟道集虚，虚以待物者也！一字之差谬以万里。此一字之误，再加上"格物"之错解，完全可以颠覆曾子特别是朱熹所集注《大学》！

德无不实，明无不照，明心见性，普度众生。天行健，至诚不息。人法天，自当精诚所至，诚能感物，无不中的。

子思接着说：唯天下至诚，为能尽其性；能尽其性，则能尽人之性；能尽人之性，则能尽物之性；能尽物之性，则可以赞天地之化育，则可以与天地参矣。**老庄孙子**：子思解"参赞天地之化育"。

天地人三才即从此出。八卦六爻上中下各两爻分别代表天、人、地，人据其中。释迦之所谓"顶天立地"是也，上面是天，下面是地，人在其中。人只能"参赞天地之化育"而不是"与天斗、与地斗、与人斗"，最后只能与大风车斗，乐在何处？还美其名曰"其乐无穷"！

子思接着说：其次致曲（老子之委曲求全是也）。至诚之道，可以前知（老子之前识者，道之华而乱之始），故至诚如神。诚者，自成也，而道自道也（老子之自然而然）。不诚无物。成己，仁也。成物，智也。**老庄孙子**：即智慧到彼岸，慈悲以度人。

性之德，内外皆合于道，时措之宜。所以，至诚无息。不息则久，久则征，征则悠远，悠远则博厚，博厚则高明。博厚，所以载物也。高明，所以覆物也。悠久，所以成物也。博厚配地，高明配天，悠久无疆。能如此者，不见而彰，不动而变，无为而成。**老庄孙子**：天无不覆，地无不载。

天地之道"博也、厚也、高也、明也、悠也、久也"，可一言而尽也,"其为物不二,则其生物不测"。即老子所谓"道生一,一生二,二生三,三生万物"是也,释迦之"不二法门"。

亦即孔子解《易经》乾坤两卦之"天行健,君子以自强不息。地势坤,君子以厚德载物"。也即老子对道和宇宙的描述:大、逝、远、反。人与道的关系:人法地,地法天,天法道,道法自然,自然而然。**老庄孙子:武则天。**

子思接着说:今夫天,萤火虫之亮不为少,但广而推之,及其无穷(如前所说"及其至也"),日月星辰灿烂繁多,悬于天空,覆盖万物。**老庄孙子:鲲鹏与麻雀。**

今夫地,一撮土不为少,及其广厚,载华岳而不重,镇河海而不泄,万物载焉。

今夫山,一筐石不为少,及其广大,草木生之,禽兽居之,宝藏兴焉。

今夫水,一勺不为少,及其不测,元龟、蛟龙、鱼鳖生焉,货财殖焉。**老庄孙子:海纳百川。**

见微知著,圣人法焉。至于君子则应:尊德行而道问学,至广大而尽精微,极高明而道中庸。即《诗经》所谓"既明且哲,以保其身"。**老庄孙子:高明者,极高远广漠深湛,空空如也,明镜高悬,无所不照也。**

老子之"中"。《道德经》通篇都是"中空""无以为用"之大道、达道。

第4章"无源":道冲而用之或不盈。渊兮,似万物之宗;挫其锐,解其纷,和其光,同其尘;湛兮,似或存。吾不知谁之子,象帝之先。**老庄孙子**:上帝的上帝。

冲者,虚空也,如韶山冲。大道之用"虚极静笃",挫锐、解纷、和光、同尘。

第5章"虚用":天地之间,其犹橐籥乎!虚而不屈,动而愈出。多言数穷,不如守中。

橐籥,风箱也。中空而有风之虚用。

第6章"成象":谷神不死,是谓玄牝。玄牝之门,是谓天地根。绵绵若存,用之不勤。

谷神,山谷之虚空灵静之意。就像母性的牝门,是生育万物的根源,无穷无尽。

第11章"无用":三十辐,共一毂,当其无,有车之用。埏埴以为器,当其无,有器之用。凿户牖以为室,当其无,有室之用。故有之以为利,无之以为用。

毂,车轮中心部位,中间是空的,里面安轴,外面连接辐条。当,当中之意。有利、无用之出处。后人多曲解。

再看看老子是如何用中的,

第36章"微明":将欲歙之,必固张之;将欲弱之,必固强之;将欲废之,必固取之;将欲举之,必固与之。

后人以此定了老子"阴谋家"之罪!何其冤也!这里最需要注意的是"固"字,是本来、固有、必然之意。不张嘴,怎能闭?手里没东西,何夺之有?只有强大才有弱的可能,本来就是弱的,何弱之有!强弱中间,有一个度,过了就是强,不过就是弱。说的是万事万物都是相对的,物极必反、否极泰来这么一个理。凡事都要把握一个"中度"。**老庄孙子:**

佛学的中道。

再看看老子关于"和"的表述。

第10章"能为"：载营魄抱一，能无离乎？抟气致柔，能如婴儿乎？

抟，和也，柔也，修炼意，为动词。如太极拳的练气、运气，阴阳合和。列子御风的关键是修炼的中空太多，空气浮力足以托举。

第55章"玄符"：含德之厚，比于赤子。终日号而不嗄，和之至也。

第77章"天道"：天之道，其犹张弓乎？高者抑之，下者举之。有余者损之，不足者补之。天之道，损有余而补不足。人之道，则不然，损不足以奉有余。孰能有余以奉天下，唯有道者。是以圣人为而不恃，功成而不处，其不欲见贤。

庄子之"中"。庄子之中是恬适、中枢、自适而适他。其庸是，庸者用也、通也、得也、适得而几矣，几近于道。即圣人和之以是非，而休乎天钧，是之谓两行，两可两不可。齐一息智乎均平之乡，休心乎自然之境。**老庄孙子**：庄子之"无情"即孔子、子思之"喜怒哀乐之未发"！

庄子因应、以明、执中，孔子述尔、用中而向阳，老子微明、守中而重阴。

《庄子·齐物论》篇：因为"中道"不行于世，即道隐于小成，小道盛行。言隐于荣华，所以就产生了儒墨之是非，以是其所非而非其所是。彼亦一是非，此亦一是非。果且有彼是乎哉，果且无彼是乎哉？彼是莫得其偶，谓之道枢。枢如得其环中，以应无穷。

"中枢"的出处。抓住问题的关键即主要矛盾和主要矛盾的主要方面，把握住中枢，如玉落盘，圆融无碍，就像庖丁解牛，迎刃而解。庄子在"混沌"之说中也是把"混沌"这位最伟大的"帝王"列为中央之帝的。中华、中国都有此意。

《庄子·至乐》篇通过孔子之口表述何谓"适宜"即"发而皆中节"。

颜回准备东去见齐景公。

孔子面有忧色。

子贡避席探问：弟子斗胆，颜回东去齐国，您面露忧色，为何？

孔子：问得好啊！过去管仲有句话，我认为讲得特别好，他说"小袋子不能装大东西，短绳不可以汲深水"。之所以这样，是因为人的秉性各有所定，形体各适其宜，是难以改变和增减的。我担心颜回给齐景公讲黄帝、尧、舜之道，再加上燧人氏、神农氏的主张。**老庄孙子**：孔子在《论语》中只是"祖述尧舜宪章文武"。

齐景公听了则会内求其心和自己相比较，觉得没有可比性，他又生性多疑，便起疑惑，担心别人胜过自己，就会起杀心，颜回的小命会不保。

给你讲一个小故事吧，从前，有一只神奇海鸟落在鲁国都城的郊外，鲁侯把它迎进太庙，给它喝琼浆、吃御宴、奏韶乐。这只神鸟不吃一粒，不喝一滴，心烦意乱，不知所以，三天就死掉了！什么原因？是用养人之法去养鸟，而不是用养鸟之法去养鸟（启功书法：以鸟养养鸟）。如果是用养鸟的方式养鸟就应该让它栖息在深林，遨游在荒州沙岛，悠游于河海湖之上。饿了，捕捞一点泥鳅、鱼虾。渴了，喝一口海水、淡水。困了，随便找一丫枝小憩。与鸟群同飞止，从容自在、优哉游哉活好每一天。像这样的神鸟，最讨厌人的大呼小叫、钟鸣鼎食，为什么还要用这些嘈杂吵闹自以为快乐的东西搅扰它呢？

即使是人类自以为最美妙如尽善尽美的咸池、九韶音乐，在洞庭湖畔、广漠之野弹唱、演奏，鸟听了会惊怵高飞，鱼听了急潜海底，兽听了会奔逸逃走，而人却成群结队地来听啊、唱啊、跳啊，陶醉其间，美不胜收。

所以，鱼在水里则悠游自在，快乐生存。人在水里则会被淹死。这是因为他们的属性不同，其好恶当然也是不一样的！因此，古之至圣先贤因人而异，授予不同的职责，使其各适其能。名最终要以实为根本落脚点即实至名归。义最终要以适宜为归结即义者宜也，这就是所谓的条理通达因而确保福祉善德。**老庄孙子**：孔子的名与义之正解。

众所周知，孔子对中华文明最大的贡献就是"祖述尧舜，宪章文武"，那他祖的、宪的到底是什么？一个字，中！帝尧禅位给虞舜时说的最重要的话"允执厥中"，即"执中"，即《黄帝阴符经》中所说"观天之道，执天之行，尽矣"之"执"，说白了，就是"用中"。

大舜禅位给禹是交代了16个字"人心惟危，道心惟微，惟精惟一，允执厥中"，其核心还是一个"中"字。文武之道，孔子是以为"宪宗"的。文武之道，一张一弛，张弛有度，那就是一个字"中"，凡事要适宜。文王之道是以德取胜，三分天下有其二，虽然任纣王拘禁，还优哉游哉演《周易》，贡献之大，德行之深，令孔子无言以赞"巍巍乎，吾从周矣！"

武王以义战推翻了殷纣王之暴政，随之在周公、召公得力扶植下施行宽松的仁政，确保周朝800年基业，并使中华文明最为鼎盛！孔子所说的"小康"社会就是描写周初时的盛景。岂止是他要"克己复礼"，我们现在所要奋斗的"小康"和"实现中华民族伟大复兴"，复的也是那时的盛景！一个民富国强，文武兼备，文质彬彬，乃至于"大同"的共产主义社会！

我的智见。我用此"中"道，把太极图展开为立体的正弦曲线！用以最形象地解释宇宙、天地、自然、阴阳、万物、经济、社会、人生、科学、养生、四时、五行等等。包括道家、老子的"玄之又玄"，孔子的"形而上者谓之道，形而下者谓之器"，庄子的"缘督以为经"，释迦的"法尔如是"，这也是一篇大大的文章。

以身作则

3.20 季康子问政于孔子。孔子：政者，正也。子帅以正，孰敢不正！

季氏是当时鲁国"三桓"最大的一"桓"，主政。孔子的回答既有针对性又有普世价值。正人先正己，己所不欲，勿施于人。做人，尤其是领导者，要真谦虚，真谦让，虚怀若谷，海纳百川。像我，老庄孙子不行，要真当孙子，俯首甘为孺子牛，俯下身来，踏实为人民为后代做一些事情。老子也说"以正治国"。如出一辙。孔子连说话的口气都像老子，不信？你看。

《老子》第73章"任为"：勇于敢则杀，勇于不敢则活。

第74章"制惑"：若使民常畏死，而为奇者，吾将得而杀之，孰敢？

孔子不但得其道，还能传其神，最佳师徒关系！堪与释迦拈花、迦叶微笑一比。孔颜、孔庄亦然。

3.21 子曰：苟正其身矣，于从政乎何有？不能正其身，如正人何？ 不能正己，焉能正人。老庄孙子：君子之德风，小人之德草，风化。

3.22 子曰：其身正，不令则行。其身不正，虽令不从。

政令畅通，政者正也，自身正，令才能畅通。既当婊子，又立牌坊，那是肯定不行的！满脸的正人君子，一肚子男盗女娼，那也没戏。当权者，不但说得好，干得更要好。

3.23 季康子患盗，问于孔子。孔子对曰：苟子之不欲，虽赏之不取。

老子说：法令滋彰，盗贼多有。难得之货令人行妨。不贵难得之货，使民不盗。老庄孙子：简直就是从一张嘴里说出来的！

3.24 季康子问："使民敬，忠以劝，如之何？"子曰："临之以庄，则敬；孝慈，则忠；举善而教不能，则劝。"

两人说的正好相反！他要使民，他则要使君。季康子的愿望是，让老百姓既敬重，又忠诚，还要勤劳于自己。而孔子告诉他的是怎么样才能如此。只有你自己庄重、尊重自己，别人才会敬重你。孟子见梁惠王，望之不似人君，那就麻烦了。只有你孝顺父母，慈爱百姓，你的下属、臣民才会忠诚于你。只有你带头惩恶扬善而教化不能，属下、臣民才会勤于正事而不乱来。

对君王和上层的要求是老子、孔子、庄子的一贯。上面做到了，下面自然风从。

季康子一生多受益于孔子，所以他对孔子一直很好，包括堕三都，也是得到季氏支持的。孔子晚年一直流浪在外，渴望叶落归根，是季康子力主请回孔子的，还封为"国老"，得以天年。

3.25 子路问政。

子曰："先之，劳之。"请益。曰："无倦。"

前面孔子和颜回说过"先难后获，劳而勿矜"。不倦，即不懈怠。逝者如斯，不舍昼夜。当领导的要率先垂范，工作要勤勉，不能懈怠。说起来容易做起来难啊！一项工作做长了，特别是公务人员，一辈子大都在一个岗位从事一项工作，能勤勉一生那是很难很难的。老子说的"天道酬勤"也是这个意思，即俗语所说"机会是为有准备的人准备的"。吊儿郎当，稀里糊涂，还指望天上掉馅饼，那怎么可能！释迦的"金刚力"也是一再让人们有毅力、悟心、至诚。

《老子》第7章"韬光"：天长地久。天地之所以长久，以其不自生。是以，圣人后其身而身先，外其身而身存。非以其无私耶？故能成其私。

3.26 子曰：居上不宽，为礼不敬，临丧不哀，吾何以观之哉？

确实是看不下去！为上者，苛政猛于虎，好德远不如好色。老子不耻，庄子不耻，我同孔子"何以观之哉？"真不知所以！

直言谏君

3.27 鲁定公问孔子：一言可以兴邦，有这样的话吗？

孔子：好像没有。不过有人说为君难，为臣不易。如果真知道为君之难为，不也相当于一言兴邦吗！

鲁定公接着问：有一言可以丧邦的吗？

孔子：也没听说过。不过有人说"我作为君主没有什么快乐的，只想没人敢违抗我的旨意"。如果旨意是对的，这还可以。如果旨意是错误的，那就相当于一言丧邦了！**老庄孙子**：是直言吗？

孔子在鲁定公手下当过大司寇兼宰相，俩人合作得不错。如果堕三都成功了，那鲁国称霸将不成问题。

说孔子直言谏君，不妥。孔子的建议何其艺术？何其委婉？孔子是深得老子用柔之术的！柔中有刚，以柔克刚。他所谏72君，其绝大多数意见，君王们都是听的，只可惜大都被君王们的手下所左右，如，晏子左右齐景公，三桓左右鲁定公，南子左右卫灵公等等。**老庄孙子**：利益集团。

人类自从有了思想、是非以来，就产生了阶级、分别、国家等等，有了国家自然就有君臣。如何处理好君臣关系，这是一门大学问。前面，齐景公问政于孔子，君要有个君样，臣要有个臣样。君怎样有君样？臣怎样有臣样？老子、孔子、庄子甚至诸宗教家均给予了详尽的回答。

孔子这里的意思是"为君难，当臣子的也不易"，为君者如果能处处体谅臣子的不容易，为臣的也一样，处处体谅为君的难处，那世界上就没有攻不破的难关！古今中外所有盛世概莫能外。

尧舜禹之间及其手下，周文王与姜子牙，周公与成王，齐桓公与管仲，勾践与范蠡，刘邦与张良，刘备与诸葛亮，李世民与魏征，赵匡胤与赵普（半部《论语》治天下者），成吉思汗与丘处机，斯大林与朱可夫，罗斯福与其特使霍普金斯，雍正与邬思道等，广而言之，即孔子所说"仁者，爱人"，爱所有的人。"己欲立而立人，己欲达而达人。"如观世音"大慈大悲，救苦救难"。如果每一个人都能尽己之忠，宽人以恕，都能站在对方的角度考虑考虑，那和谐美好的大同世界还会远吗？

3.28 子路问事君。孔子：勿欺也，而犯之。

直言犯谏的前提是既不欺君也不欺己，广义讲，不自欺欺人。说白了，对人对己都要有一份忠心，以取得别人的信任。缺乏信任，再好的建议也不会听甚至怀疑乃至招来横祸。忠信即此意也，忠诚才能信任。没有这些，即如老子所说"礼者，忠信之薄而乱之首"也。

当然，如何赢得上级的信任也是一门大学问！在此，钱宁先生丢了孔学一句很重要的话"事君数，斯辱矣。朋友数，斯疏矣。"凡事，适可而止，这才是孔子的本意！也是老孔庄一脉。

还有，孔子所说"直言犯谏"是专对忠臣和君子说的，只有忠臣和君子才会这么做，小人是坚决不会的！他们只会无原则地阿谀奉承，溜须拍马，奴言卑膝，巧言令色，投其所好。

正名

3.29　子路曰："卫君待子而为政，子将奚先？"子曰："必也正名乎！"子路曰："有是哉，子之迂也！奚其正？"子曰："野哉由也！君子于其所不知，盖阙如也。"

君子（统治者）所最缺少的，莫过于此了。老庄孙子：言外之意子路是小人，孔子确实多次骂过。

你要明白，名不正则言不顺，言不顺则事不成，事不成则礼乐不兴，礼乐不兴则刑罚不中，刑罚不中则民无措手足。所以，君子名必可言也，言之必可行也！君子于其言，无所苟而已矣！

说说历史背景吧。事情的经过是这样的：公元前493年，在位42年的卫灵公死了，卫国的内政更加混乱。之前，卫灵公之子蒯聩因卫灵公淫乱（与三个女人一起洗澡淫乱，与南子情人同性恋等等），南子乱伦，左右朝政，气愤难耐刺杀南子（当时最漂亮、妖艳、淫乱的美女，卫灵公非常宠幸年轻的妻子,与孔子也有说不清的关系),结果未遂,被驱逐流亡到晋国。

蒯聩之子辄继位号卫出公。蒯聩在晋国和阳虎的支持下回国争夺君位。南子为了自己和捍卫出公权位,鼓动卫出公邀请孔子主政的同时,自己也三番五次约见孔子。孔子不顾弟子们特别是子路的坚决反对,见了南子。子路更加愤怒,毫不客气地指责了孔子。孔子发了自己一生最大的毒誓:"如果我做了不合礼仪的事,天打五雷轰!天打五雷轰!"

孔子多次感慨的"完了,完了,彻底完了!未见好德如好色者也"主要是在这一时期说的,既是说的卫灵公(其实,卫灵公好德胜过好色),也是说的自己,同时也是在说天下人!到底,孔子和南子两人说了什么、干了什么,鬼也不知道。

老庄孙子:在南子卧室见的而且环佩叮当。据说,孔子在此送还了年轻时两人练舞时南子掉落的扣子。

随后,蒯聩在晋国赵简子、阳虎的支持下回国夺权,遭到了在齐国帮助下的出公、南子的顽强阻击。就是在这种情况下,子路问的孔子。其实,子路不无道理。卫国的当务之急是尽快平息叛乱,这当然是子路的强项。结果孔子却回答"正名"这个更根本的治国大道。在那个危机时刻确实不太适宜。

事实上孔子"仁义"等所谓大道在当时社会已经无法行得通。子路是个现实主义者,没有孔子站得那么高,看得那么远。孔子确实有境界、有眼光,但也确实解决不了现实问题,最终还是不得不离开卫国。弟子们给他找了一个非常精彩的理由。

冉有：老师会介入卫国君位之争吗？

子贡：我去问问老师。子贡进到屋里问得巧妙：老师，您说，伯夷、叔齐是什么样的人？

孔子：他们是古代的贤人啊！

子贡：那他们为自己的行为后悔吗？

孔子：他们追求仁德，从而成就了仁德，何怨之有？

子贡出来向同学们宣布"老师不会介入卫国君位之争"。

伯夷、叔齐，在《庄子》中有详细记载。

卫国之乱（整个春秋战国都是）直到孔子晚年还是混乱不堪，以至于子路战死，稳健、病入膏肓如颜回者也奋不顾身要求去卫国平叛。

《庄子·人间世》篇中记载：颜回去拜见孔子，准备辞行。

孔子：你要去哪里？

颜回：我要去卫国。

孔子：干什么去？

颜回：我听说卫君辄（一说蒯聩）身体彪悍、刚愎自用、穷兵黩武，人民生灵涂炭，他却从不反省自己的过错。夫子您常常教导我们"太平的国家可以离开，危难的国家可以前往救治（孔子也说过，危邦不入，乱邦不居），就好比良医门前总有许多病人一样"。我愿意以先生的教诲为卫国寻找救国之策。

孔子：唉！你这是去送死呀。你难道不知道，大道是不能太繁杂的（老子之治大国如烹小鲜），杂了就多，多了就乱，乱了就会忧愁焦虑，既乱又无可奈何，也就没救了！

古时圣人，一定要先修炼好自己，然后才能推己及人。就你这样，怎么能去纠正暴君的暴行呢！况且，你懂不懂，世风日下、德行日衰、智巧横行的原因呢？

我来告诉你，德行衰落是因为人们过于求取虚名，世间的争斗诡诈使得智巧横行。人与人之间相互倾轧就是为了这个名，智巧变成了争斗的工具。此两者都不能尽行于世。**老庄孙子**：这简直就是老子原话！

"名"，也是老子重要的哲学范畴。

第1章"体道"开宗明义：道可道，非常道。名可名，非常名。无，名天地之始。有，名万物之母。此两者同出而异名，同谓之玄，玄之又玄，众妙之门。

虽然大千世界世事无常，但要想闹清楚，必须有名！春秋战国时期就产生了以惠施、公孙龙等为代表的"名家"即逻辑学家。最著名的论断就是"白马非马"论，还有微分的始祖"一尺之棰，日取其半，万世不竭"。"鱼之乐"之辩，最后以庄子偷换概念败给了惠施。

但又不能过于执着于"名"！释迦之"所谓……即非……是名"解得最好。俨然得了老子"道可道，非常道；名可名，非常名"之真传心印。

孔子给颜回接着讲故事：从前，夏桀杀死的关龙逄，殷纣王杀死的王子比干。两人都素以爱民、有修养著名。动不动就顶撞上司，提意见，就他们是正义的化身。想以此树立自己的名声。他们的上司恰好抓住了其好名之心而成全了他们,杀!这就是过于追逐"名"的下场。

唐尧、大禹也不例外,他们攻打不臣服的小国,丛、枝、胥敖、有扈,致使这些国家、部落变成废墟,民众变成厉鬼,国君、酋长遭受杀戮。他们还征战不已、拓疆扩土,也都是为了名利而已!

以此观之,这些所谓圣贤们也都不能摆脱名利的羁绊,又何况你小小颜回呢!总之,名要符实,见利要思义(宜)。

再说说所谓的科学,微分说过了。不积小流无以成江海,九尺之台,起于累土,千里之行始于足下,这是什么?积分!太极生两仪,两仪生四象,四象生八卦,八八六十四卦以至于无穷,这是什么?二进制,计算机原理!大、远、逝、返,这是什么?是宇宙、是大道!什么三千大千世界,什么统一场论,什么相对论,什么时光隧道,连小巫都称不上!何止于此?又多么艺术,多么文学,多么哲学,多么科学!鲲鹏展翅九万里俯瞰地球不亦同于地看天嘛!"无,名天地之始。有,名万物之始。常无,以观其妙。常有,以观其徼。"无中生有有还无(上帝粒子只是有无之间的一环),从形而下到形而上,何等境界!江上何人初见月,江月何年初照人?喻哲理与诗情画意之中,南蛮、北夷、东戎、西狄,谁能为之?

至于"正名"全文,在此不做详尽解析。愿有心从政者或已在位者,眉毛胡子一把抓者,慢慢细细品味,一条条去做,必可成大业。定岗、定编、定责,各适其位,各尽其责。刑罚是底线,礼是手段,乐是目标,既快乐工作,又幸福生活。

人类所做的一切都是为了自己和他人的快乐幸福！"自适而适人。"特别是领导者一定要"言必信，行必果"，不苟且，不做作，在其位，谋其政。

3.30　子曰：天下有道，则礼乐征伐自天子出。天下无道，则礼乐征伐自诸侯出。自诸侯出，盖十世希不失矣！自大夫出，五世希不失矣！陪臣执国命，三世希不失矣！天下有道，则政不在大夫，天下有道则庶民不议。

这是孔子总结的历史经验。李世民：以铜为鉴可以正衣冠，以人为鉴可以知得失，以史为鉴可以知兴替。目前的群众路线教育活动，提出要为党员干部"照镜子、正衣冠、洗洗澡、治治病"。

还是老子来得彻底，从根本上回答了上述各问题！

第46章"俭欲"：天下有道，却走马以粪；天下无道，戎马生于郊。罪，莫大于可欲。祸，莫大于不知足。咎，莫憯于欲得。故，知足之足，恒足矣！**老庄孙子**：也只可惜"吾道甚易知，甚易行，天下莫能知，莫能行啊！"

其结果，如孔子之谶言，有十世亡者，有五世亡者，有三世亡者，亦有二世亡者，也有当世亡者如陈胜、吴广，方腊，宋江，洪秀全，李自成等等，都是礼乐征伐自庶民出！

孔子所说还是一个"名正言顺"的问题。上有政策，下有对策，政出多门，有令不行，有禁不止，甚或立法为己，执法犯法，权力寻租，以至于法令滋彰，盗贼多有，那是肯定不行的！

还有，闲人莫论国事，孔子2500年前就说了！君像君样，臣像臣样，民像民样！各人自扫门前雪，看好自己的门，管好自己的人，每个人都能把自己的事干好，其无几矣！切莫耍什么心计，搞什么猫腻。要知道，有心机就会有觊觎，有觊觎就会有僭越，有僭越天下鲜有不大乱者！看一段庄子的故事。

《庄子·天地篇》记载：子贡去楚国游览，返回时路过汉水之阴，远远看到一位老人在提水浇地，很是辛苦。便走了过去，仔细一看，原来老人在一口竖井旁边又挖了一个斜井，抱着一个大罐子从斜井下去，灌满水抱出来去浇地，汗流浃背，费了很大劲却浇不了多少地。

子贡很同情这位老人，主动搭讪：老人家，辛苦啊！我想教给你一天可以浇百畦的方法，怎么样？子贡很得意。

老人漫不经心：什么好方法？

子贡很认真：一种凿木做成的机械。它后重前轻，提水就像抽水，快的就像连续扬汤，名字叫桔槔。

老人听后很不以为然，讥讽道：我听我老师讲，能制作机械的人，必然有技巧，有技巧者必有机心。如果机心（心机）总存于人心中就会破坏污染人的淳朴真诚之性，纯洁素朴被玷污了就会心神不定，精神恍惚，茫然不知所措，这是有道之人所不齿的！小子，我不是不懂，是耻于为也！

子贡惭愧，低头无语，不知所以，原地转圈。

过了许久，老者：小子，你是干什么的？

子贡停顿一下，摇了摇头：我是孔丘的弟子。**老庄孙子：没敢说孔子或夫子。**

老者：噢！你就是那位自以为博学、圣明、盛气凌人、出类拔萃、死到临头还弦歌不已借以沽名钓誉的孔丘弟子呀！你回去告诉他，让他赶紧忘掉他那高傲卖弄的神气，堕形忘骸，或可庶几于道。他连自己都搞不清，还谈什么治国、平天下！你快走吧，不要耽误我干活。

子贡愧疚自失、丧魂落魄，晃晃荡荡走了三十里才稍有缓解。弟子们也才敢疑问：先生，刚才那是什么人啊？怎能让您变容失色，郁闷一整天呢？

子贡：唉，别提了，丢了大人了！我自以为天底下唯有孔夫子是圣人，不可能再有第二人！岂知，唉！

夫子一直教导我们"办事求可行，功业求可成，事半功倍，用最少的投入产出最大的效益，这才是圣人之道"。

可是，今天见到这位老者之后才恍然大悟！原来这世上还有更高深的道理："只有有道者才能德全（全德即德充符），德全者才能形全，形全者才能神全，神全、精足、气旺才是圣人修身之道！"**老庄孙子**：孔子及儒学不注重养生的又一明证！

托天地（父母）之福，我们来到这个世界上，只知其然不知所以然，昧然茫然（混沌），醇和朴实，无功利机巧之心。一心志于大道（孔子之志于道，据于德），即使是全天下之人都赞誉他，且又与其心志相符，他也会傲然不顾，不会再努力一分。即使是全天下人都侮辱他，且又与其心志不相符，他也会漠然处之，不会沮丧一点。**老庄孙子**：小乘的极致。

《庄子·逍遥游》篇中：故夫，知效一官，行比一乡，德合一君，而徵一国者，其自视也亦若此矣。而宋荣子犹然笑之，且举世而誉之而不加劝，举世而非之而不加沮。定乎内外之分，辨乎荣辱之境，斯已矣。即便这样，庄子还不满意！大鹏也好，君王也罢，宋荣子、列御寇之流等等，都是有待都不够究竟！

真正的无待、究竟是：若夫，乘天地之正，御六气之变，以游乎无穷者，彼且恶乎待哉？故曰"至人无己，神人无功，圣人无名"。**老庄孙子**：这才是真正的境界！大乘！

子贡接着说：天下非誉于他没有任何损益，这就是全德之人啊！像我这类人，则是草上风、墙头草、水上波，随风倒，随波逐流之小人之辈。**老庄孙子**：孔子之君子之德风，小人之德草。庄子是真谦虚。

子贡回到鲁国，将此事告诉了孔子。

孔子：那是借混沌之术修行的人。抱元守一，不二法门。修身于内而无暇于外。又世事洞明、纯洁、素朴，载营魄抱一。

《老子》第10章：载营魄抱一，能无离乎？专气致柔，能婴儿乎？涤除玄览，能无疵乎？爱民治国，能无知乎？天门开阖，能无雌乎？明白四达，能无为乎？生之畜之，生而不有，为而不恃，长而不宰，是谓玄德。

用以游乎世俗之间（以出世心做入世事），这样的人，你岂止是惊诧？至于混沌之术，也不是你我这样的人所能认识的！

看看，看看，何止是老孔一家、孔庄一家？连子贡与老庄也是一家了！如何为君，如何修身，如何成为一个伟大的统治者？还要再说什么吗？

举直选贤

3.31　鲁哀公问孔子：怎么着才能让老百姓服气？

孔子：举直错诸枉，则民服；举枉错诸直，则民不服。

突发奇想，中国文字的神奇奥妙！有人说世界四大文明只有中华文明得以传承，文字功不可没，我举双手赞成！

一个"服"字到底该有几种解？被整倒了，趴下了，问"你服不服？""服、服、服"，是真服，还是心服口不服或口服心不服？俗谚：说你行你就行不行也行！说你不行你就不行行也不行！横批是不服不行！据说，任何国家语言都翻译不成。

书归正传。古今中外，有几个君王的所作所为能让百姓心服口服？又有几人敢用直言犯谏者？即便是有，又有几个犯谏者得了好死？更何况直与不直的标准又由谁来判定？大多是，忠就是不忠，如岳飞。奸就是不奸，如秦桧。不然，为何秦桧死到临头还发出要跪也得和宋徽宗一起跪岳飞的哀号！更不用说"太上不知有之"。

谁说魏征直？看看他的谏书，那简直就是一篇美不胜收的诗词歌赋，他不仅是一个伟大的政治家，更是伟大的思想家、文学家！开篇就极尽阿谀之能事，赞美之词不绝于耳，中间还要转段、过渡，就是最后的建议也提得极其婉转，还经常用些典故、寓言之类。即便如此，还经常激怒李世民甚至引来杀身之祸。

孔子之所以在当时站不住脚,也是因为小人当道,小人太多!他的高徒冉有说,孔子执政最怕小人。

那是孔子68岁在外流亡14年还未能归鲁时,冉有带领鲁国大军与齐国作战,大胜。

季康子问:你这打仗的本事跟谁学的?

冉有:跟孔子学的。

季康子:孔子是一个怎样的人?

冉有:你如果重用他,他会让你名扬四海!恩德博济于百姓,即使质诸鬼神都不会遗憾。

季康子:我想把他请回来重用他,你看如何?

冉有:可以,但有一条,就是不能在他身边有小人!**老庄孙子**:谁是孔子的小人?晏子?阳虎?

孔子自己也说"唯女子与小人为难养也,近之则不逊,远之则怨",对小人无可奈何,就像对鬼一样,只能是"敬而远之"。对女人,如南子,他更是无可奈何。

杜甫直,好不容易当了一个从九品的芝麻小官,不到一年就被英明的唐明皇给开了,从此,穷困潦倒,落魄一生,"留滞才难尽,艰危气益生。艰难苦困繁霜鬓,潦倒新停浊酒杯",只能不停地吟唱《茅屋为秋风所破歌》!

李白不但直,还狂,且放荡不羁,怎么着?满腹的经纶,一身的才华,可惜李隆基与他彻夜长谈只谈神鬼不说人,他还得瑟,不停地给杨贵妃写艳辞、颂语,结果让皇上一脚踢出宫门,流浪一生,不知所归。还大言不惭"安能摧眉折腰事权贵,使我不得开心颜"!最后落得个一两酒钱都无,只能愤然"五花马,千金裘,呼儿欲出换美酒,与尔同销万古愁"!他还是有些犹豫,不然为何"欲去"?因为,他吃完了、喝完了这顿就没有下顿了,只能去喝西北风!**老庄孙子:其实李白只学了庄子的皮毛。**

孔子也说"以直报怨",你踢我一脚,我给你一拳。最后落得个像"拉兹"一样到处流浪,"累累如丧家之犬",也还唱着"无言的寻求(知我者谓我心忧,不知我者谓我何求)"。到处流浪。

说一千道一万,还是老子之"委曲求全(星球都是圆的)"来得好,"以曲为美,直则无姿""窈窕淑女,君子好逑"啊!"辗转反侧,寤寐求之"也是在想办法呀!什么办法呢?"琴瑟友之、钟鼓乐之",绝不是动硬、动粗甚或直白"我爱你"什么的。这是爱与美。至于为政,唐朝郭子仪堪称典范,三起三落,不入于怀。孔子的老祖宗正考父也是典范。

《庄子·列御寇》篇记载:正考父(孔子七世祖,宋国三朝元老,任太宰,作《诗经·商颂》12篇)第一次被任命为"士"时,谦虚地弓着背;第二次被任命为"大夫"时,谦虚地弯下了腰;第三次被任命为"世卿"时,谦虚地快五体投地了!走路要循着墙根走,这样,谁还敢还能还想欺侮他!而一般的凡夫俗子则不然,一命就趾高气扬,二命则手舞足蹈,三命则老子天下第一了!最后,呜呼哀哉了。

当然,君上、领导者们能做到孔子所说"举直错诸枉"

那也是相当了不起了！如果能做到老子的"曲"那是好上加好！

《老子》第22章"益谦"：曲则全，枉则直；洼则盈，蔽则新；少则得，多则惑。是以圣人抱一为天下式。不自见，故明；不自是，故彰；不自伐，故有功；不自矜，故能长。夫唯不争，故天下莫能与之争。古之所谓"曲则全"者，岂虚言哉？诚全而归之。

原来，这也不是老子说的，是比老子更古之至圣先师们说的！

谁还不服？那就"镇之以无名之朴"。

3.32 樊迟问智。

孔子：知人。

樊迟没明白。

孔子解释：举直错诸枉，能使枉者直。

樊迟茫然退下。见到子夏，重复上述。

子夏惊呼：老师说得太有深意了！舜有天下，选于众，举皋陶，则不仁者远矣。汤有天下，选于众，举伊尹，不仁者远矣！

樊迟问的应是为政的智慧。孔子首先回答要先知人，知人才能善任，唯大智慧者能为。

《老子》第33章"辨德"：知人者智也，自知者明也。

能看清别人是一件艰难的事，但能看清自己是一件更艰难的事！人贵有自知之明就是此意，是最难能可贵的！

关于知人，《庄子·列御寇》篇借孔子之口论人心之

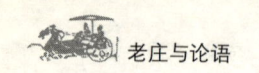

险恶：子曰，人心险于山川，难知如天！天还有春夏秋冬旦暮之分，人往往是面相厚道却心机深藏。

所以，人有貌似厚道而内心骄狂放肆者；有貌似长者而满腹男盗女娼者；有表面看似圆滑而内心耿直淳厚者；有看似坚强而内心怯懦者；有外表看似柔顺而内心强悍坚定者；有看似奔赴"义"如饥似渴其实是抛弃"义"急如避火！

因此，考察一个人：

一是外放以观察其是否忠贞；二是留他在身边使用以观察其是否恭敬；三是让他处理复杂烦乱的事情以观察其是否有能力；四是向他突然提出难题以观察其是否有智慧；五是给他期限紧迫的任务以观察其是否守信；六是将钱财委托给他管理以观察其是否清廉；七是把危难之事告诉他以观察其是否守节操；八是让他醉酒以观察其行为仪态；九是让他杂于美女之中以观察其是否好色。

以上九项一一验证，优劣之人立判！老庄孙子：这些在《四书五经》里是见不到的。

"渔父"篇：渔父教育孔子"人有八种毛病，四种祸患，不可不察"。

所谓八种毛病：不是自己分内的事硬要去做，这叫"总"。

没人理会还在那喋喋不休，花言巧语，这叫"佞"。

刻意迎合他人，顺情说好话，这叫"谄"。

不管是非一味巴结奉承，这叫"谀"。

喜欢背后议论他人的缺点，说人坏话，这叫"谗"。

离间朋友，挑拨亲人关系，这叫"贼"。

虚伪狡诈假装称誉或败坏他人名声，这叫"慝"。

不论善恶，好坏不分，嬗变嘴脸以此来达到个人目的，这叫"险"。

四种祸患：喜欢办理大事，托大，为成功不惜改变伦常，以此邀功图名，这叫"叨"。

自持聪明，擅自行事，侵害他人，刚愎自用，这叫"贪"。

知错不改，变本加厉，这叫"狠"。

他人的意见于己相符就认同，不符则坚决不行，这叫"衿"。

能去掉这八种毛病、不为四患之人方可教化、委以重任。你孔丘到底是什么人，请好好掂量掂量！

舜帝禅位给大禹时的教诲：人心惟危啊！知人之难难于上青天。

3.33 仲弓为季氏宰，问政。

孔子：先有司，赦小过，举贤才。

仲弓：焉知贤才而举之？

孔子：举尔所知，尔所不知，人其舍诸？

仲弓即冉雍，孔子赞扬他有帝王之相，"可以使南面"，可以当帝王的人。仲弓的问题前面宰我已问过孔子。孔子在此答曰：任用你所熟知的人。那时还没有科举制度，所谓的选贤任能，也只能是这样。至于"你所不知之人，自然有人知道"，这让我想起了一位朋友说过的话"如果你有5个好朋友，你就可能见到奥巴马"。此道同，此理同。孔子此言不虚。关于"有司"，意思是要有人来管事。

《老子》第62章"为道"：故立天子，置三公。选百官。

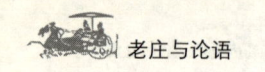

即是广义上的"有司"。

第74章"制惑"：若民恒且不畏死，奈何以杀惧之也？若民恒且畏死，而为奇者吾将得而杀之，夫孰敢矣？若民恒且不畏死，则恒有司杀者。夫代司杀者杀，是代大匠斲者。夫代大匠斲者，则希不伤其手矣。"司杀者"就是具体掌管生杀的官员。

第79章"任契"：有德司契，无德司彻。

司，也是主管、掌握之意。有德之人掌握契约而不急于讨债，无德之人掌管税收拼命要钱。

"赦小过"很难，有些领导就爱抓小辫子，吹毛求疵，鸡蛋里挑骨头。诸葛一生唯谨慎，所以鞠躬尽瘁，死于五丈原；吕端大事不糊涂，所以居功甚伟，终其无年。

"察见渊鱼者不详""人至察则无朋，水至清则无鱼"，列子也说"智料隐匿者有殃"，都是古训！凡事不要太精明，聪明反被聪明误，到头来丧掉了卿卿性命。

老子说"廉而不刿，大制不割"，清廉到害人的程度那就不好了。大事明白，小事糊涂，学学郑板桥，那才是做人做事的一剂妙招。聪明难，糊涂难，由聪明到糊涂，更难，所以说"难得糊涂"。

正因为仲弓有南面之德，所以孔子才教他有德之君南面之策。

欲速不达

3.34 子夏为莒父（地名）宰，问政于孔子。

孔子：无欲速，无见小利，欲速，则不达。见小利，则大事不成。老庄孙子：这几乎就是老子说的！

第60章"居位"（河上公名字起得也好）：治大国若烹小鲜。以道莅天下，其鬼不神。非其鬼不神也，其神不伤人也。非其神不伤人也，圣人亦不伤人。夫两不相伤，故德交归焉！

多么美妙富有诗意的治国良策！治国特别是治大国，政策一定要稳，要有可持续性。美国之所以这么发达，一个重要原因就是政策稳定，没有战乱，一部《宪法》三百年基本没变且很简约。

可不能一朝天子一朝臣，朝令夕改，急功近利，面子工程，形象工程，不然，那民众可就真的无所措手足了！改革、发展、稳定其实应该反过来说，稳定、发展、改革。没有七成的利益和把握，不要轻易搞改革。

3.35 孔子对颜回说：用之则行，舍之则藏，唯我与你能够做到吧！老庄孙子：达则兼济天下，穷则独善其身。

子路没有眼力见儿，强问：如果是统领三军，您跟谁？

孔子：像你这样，暴虎冯河，死而无悔者，我是不跟你玩的！我愿意与之共事的是那些临事而惧，好谋而成者。

孔子与颜回的论述总是那么高尚、高雅、高明。一轮到子路就飞流直下，不是死就是杀，孔子还骂子路是有勇无谋。

在《中庸》书中孔子还说"放之则弥四海，退之则藏于密""达则兼济天下，穷则独善其身"。说大了是"内圣外王"

之道,说小了是"明哲保身"之法。

也如庄子说道"大则充斥宇宙而不为大,小则在瓦砾在屎溺而不为贱""大而无外,小而无内",亦如释迦所谓"须弥藏介子,介子纳须弥",俗语"用我就好好干,不用我就老实待着"。而老子,用与不用我都骑青牛西域流沙,神乎其神,连传经布道都是不得已而为之。真善之善者也!

孔子答子路也是入老庄一脉,老子说"勇于敢者死,勇于不敢者活",怎么才能"勇于不敢"?孔子说了要"临事而惧,好谋而成""凡事预则立,不预则废",也如老子之"犹豫":犹兮若畏四邻,豫兮若冬涉川,战战兢兢、如临深渊、如履薄冰。老庄孙子:《诗经》也有。

其他(我不明白钱先生为何把下述均归于其他?)

3.36 子曰:不在其位,不谋其政。老庄孙子:见"正名"和唐尧见许由之越俎代庖。

3.37 有人问孔子:你为何不从政?老庄孙子:有讽刺之意。

孔子回答得也有些牵强。

孔子:《尚书》说,孝啊!孝敬父母,友爱兄弟。如果将其推而广之到政治生活中,这也是为政。还要怎么样才是为政呢?老庄孙子:修、齐、治、平。

孔子一生既没有孝敬父母,也没有友爱兄弟,更不用说他的九个姐姐,也谈不上慈爱子女!这一点他自己是承认的,因此他说自己够不上君子,理由即在此,绝不是后人所说的谦虚。当然，从普遍意义上讲，把孝悌推广到社会用以修齐治平那是绝对有意义的！**老庄孙子**：隔代亲，传于子思。孔子说了一句"中庸，其至矣哉"！子思就著了一部书《中庸》。南师说"谁要把《庄子》里面的孔子弄明白了那也是一篇大文章"，我就搞了一部《庄子里面的孔子》。一笑。

3.38　子张问政。

孔子：居之无倦，行之以忠。

答子路也如此。不但要忠于职守，还不要懈怠。

3.39　子曰：**射箭比赛，比的是准头，而非力量。中而已矣。老庄孙子：中的。**

3.40　子曰：**听讼，我和别人没什么差别。关键是让民众没有诉讼。**

说起来简单，做起来可是太难了。我们的理想社会"共产主义"或可相仿。帝尧之"不慢无告"只是帝王的一个方法。诉讼、上访是一个社会、体制问题，仅仅发展经济是远远不够的！不要公正、公平，长期的教化、熏陶，尤其是领导、执政者的带头作用更重要！法令只是也只能是底线。

《老子》第3章"安民"：不尚贤，使民不争。不贵难得之货，使民不为盗；不见可欲，使民心不乱。是以圣人之治也虚其心，实其腹，弱其志，强其骨。恒使民无知无欲也，使夫智者不敢为而已。则无不治矣。**老庄孙子**：智者，小聪明也。

第12章"检欲"：五色令人目盲，五音令人耳聋，五味令人口爽，驰骋田猎令人心发狂，难得之货令人行妨。

是以，圣人之治也，为腹不为目。故去彼取此。**老庄孙子：虚其心，实其腹；弱其志，强其骨。**

第75章"贪损"：人之饥也，以其取食税之多也，是以饥。百姓之不治也，以其上之有以为也，是以不治。民之轻死也，以其求生之厚也，是以轻死，夫唯无以生为者，是贤于贵生。

首先统治者要做到，其次要有好的制度、政策，再次要有好的执行者，还要有好的道德教化，"君子之德风，小人之德草"，让人民"甘其食，美其服，安其居，乐其俗"，先小康，后大同。议礼，制度，考文。

处世为人（人间世）

3.41、3.42、3.43　子曰：富与贵是人之所欲也，不以其道得之，不处也；贫与贱是人之所恶也，不以其道得之，不去也。君子去仁，恶乎成名？君子无终食之间违仁，造次必于是，颠沛必于是。老庄孙子：孟子之鱼与熊掌、义与利之辨源于此。

我书房里挂一副陈钟先生的书法"好学近乎知，力行近乎仁，知耻近乎勇。富贵不能淫，贫贱不能移，威武不能屈"。众所周知，前面是孔子说的，后面是孟子说的。智仁勇是孔子、儒家三达德。我经常给孩子们讲解。但我总觉得这话没说完，总在想，有智慧怎么样？近仁又怎么样？勇于敢什么？特别是孟子说的，不能淫于、移于、屈于何？

人应该有那么一个东西，是浩然正气？三军可夺帅，匹夫不可夺其志也。

前几天又看了《中庸》，现在看孔子说，豁然开朗，却原来是"道"！就是老子之道，庄子之道，也是孔子之"形而上者之谓道，形而下者之谓器。一阴一阳之谓道，阴阳不测之谓神""朝闻道，夕死可也""吾道一以贯之"之道！这才是人生的究竟。

智慧用来干什么？到彼岸，志于道。仁慈、智慧、勇敢，以此来达道，来普度众生，来全心全意为人民服务！有点说远了。

富贵、贫贱，人人都会遇到，怎么处理？孟子是不屈、不淫、不移。鱼和熊掌，生和义，皆我所欲！二者不可兼得，舍生而取义！真爷们儿，够浩然正气的！孔子是杀身成仁，也够气派！老子肯定是勇于不敢了。庄子呢？

《庄子·天地》篇记载了一段唐尧的故事：有一天，帝尧到华山游览，当地主官华地封人向他祝贺：你好，圣人！请接受我的祝福，祝您万寿无疆！

尧：嗨！免了吧，哪里会。

主官：那就祝您富贵。

尧婉拒。

主官：那就祝您多子多孙！

尧再次婉拒。

主官：奇怪了！长寿、富贵、多子多孙，都是人所共愿的，您为何不想？

尧：多子多孙则多惧（俗语，多儿多女多冤家），富贵则多事（多藏必厚亡），寿则多辱。这三者，不是养德的好方法，所以我不取。

主官：原来，我是以你为圣人的，现在看来，你顶多是个君子。天生万民，必授其职。多子多孙好啊！你授予他们每人应有之职责，何惧之有？富有天下，好啊！您把它博施济众（孔子教育子贡"博施而济众，尧舜犹病诸！"）于天下之人，何事之有？所谓圣人，就像鸟一样，自由飞翔，居无定所，优哉游哉。天下有道，则与万物一起繁荣昌盛；天下无道，则修德隐居。活上一千年觉得人间没什么意思了就羽化登仙，乘云驾雾遨游于无何有之乡。三患莫至，身无常殃，何辱之有？说完，华封人转身离去。

尧紧追不舍，想继续请教。

华封人怒斥：离我远点！

孔子接着说：富而可求，虽执鞭之士，当亦为之。如不可求，从吾所好。孔子好什么？安贫乐道！

孔子还说过"我执射乎？执御乎？执御也"。御，御天下也。

紧接着孔子又说：饭疏食饮水，曲肱而枕之，乐亦在其中矣！不义而富且贵，于我如浮云。

切记，孔子视富贵如浮云是有条件的！那就是"不义"！他还说：君子爱财，取之有道，见利思义。

如何看待名利与富贵？

《老子》第44章"立戒"：名与身，孰亲？身与货，孰贵？得与亡，孰病？甚爱必大费，多藏必厚亡！故知足不辱，知止不殆，可以长久。

第26章"重德"：虽有荣观，燕处超然。

第9章"运夷"：持而盈之，不如其已。揣而梲之，不可长保。金玉盈室，莫知能守。富贵而骄，自遗其咎。功（成、名）遂、身退，天之道也！

第81章"显质"：圣人不积，既以为人己愈有，既以与人己愈多。

接着是，3.44 子贡问：贫而无谄，富而不骄，何如？

孔子：可也。未若贫而乐，富而好礼者也。

子贡：《诗经》说"如切如磋，如琢如磨"，说的就是这意思吧？

孔子非常高兴：子贡啊！可以与你谈诗了。告诸往而能知未来。

与老子前面之说比较一下，堪可玩味。孔子很少表扬子贡，这是极为难得的一次。因为子贡难以做到"中"，不是过就是不及。一会儿"博施济众"，一会儿"赐也知其二，回也知其十"、要不就是孔子如日月，难以企及。李泽厚先生对子贡则是偏爱有加！

"安贫乐道，衣食足而知礼节"，是孔子一贯的做法。可在当时却受到了隐士们的嘲讽、挖苦。

《庄子·人间世》篇记载：孔子流亡到楚国，遇到了楚国的狂士、隐士陆接舆，他为孔子吟唱一首著名的讽刺歌：凤凰啊，凤凰！你的德行怎么就衰微到了这种地步呢？你可知道，来世是无法期待的，往事是不可追回的！天下有道，圣人能够成就一番事业；天下无道，即使是圣人也只能保全性命。现如今这个时代，能免于刑戮就该烧高香了！幸福轻于鸿毛，不知用何去承载！祸患重于大地，不知如何去避免！你就算了吧，算了吧！用那些所谓仁德虚名来炫耀于世，危险啊，太危险了！天下太乱了，快找地儿逃命吧！

老庄孙子：过去、现在、未来心均不可待。

可见，在当时宣扬仁义都要冒生命危险，世态何其凉、何其乱也！

再看看前面《庄子·盗跖》篇满苟得与子张关于仁德、富、贵、名、利的终极对话，所感所悟会更多。

能做到"贫而无谄，富而不骄"已经是难能可贵了，孔子对子贡也是对世人尤其是领导者们提出了更高的要求"贫而乐，富而好礼"！孔子就是"贫而乐"的典范。颜回更是！

《庄子·让王》篇记载：孔子被困于陈国、蔡国边境，7天没能生火做饭，吃野菜，啃树皮，几近饿死、病死。这时，孔子已是66岁的老人！就是这样，孔子依然弦歌不断。颜回到外面采摘野菜。

子贡和子路在窃窃私语：先生两次被逐出鲁国，在卫国被铲削掉所有足迹禁止居留，在宋国遭受伐树之辱，在商周之地弄得走投无路，现如今，又被困在陈蔡。要杀先生的人无罪，凌辱先生的人受不到惩罚。危机四伏，生死未卜，先生竟然还有闲心弹琴吟唱，真是见过无耻的没见过这么无耻的！

颜回听到了，偷偷向孔子打了个小报告。这下麻烦来了，孔子推开琴，叹了一口气，愤然骂道：这俩小子，真是小人啊！去，把他俩给我叫来！

子贡、子路进屋，子路尤其不服气，胸脯一挺，耿耿道：我们现在难道不是走投无路了吗？

孔子：你这是什么话！君子通达于道叫作通，不能通达于道才叫作走投无路。如今我孔丘怀抱仁义之道而遭逢乱世之患，这怎么是走投无路？所以，反省内心而无愧于道，面临危难而不丧失于德。你们难道没有看见，岁寒然后知松柏之后凋也？陈蔡之困厄对于我来说，说不定还是幸事呢！

说完，孔子继续操琴弹奏吟唱，子路知错就改，执戈翩然起舞。子贡则悔愧不及凄然道：我真是不知天高地厚啊！

这样的故事在《庄子》里比比皆是。

再看一段"让王"篇中著名"屠羊说"的故事。清朝中兴名臣曾国藩对此有独到的见解，兄弟俩经过九年艰苦卓绝的战争，终于打垮了洪秀全的"太平天国"，功劳之大，是满清入关后绝无仅有的，半壁江山在手，到了功高震主的地步。慈禧太后如坐针毡。曾老九等也鼓动哥哥夺权。曾国藩审时度势，深得老庄之道并能灵活运用，于是他借"屠羊说"的故事给弟弟也给大清王朝以及后人们作了一首诗："左列钟铭右谤书，人间随处有乘除。低头一拜屠羊说，万事浮云过太虚。"

屠羊说本来是楚昭王时市井中一位以杀羊卖肉为生的屠夫。其实他是一位智慧的隐者（中隐隐于市）。当时，伍员（伍子胥之父）为了报杀父之仇，率领吴国军队攻打楚国，楚国败北，昭王出逃到隋国。屠羊说也跟着逃亡，路途中给楚昭王不少帮助，功劳不小。后来，昭王复国，大肆奖赏跟随他的人，派大臣去问屠羊说需要怎样的奖赏。

屠羊说：大王失去了他的国土，我也失去了屠羊卖肉的职业。现在大王收回了国土，重登王位，我也回来重操旧业，这就等于恢复了我的爵禄，还要什么奖赏呢？

昭王不同意，再次下令，一定要他接受奖赏。

屠羊说再一次申辩：大王失去国土，并没有我的过错，所以伏法受诛不能有我；大王收回国土，也没有我的功劳，所以我也不应该受到奖赏。

昭王越发觉得屠羊说不简单，下令召见他。

哪知，屠羊说又将了昭王一军：众所周知，楚国的法律明确规定，必须建立大功之人方可重赏而后得到国君的接见。而我的智慧，上不能保国，下不能保家，武功气力又不足以杀敌。吴国军队入城，我害怕遇难而逃亡，并非有意追随大王。现在大王竟然不顾楚国法度和军律非要接见我，我不希望楚国和大王因此见笑于天下。

这一刺激，昭王更来情绪了！对他的国防部长司马子綦说：这个屠羊说看似地位卑贱，可说出来的道理却非常高明。去！把他给我请来，我要让他当国务院总理！**老庄孙子**：三公。这是多么大的诱惑？

可是，屠羊说还是不领情，他说：我知道，那三公的地位要比我这个羊肉摊子不知高多少，我也知道，那万钟俸禄要比我卖羊肉的微薄收入不知高多少。可是，我怎么会因为一己之私，贪图富贵荣华却让我的君王落得个滥行奖赏的恶名呢？我确实不能接受，还是情愿回到我那羊肉作坊。

最终，屠羊说也没有接受封赏。

这才是真正的高人！虽有功，名未遂，身全退，比老子"功成、名遂、身退，天之道也"还要高！这就是庄子的境界！

最后，以庄子的潇洒结束此章。《庄子·外物篇》记载：庄周家贫如洗，无奈，只好到魏文侯那里借粮。

魏文侯知道庄子一向洒脱、幽默、放荡不羁。于是调侃他：呵！庄大人，好久不见，怎么面带菜色呀？

庄子很认真地说明了来意。

魏文侯也装得煞有介事：可以！你等着，到了秋后，我收回税金，送给你三百金，咋样？

庄周愤然作色：我昨天来的途中，听见有声音在呼喊。我左顾右盼，看到车辙中有一条鲫鱼。我问它：嗨！你这是怎么了？

鲫鱼：我是东海龙王的一个小喽啰，现被困，您能否弄一升水来救救我？

我说：没问题！你等着。我将南到吴越，请求他们把西江之水引来救你，如何？

鲫鱼愤然作色：我远离大海被迫困于这车辙之中，一升水就能让我活命！你却说这些不着边际的废话。那你还不如早点去干鱼市上等着给我收尸！哼！

说到"造次必于是，颠沛必于是"，一般人是难以做到的，当然，孔子也确实不是对一般人提出的要求。其实，孔子说的是自己，看他一生汲汲于仁义，明知不可为而为之，四处流浪又四处碰壁，生死与共，"衣带渐宽终不悔，为伊消得人憔悴"，何止？还能乐此不疲，这得需要一个怎样的慈悲之心、普世情怀？王阳明也是，为了他的心学颠沛流离，生生死死，死死生生。墨子更是，为了兼爱、非攻，摩顶放踵，造次必于是，颠沛必于是。

3.45 **孔子接着说：贫而无怨，难。富而无骄，易。**

孟子也说"无恒产而有恒心者，惟君子之为能"。

贫是生存、生命问题，没有起码的生存条件，对于绝大多数人来说，安定、稳定都是不可能的。

富则没有生命之虞，难易立现，只要有点同情心、慈悲心，不骄也是可能的。**老庄孙子**：管仲之"衣食足然后使之知礼节，仓廪实然后使之知荣辱"，绝不是想当然尔！

3.46 **子曰：笃信好学，死守善道。危邦不入，乱邦不居。天下有道则现；天下无道则隐。邦有道，贫且贱焉，耻也；邦无道，富且贵焉，耻也。**

与老子口气相近。只不过老子强调的是"虚极静笃"，确实高孔子"笃信好学"一大截。

何谓"善道"？感觉孔子不太像是说老子的"上善若水"之道。如果是，那孔子就不愧为孔子了。其实孔子思想的核心是向善论，引导人们从地狱走向天堂。何谓善？大可讨论。如，《大学》之道，在明明德，在新民，在止于至善。

"吉祥止止"有点意思，但绝不仅仅是善良、良心、良知！

"天理"是朱熹的极致。

"良知"是王阳明的极致。一个理学,一个心学,各执一端。

"天下有道则现;天下无道则隐"绝对是老孔庄一脉,只是老庄隐得更深。但老道的是平定天下以后才隐。如范蠡、张良。

对于这句话,我有歧义。天下有道,天下太平,用你为何?天下无道,战乱频仍,正是需要人的时候,你倒跑得比谁都远!无怪乎,连南怀瑾都说:打天下靠道家,治天下靠儒家,道家是药店,治病救人;儒家是粮店,日用生活所必须。如陆贾之谏刘邦:"马上打天下,安可马上治天下?"

于是乎,董仲舒抓住了机会,力劝汉武帝"罢黜百家独尊儒术"。自此,后儒(以董仲舒、朱熹为代表)统治中国政坛、文化两千多年!

而郭子仪们则正相反,天下无道,天下大乱,挺身而出,平定叛乱。天下有道,天下太平,解甲归田,优哉游哉。

真正"以道莅天下者是,陆行不遇犀虎,入军不被甲兵,虎无所用其爪,兵无所容其刃。神、鬼、人皆不伤人,德交归焉"!是"不战而屈人之兵","无为而无所不为",这才应该是孔子所追求的"善之善者也"!

闻道

3.47　子张:何谓达?

孔子:你以为呢?

子张：在邦必闻，在家必闻。

孔子：你说的是闻，不是达。所谓达，质直而好义，察言而观色，虑以下人。在邦必达，在家必达。**老庄孙子**：注意！孔子在此说的是"虚"而非"虑"！

孔子前面说"和也者，天下之达道"，庄子也说"和之以天钧"，老子"终日号而不嗄，和之至也"，可见，和是达的根本！内在质朴、真诚、淳厚、洁净、恬适，表现出来的是适宜、不偏不倚、恰到好处，说白了就是"中庸"！也即孔子说的"喜怒哀乐之未发，发而皆中节"。**老庄孙子**：小乘与大乘。

"闻"则不然，是窗户外吹喇叭，名声在外。有其名而无其实。闻名遐迩、闻名中外都出于此。孔子关于"达人"的三个标准，一是，质中而义，义者宜也，是最重要的一个标准。二是，察言观色，后人多歧义。如果说是庄子的"为恶无近刑"，相信歧义更多！

孔子也因为过于注重一个人的言行而出丑，所以才不但察其言，还要观其行。观色，需要水平更高，观色等于观心，相由心生，学问更大。特别是手下对领导，那就更是了得，正面讲，要让一个好的建议得以实施，让领导接受而且要充分肯定，就必须学会察言观色。

至于反面，历史上那些大奸臣们，可是有过之而无不及。博得皇上的欢心那是他们的最大本事，尤其善于察言观色，皇上放一个屁他都脸红。其实，那些所谓的忠臣、耿介之士、自以为清廉得不得了的人，更应该学学察言观色。孔子就是一个非常善于察言观色的人，后面有很多关于他上朝、与大臣、与贫民、与弟子、与路人谈话的内容，各有面孔。**老庄孙子**：三十二相，八十种好。

孔子在 2.66 章中也说"未见脸色而言，谓之瞽"，俗语："你瞎了眼了，没看见我在忙！"见人说人话，见鬼说鬼话，看人下菜碟儿。虽然难听，但是中用。当然，不要脱离第一句，一定要"质直而义"的大原则。

老庄是最讲究珠落玉盘，圆融无碍，内方外圆，委曲求全，天下之至柔驰骋天下之至坚的。

三是虚以下人。诚于内而发于外，发自内心的谦虚最好。最符合老子之道"以濡弱谦下为表，以空虚不毁万物为实"，表里如一，返璞才能归真。

《老子》第 28 章 "反朴"：知其雄，守其雌；为天下溪。为天下溪，恒德不离，复归于婴儿。知其白，守其黑，为天下式。为天下式，恒德不忒，复归于无极。知其荣，守其辱，为天下谷。为天下谷，恒德乃足，复归于朴。朴散则为器。圣人用之，则为官长。夫大制无割。**老庄孙子**：忒者，二也。

第 61 章 "谦德"：大国者，下流也。天下之牝也。天下之交也，牝恒以静胜牡，为其静也，故宜天下。大国以下小国，则取小国。小国以下大国，则取于大国。故或下以取，或下而取。大国不过欲兼畜人，小国不过欲入事人。夫两者各得所欲，大者宜为下。

多么精辟！大国也好、领袖也好、领导也好，凡要想统领天下、治理万民、让属下尽力，都必须遵循此法则。

所以第78章"任信"老子还说：天下莫柔弱于水，而攻坚强者莫之能胜，以其无以易之也。柔之克刚，弱之胜强，天下莫不知，而莫之能行也！故圣人云："受国之垢，是谓社稷主；受国之不祥，是谓天下之王！"

3.48　子曰：不患人之不己知，患不知人也。还说过：患己无能也。

3.49　子曰：不患人之不己知，患其不能也。

3.50　子曰：不患无位，患所以立。不患莫己知，求为可知也。

"患不知人也"有丢字或没说完之嫌。孔子本意应是，不要担心别人不了解你，而要担心有没有为别人所了解你的本事。也即孔子所说要"患己无能也"。提高自己的本事和能力才是根本！

正如《大学》中所讲"自天子以至于庶人一是皆以修身为本"。当然，知人也是一件不容易的事，所以老子说"知人者智，自知者明"。事实上也是"人生难得一知己，千古知音最难觅"。人生有一知己太难！不然，怎么会有达摩之面壁十年？

有人为了追求真理、知音，"宁愿把牢底来坐穿"。还有，释迦讲经49年最后只能拈花，孔子乘桴浮于海，子期摔琴，庄周挂剑，老子之西出函谷，小凤仙之痴情等等。

3.51　子曰：贤者避世，其次避地，其次避言。

这与道家之"大隐隐于朝，中隐隐于世，小隐隐于野"有异曲同工之妙。只不过老道们略高一筹。像东方朔、雍正的高参邬思道等等均属大隐隐于朝者。像广成子、许由、善卷、子州之父、石户之农、伯昏无人、老子、庄子都是超级大隐,是不以天下为之的,秕糠犹能陶铸尧舜者。

　　孔子说的就是那些隐士们,他的一生受这些人的影响是怎么形容都不过分的!最重要的人就是老子!孔子也是给予了他最高的颂扬:"其犹龙乎!"尽管如此,孔子是既没避世,也没避地、避邑,更没避言,反倒为人类留下了最为宝贵的文化、精神"六经",还有他证悟后那份伟大的普世慈悲情怀。

　　也就是说,与老子、列子、庄子相比,孔子绝对有独到之处"明知不可为而为之"!入世唯恐不深。不然,列子、庄子怎么会那么褒扬孔子?

　　孔子虽未避这儿避那儿,但也没少发了牢骚,一会儿要"乘桴浮于海",一会儿要去"夷狄",一会儿给颜回"执鞭驾驭""当会计", "累累若丧家犬"。

　　3.52　子曰:见善如不及,见不善如探汤。这样的人我是见过的,这样的话我也是听过的。隐居以求其志,行义以达其道。这样的话我听人说过,这样的人我从未见过!

　　前一句孔子说的是以颜回为代表的人,蘧伯玉也算一个。见贤思齐,善者从之,不善者改之,有过必改,不迁怒,不贰过。

　　老子则是"善者我善之,不善者,我亦善之。善者,不善者之师;不善者,善者之资",境界更高一筹。

　　后一句,说的是那些隐士、大德、内圣外王者,既能独善其身,又能兼济天下。在孔子时代确实见不到既能穷则独善其

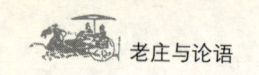

身,又能达则兼济天下者。老子、孔子、墨子都没做到。如,姜太公、伊尹、百里奚等,这些达人,孔子听说过,但没有亲眼见过,直到晚年"不复梦见周公"。这是孔子真实的感慨!

为士

3.53　子贡问曰:"何如斯可谓之士矣?"

孔子:行己有耻,使于四方,不辱君命,可谓士矣。老庄孙子:孟子就是从孔子之人人有羞耻、恻隐之心而升发开去的,直至"人之初,性本善"。

子贡:敢问其次?

孔子:宗族称孝焉,乡党称弟焉。

子贡:敢问其次?

孔子:言必信,行必果。硁硁然小人哉!抑亦可为次矣。

子贡追问:今之从政者何如?

孔子:噫!斗筲之人,何足算也?

硁硁是坚而硬的意思。斗筲是盛米的斗和盛水用的木桶。

这一段是子贡受命于危难,准备出使齐国、吴国、越国、晋国之前请教孔子的一段对话。

事情的经过是这样的,公元前484年,孔子68岁,流亡14年之久刚刚回到鲁国。就在这年,齐国讨伐鲁国,鲁国危在旦夕。朝堂上下,一片混乱,无计可施。孔子弟子们都争相请愿出战。最后,孔子建议鲁哀公和季氏让子贡出使各有关诸侯国。

出发前,二人进行了这次著名的谈话。子贡按照老师的教导出使四国，不辱使命，凭借三寸不烂之舌，纵横捭阖，谈笑间，改变了五国命运。

司马迁在《史记·仲尼弟子列传》中盛赞：子贡一出，存鲁、乱齐、破吴、强晋而霸越。详情如下：

故事起因在齐国，其始作俑者是田氏一族。田氏一族自齐桓公时就苦心经营，笼络人心，到田成子常当了宰相弑杀齐简公而窃取齐国时，已是三年以后的事，即庄子所谓"窃钩者诛，窃国者为诸侯，诸侯之门仁义存焉"者。

当是时，《庄子》中是这样记载的：齐国以圣人之法治理国家，人民众多，方圆两千余里，立宗庙，强社稷，划地而治。邻里相望，鸡犬相闻，张网捕鱼，精耕细作，人民安其居、甘其食、美其服、乐其俗，天下太平。

就在这时，田成子动了心思，怎样才能夺取政权？他灵光一闪，战争！对，就是战争！战争是攫取利益和权力的最佳途径！先打谁？

田成子想起了孔子一句名言"齐一变而为鲁（齐国富有，如果以礼约束那就是礼仪之邦）"。对，打鲁国！齐国一变乱，就收拾鲁国，让其变为附属国。让人们看看是"礼乐"厉害还是拳头厉害！于是乎，田成子极力教唆齐简公，齐简公哪是田成子的对手，一忽悠就懵，脑袋一热，大笔一挥，同意！由田爱卿亲率大军向鲁国开战！

听闻齐国大军压境，鲁国上下乱成一团，孔子也坐不住了，赶紧召集弟子们大厅议事，商量对策。子路第一个跳出来，说"打！"孔子斜眼看了看子路：你？不行！子张、子夏要求跟他们讲道理，劝其退兵，纵横捭阖。孔子摇了摇头。

大家一时沉默，过了许久，孔子一声长叹：曹刿啊！你死得太早了！**老庄孙子**：那是公元前 684 年的事了，200 年过去了，当时也是齐师伐鲁，曹刿论战，击败了齐军。孔子说鲁国无人、弟子无能，用以激发弟子们的斗志。

就在这时，子贡挺身而出：先生，杀鸡焉用宰牛刀！弟子愿一试手脚。

孔子当然知道子贡的能力，莞尔一笑：好！就是你了。随后，子贡又单独向孔子请教，于是有了上述对话，孔子不但给子贡支了招，还给他鼓了气，对于你子贡来讲，那些当权者、执政者都不过是"斗筲之人（包括晏子），何足挂齿？"子贡有了老师的锦囊妙计（应不止这些，孔子是非常了解齐国的），踏上了征程。

第一站，齐军大营。详见《史记·仲尼弟子列传》和《史记·货殖列传》。凯旋。

就是这么大的功劳，孔子还是不太满意！表扬了一番之后继之以训教：我的初衷是不辱君命，保存鲁国，这一目的虽然达到了，但你也因此改变了五个国家的命运。有些结果并不是我愿意看到的！不但过分而且非常危险，下不为例！

在出使五国的过程中子贡有不耻、不孝、不悌的行为，没有始终坚持老师的教诲，没能做到"言必信，行必果"。还赚了很多很多钱！

究其根本原因，国家利益固然重要，但远高于国家利益的是"道"。可见孔子对弟子要求之高,求道之切!以至于司马迁为子贡打抱不平,写孟子仅235字,而写子贡却多达5000字!**老庄孙子**:老子也很喜欢子贡。

这里也再次证明孔子所谓的小人没有贬义,小人物也硁硁然,说话算数,掷地有声,也是"士"的一种,符合孔子"三军可夺帅,匹夫不可夺志也"的一贯思想。那些说了不算、算了不说,心胸狭隘,小肚鸡肠,满脸的正人君子、一肚子男盗女娼,如老子所说"轻诺必寡信",当官不为民做主,苛政猛于虎者才是小人即斗筲之人。

关于"士",庄子在"刻意"篇中也有描述:天下有多士,刻意尚行、离世异俗、高谈阔论、怨天诽人,只为标新立异,这是山谷之士。

到处宣扬仁义忠信,温良恭谨让,美其名曰修身,这是儒士。

好大喜功,立功、立德、立言,讲究君臣礼教、尊卑贵贱、理顺上下关系为统治者服务,这是朝廷之士。

隐于高山大川、湖泊江河,闲情逸致,无钩而钓,无所事事,这是江湖之士。

吹气呼吸、吐故纳新,像熊鸟一样练习,只为长寿而已,这是导引之士。

如果不刻意而为,无仁义可修,没功名可立,无江湖之闲,不导引而寿,无为而无所不为。淡泊宁静,无执无待无极,而众美从之,这才是天地之正道,圣贤大德之士!

可见,孔子说的是"儒士"。

3.54 子路问曰:"何如斯可谓之士矣?"子曰:"切切、偲偲、怡怡如也,可谓士矣。朋友切切、偲偲,兄弟怡怡。"

这正是对子路说的,子路正直,敢说敢干,容易伤人。当然也有普世价值。偲偲,相互切磋、督促。

朋友间的关系就如《诗经·卫风·淇奥》篇:如切如磋、如琢如磨,相得益彰。

孔子还说"友直、友谅、友多闻",朋友间相互勉励、批评、谅解。

怡怡如也,说的是亲情,兄友弟恭、和乐、亲切、其乐融融,娶媳妇要"宜而家室,宜而宾朋",孝敬公婆、相夫教子,这才像过日子的。如,庄子与惠施之交堪称楷模,符合孔子的标准。

《庄子·秋水》篇中"鱼之乐":庄子与惠施相约在濠水岸边游玩。突然,庄子用手一指:你看那白鲦鱼优哉游哉,多么快乐!

惠施机敏:你又不是那鱼,怎么会知道鱼的快乐?

庄子机锋:你又不是我,怎么会知道我不知鱼的快乐?

惠施犀利:是啊!我不是你,当然不知你;同样,你也本不是鱼,当然不知道鱼之乐。这是铁定的!

庄子依然不服,开始像赵本山一样耍赖、狡辩,不!是赵本山学庄子:等一等,咱们捋一捋!你是这么说的,"你安知鱼之乐?"对吧!那也就是说你已经知道我知道鱼之乐而问我的,那我告诉你,我是在桥上知道鱼之乐的!

哈哈——两人相视各自会心地、坏坏地一笑。**老庄孙子:**

惠施的逻辑，庄子的偷换概念。

3.55 子曰：士而怀居，不足以为士矣！

这句话可是影响了中国知识分子几千年！入仕就意味着把自己彻底交给了国家、皇上。今天去这儿，明天去那儿，还必须唯命是从。最典型莫过于苏东坡、王阳明，一辈子颠沛流离，生死未卜。他们之所以伟大，是因为在艰难困苦中都悟了道，王阳明龙场悟道，开创了"心学""致良知"。苏东坡不仅是诗词歌赋、文章千古事，还是禅学大师"八风吹不动，一屁过江来"。原诗："稽首天中天，豪光照大千。八风吹不动，端坐紫金莲。"多气派多有悟性的诗！可以被佛印禅诗一句"放屁"二字刺激苏东坡愤之极而"一屁过江来"。

现如今，交流干部是党的组织路线的重要组成部分，当然，现在条件强于过去百倍，既无车马劳顿之苦，亦无生活之忧，老婆不在身边更自由，绝大多数人乐此不疲，趋之若鹜。今天一换，明天一变，各吹各的号，各唱各的调，至于能否确保政策的稳定和连续，连鬼都不知道！道家的高士、隐士们则不愿受此颠簸之苦，也无那份名利之心。

黄石公只把一本1300多字的《素书》传给张良就消失得无影无踪，名字都无从知晓。范蠡更浪漫！帮助勾践灭吴称霸后携西施一叶扁舟逍遥乎天地之间。还有庄子的潇洒。

《庄子·秋水》篇记载：有一天，庄子在濮水边，头戴蓑笠，独钓寒江。

楚威王得知，派两位大臣前去盛邀：大王想请您出山劳心治理楚国。

庄子继续垂钓，头也没回，漫不经心：我听说楚国有神龟，已三千多年，楚王得之，视为至宝，盛以竹筐，盖以锦绣，供在庙堂之上，时不时三叩九拜。你说，这只神龟是宁愿一死留骨而图高贵呢？还是宁愿一生曳尾于泥途水沟之中呢？

对曰：宁愿生而曳尾于泥途。

庄子：你们走吧！我将曳尾于泥途。

有点像满苟得，宁可苟活也不壮烈！当然，一名优秀的知识分子，确实不能只为"一亩地，两头牛，老婆孩子热炕头"而奋斗，总该有些担当。只不过，老婆也得想，孩子也得生，地还得种，青牛也要骑，"耕读"之家嘛！太清高了也不是什么好事。松之高洁，荷之高雅则另当别论。

还是《秋水》篇，庄子与惠施的故事：惠施在魏国做宰相，庄子高兴，想去看看老朋友。

却有那心术不正好事者去挑拨惠施：宰相啊！可了不得了。庄子是来夺你相位的，不可不防。

惠施恐惧，下令全国搜捕庄子，三天三夜，未果。

有一天，庄子突然出现在惠施面前，惠施一惊：你从哪里冒出来的？我找你找得好苦！

庄子微微一笑：别紧张，坐！我给你讲一个故事，很久很久以前，在遥远的南方有一只鸟，名叫鹓鶵（凤凰），你知道吗？这只鸟，怒而飞，从南海到北海（鲲鹏是从北海到南海），路途间，非梧桐不栖，非松子不食，非甘泉不饮。

悠然飞行间,俯瞰一猫头鹰正在吞噬一腐鼠,抬头看见鹓鶵从头顶飞过,以为要掠夺他的腐鼠,惊恐、慌乱,又假装镇静,紧紧摁住腐鼠,大声威胁到:你要抢夺我的魏国相位吗?

哥俩相视一笑,莫逆于心,惠施释然,两人和好如初。

3.56　子曰:士志于道,而耻恶衣恶食者,未足与议也。

原宪的故事,《庄子·让王》篇记载。

原宪居住在鲁国一偏僻小村,住的是方丈(一丈见方不是佛家专利,当然维摩诘也是住的方丈小屋)小屋,新割的茅草苫顶,蓬草编的门尚待完成,以桑树枝做门轴,破瓮做窗户,烂布做窗帘,屋里是上面漏,下面湿,原宪却还在那端坐弦歌。**老庄孙子**:这是孔子退位流亡,原宪彻底隐居以后的事。

子贡知道了,打算去慰问探望他,于是骑上高头大马,内穿暗红色衬衣,外罩真丝素白大褂,车拉人扛,来到原宪村头。

巷子太窄容不下车马,子贡只得下马前行,走到木栅栏门前,大声喊:老同学!我来看你了。

原宪听闻,戴上破旧开花的帽子,穿着露脚跟的草鞋,拄着树枝出来应门。

子贡一见:哎呀,老同学!你怎么穷困落魄成这样,是不是得了重病了?

原宪看了子贡一眼,挺了挺胸,清了清嗓子:我听说,无财叫贫,有学问而得不到施行,那才叫病!请你看好,我是贫,不是病!**老庄孙子**:孔子陈蔡绝粮。

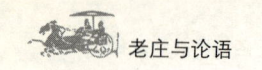

子贡尴尬,进退不是,面有愧色。

原宪却笑着说:迎合世俗行事,结党为友,以所学炫耀于人,逞一时口舌之快,汲汲于富贵,自以为是,打着仁义的幌子,追求车马衣着的奢华,趾高气扬,这些,都不是我所追求的!

子贡马上拱手作揖:老同学,你就别批评我了,我这不是给你送吃喝来了吗。**老庄孙子:**原宪曾任孔子任鲁国大司寇兼摄相当时的大内总管。

颜回、子路、曾子做得都很好,特别是颜回"一箪食,一瓢饮,在陋巷,人不堪其忧,回也不改其乐"。说实在的,一个人要想成就点事业,做一点学问,是一定要耐得住寂寞和诱惑的。十年寒窗不会有人问的,达摩老祖为了衣钵的传承还要面壁十年!我等凡夫俗子又何足道哉?

话又说回来,"安贫乐道,废寝忘食,乐以忘忧,不知老之将至",也只有那些有志之人,志于道者如孔子、颜回能做到。只可惜,他们过于心高志远,以至于艰难困苦、贫病交加,甚至英年早逝如颜回!孔子最痛苦、恸哭、悲哀之事,是失去了千古知音,断送了香火,失去最应为孔子送葬、守坟的人!皮之不存,毛将焉附?借一段《列子》的故事。

有一天,孔子带颜回等弟子到鲁国东门去看泰山。孔子看了一眼东门,问:东门有一条白练在动,不知是何?大家都说没看见。唯独颜回说:老师啊!那不是白练,是一个骑白马、穿白衣的人飞驰而过。孔子惊讶,看着颜回半天没说话,最后无奈摇了摇头。

颜回读书用心太过，精神过于外露，精气神耗散，41岁就死了。

所以，《老子》第13章"爱身"：贵以身为天下者，若可寄天下；爱以身为天下，若可托天下。老庄孙子：若者，仿佛、勉强、可以。

儒学尤其是墨学之不能爱身、贵身。命都没有了，何以天下为？诸葛亮也是既不能贵身，也不能爱身，只是鞠躬尽瘁，死而后已，有负刘皇叔重托，真是死了死了，死了一切都完了。

不注重养生，儒学的一大缺憾，墨学之所以失传处！养生、贵生、爱身，还是道家来得好，不但能治人病，还能治己病，更能治未病。

《老子》第71章"知病"："知不知，上矣；不知知，病矣；夫唯病病，是以不病。圣人之不病也，以其病病，是以不病。"

庄子"能尊生者，虽富贵不以养伤身，虽贫贱不以利累行"。

今世之人，居高官尊爵者流，皆怕失之，宠亦惊，辱亦惊，见利忘义，轻亡其身，岂不惑哉！

诸如此类，老庄书中比比皆是！

入仕

3.57 子贡以玩玉盛名，也善以玉喻。

有一天，子贡委婉问孔子：先生，我这里有一块上好的美玉，您说我是把他好好珍藏呢？还是把它卖一个好价钱？

孔子忙说：卖卖卖！赶紧卖。我也正在寻找好的买主，待价而沽。老庄孙子：说的是玉，其实说的都是自己尤其是孔子。

"学而优则仕"是孔子一贯主张，"仕而优则学"也更重要，仕不优更需学！不论是学还是教都是为了"修齐治平"。老庄也是"以道莅天下"。

以孔子为代表的儒家是积极入世的，这一思想一直鼓舞着士、知识分子们奋斗、拼搏，以至于"当仁不让"，甚至"舍生取义，杀身成仁"，确是中华民族的脊梁！

老庄也主张入世，但与孔子本质不同之处是，人家是以出世之心做入世事，那他们的出世心到底有多大呢？庄子说"尘垢秕糠犹能陶铸尧舜"，就是这等的气派！当然，人家还不一定想为。

都讲究修身。

孔子是"格物、知至、诚意、正心、修身"，还说"自天子以至于庶民一是皆以修身为本"。老庄孙子：朱熹一个"格字"就已把《大学》误了，更遑论"虑"字！

老子是"虚极静笃，抟气致柔，载营魄抱一，负阴抱阳"。

庄子最彻底，开门就是"逍遥游"！讲究"在宥，无待"，精神的绝对自由、究竟。紧接着是"齐物"，天地一马，万物一指，等是非、齐万物。注重"养生主"，缘督以为经，藐姑射之山，有神人居焉，肌肤若冰雪，绰约如处子，不食五谷，吸风饮露，乘云气，御飞龙，而游乎四海之外。其神凝，使物不疵疠而年谷熟。之人也，之德也，将磅礴万物以为一，世蕲乎乱，孰弊弊焉以天下为事！之人也，物莫之伤，大浸稽天而不溺，大旱金石流、土山焦而不热。是其尘垢秕糠，将犹陶铸尧舜者也！

随之而来是看破大千万象"人间世"。

修炼大德"德充符"，道德充满天地间，顶天立地，唯我独尊！用以契合大道。

只有这样，才有可能为"大宗师"，宗法大道而为万物之导师。

最后是应为"帝王"！治国平天下且优哉游哉！美轮美奂，尽善尽美，燕处超然、逍遥、恬适、自在，心意自得，宇宙在乎手、万化生乎心，无为而无所不为，天下与我何有哉！老庄孙子：百姓皆谓我自然。

哪儿像儒墨，艰难万苦、穷困潦倒、累累若丧家之犬、摩顶放踵、明知不可为而为之！

孔学也讲"止、定、静、安、虑、得"，一是解得极其糟糕，"虑"字本是"虚"字，一字之差，谬以万里，误国害民2000多年！害莫大焉！罪莫大焉！曾子与朱熹！二是传承的不好；三是和老庄、列子比较还不够究竟。

3.58　樊迟请学稼。子曰："吾不如老农。"请学为圃。曰："吾不如老圃。"

孔子：我不如老农。

又问种菜。

孔子：我不如老圃。

樊迟出,子曰:小人哉!樊须也。上好礼,则民莫敢不敬;上好义,则民莫敢不服;上好信,则民莫敢不用情。夫如是,则四方之民襁负其子而至矣!焉用稼?更不须稼!

此章是历来诋毁孔子瞧不起农民、百姓的罪证!前面已有详述。其实,颜回就是稼穑、"耕读"的典范!

《庄子·让王》篇有记载:有一天,孔子无事,与颜回闲聊:颜回啊,过来!你家那么贫穷、地位又那么低,你为何不去求取一官半职呢?

颜回:我不愿意。我家在城外有地 50 亩,耕之,足以糊口;房后有田 10 亩,种麻织布,不愁衣穿;弹琴吟唱,足以自娱;学夫子之道,足以自乐。所以,我不愿入仕。

孔子高兴得不得了。

此章的真意是要求在上者、统治阶层的,极具真理性!也很实在,老庄一脉。上级、领导、统治者如果都能做到"好礼、好义、好信",那百姓们会怎么样呢?一定是"敬佩、服气、尽心尽力",就会"携妻背子蜂拥而至"!

另外,孔子是承认阶级和阶层的,所谓"正名"就是各阶级做各阶级的事,各阶层干各阶层的活。关键是,在上位者怎么样,下面就会风行怎么样!再好的制度都是人制定的、执行的,人不行,一切免谈!

3.59 子张请教为官之道。子张学干禄。

子曰:多闻阙疑,慎言其余,则寡尤;多见阙殆,慎行其余,则寡悔。言寡尤,行寡悔,禄在其中矣!

将"阙"当存疑解,已成定论,甚至是用于治国平天下。

以至于字典也做如是解。

我则不然，阙者，缺也。傻子都知道，见识越多，肯定疑问越少！

孔子说了半天，其实就一句话，要想当官就必须谨言慎行！

老子也说"战战兢兢、如临深渊、如履薄冰""犹兮其贵言""多言数穷，不如守中""大言希声，大象无形"。

庄子也说"至人无己，神人无功，圣人无名"。

说话要得体，做事要妥当，这是为人处世之道。是不是像孔子说的"禄在其中"，则不敢恭维，充其量是必要条件而非充分条件。

送上一段《列子》最后一章"说符"（类似韩非子《说难》）：关令尹喜（老子最重要弟子）教化列子"言美则响美，言恶则响恶；身长则影长，身短则影短；名也者，响也；身也者，影也。故曰：慎尔言，将有和之；慎尔行，将有随之"。是故圣人见出以知入，观往以知来。此其所以先知之理也。

3.60　子曰：事君，敬其事而后其食。

孔子仁道思想的一个核心部分是忠。曾子评价孔子之仁是"忠恕"而已矣！何谓"忠"，朱熹解"尽己之谓忠"。

竭尽全力，忠心耿耿，无论对人对己对事，内无愧于己，外无愧于人、事，尤其是对待父母、领导、君王更应该且首当其冲的是先踏踏实实、兢兢业业、认认真真把工作做好，不要一上来就提条件、讲代价，要敬业既先"敬其事"然后再"谋其食"，也如前面孔子所说"言寡尤，行寡悔，禄在其中"。当然最高的境界如我爹说"但行好事，莫问前程。"

"忠敬"本没什么不好，只是被后儒们特别是董仲舒推向了极端"愚忠"，君让臣死臣不敢不死，死到临头还要谢主隆恩！

老庄也是站在这个角度批评忠信的，凡事过犹不及。世风日下，"礼也者，忠信之薄而乱之首"，这年月能做到"敬其事而后其食"者，鲜矣哉！鲜矣哉！越来越少了！

3.61　子曰：大学三年，找不到工作，挣不上工资，还想走仕途，难！

这是对"学而优则仕"的进一步解释。也是对当今大学生的生动写照！官二代、富二代、啃老族，二十三四岁了，一切都要仰仗父母还不以为耻。我看也是没什么指望了！

此大学不是现今大学是古之太学经世济用之学，大学之道在明明德在新民在止于至善。那是现代大学所无法企及的！

是老子"为学日益，为道日损"、庄子之"为善无尽名，为恶无近刑，缘督以为经""逍遥、齐物、养生、人间世、德充符、大宗师、应帝王"的人生大道。

岂是现在大学所能为，就是博士后、EMBA也才开始要求学经书《四书五经》《道德经》《南华经》《冲虚经》等等。可见国学的正传是一件多么艰难的事啊！南师怀瑾先生讲解《中庸》也有诸多硬伤。

3.62　子曰：邦有道，不废；邦无道，免于刑戮。

危者，直也。这话在理，比"邦有道则现，邦无道则隐"

以及"危邦不入,乱邦不居"来得好。

天下有道,领导像个领导、领袖像个领袖,你则可以直言不讳甚至直言犯谏硬碰硬(还是讲究点方法好),为了一个理。**老庄孙子**:道理、真理。

天下无道,领导没个领导样,君上昏聩、刚愎自用、视生命如草芥,那你最好是内方外圆,察言观色,不要为了自己一点点尊严、面子、虚荣乃至所谓的"仁义"去"拔虎须,撩虎尾",最后丢掉了卿卿性命!还自以为"杀身成仁,舍生取义"。

老庄也是站在这个角度批评"仁义"的。历朝历代,天下无道、乱象丛生、生灵涂炭的时候,都是道家人物出山平定混乱,安定天下的。天下太平、天下有道了,他们又视天下如粪土,"功成、名遂、身退"逍遥于天地之间,悠游千载,厌弃人间就羽化登仙还不能连累鸡犬!这才是真正有道者。**老庄孙子**:以道莅天下,尘垢秕糠犹能陶铸尧舜者也。

3.63 原宪问耻。孔子:邦有道,谷。邦无道,谷,耻也。

关于耻,孟子发挥到了极致。人人都有羞耻之心,推而广之,发而极之那就是仁义。见义勇为,孔子也说"知耻近乎勇"。人而无耻如当今社会,为富不仁、为虎作伥、助纣为虐,不以为耻反以为荣,我是真的不知该怎么办了!孔子不耻,老庄就更不耻了。

《老子》第53章"益证":使我介然有知,行于大道,惟施(迤)是畏。大道甚夷,而民好径。朝甚除,田甚芜,仓甚虚,(还)服文采,带利剑,厌(饕餮)饮食,财货有余,是谓盗夸！非道也哉！老庄孙子：盗跖。

已不只是耻，简直就是无耻之极！庄子是不论天下有道、无道都不耻于为政，真正视富贵、名利如浮云者。

《庄子·逍遥游》开篇，庄子调侃惠施。

惠施说：我有一棵大树，名叫樗（臭椿），树干高大臃肿而不中绳墨，树枝弯曲而不合规矩，生长在大路旁，那些大木匠路过看都不看一眼。就像你的言说，大而无用，虚无缥缈，没人相信。

庄子笑了笑：你难道没见过狐狸、野猫、黄鼠狼之类吗？或卑身而伏，等待猎物。或东西跳梁，不避高下，自以为机巧、聪明，最后也没逃得过人类的机关、网罟。老庄孙子：人又何尝不是如此。

你要闹清楚牦牛再大，就是大如垂天之云，他也不能捕捉老鼠。鲲鹏再厉害也必须依赖"抟扶摇羊角"。老庄孙子：所以，庄子绝不是刻意赞誉鲲鹏！

现在，你有这么一棵大树，患其无用，何不树之于无何有之乡、广漠之野，彷徨乎无为其侧，逍遥乎寝卧之下。不因斧锯的砍伐而夭折，万物不能伤害它，无用之用，又有什么可困惑的呢？老庄孙子：人到无求品自高，无所求、无所待，当然就无所害。

尊师

3.64 子曰：当仁，不让于师。

当仁不让其实还算好的，杀身成仁，那才是了得。这是知识分子的优点，同时也是知识分子的毛病。认死理，死扛，不会变通，宋、明知识分子最甚，动不动就致仕、辞职、耍大牌，如王安石、苏东坡、张居正、王阳明等等举不胜举。

其实，孔子很多时候是矛盾纠结的，比如，伯夷、叔齐是孔子最为赞赏的古圣先贤之一，但也有揶揄。为了表白自己的清高，认为周武王无道，不食周粟，活活饿死在首阳山上！还是看看原文吧！

《庄子·让王》篇：昔周之兴，有士二人处于孤竹，曰伯夷、叔齐（孤竹国君王的两位王子），一是为了躲避王位的继承，二是听说"西方有人，似有道者，试往观焉"。于是乎，两人来到了岐山之阳。**老庄孙子**：周文王家族起家之地。

周武王听说后，赶紧派周公前往探望，并与之盟誓"武王说，给您二位每人在原有待遇基础上再增加俸禄两级，官加公爵，歃血为盟"。**老庄孙子**：高官厚禄，名利！

二人相视而笑曰：嗨！奇怪。这不是我们俩所追求的道啊。远古，神农一统天下时，按时诚敬祭祀而不祈求什么福报。**老庄孙子**：真礼佛也！

对于人民忠诚、竭尽全力，取信于民而无他求；愿意从政的就让他从政，愿意参与治理的就让他参与治理。

不以他人的失败、缺点、错误来显示自己的成功、自是、自满。

也不以他人的卑贱来衬托自己的高大、尊贵；也从不趁火打劫、自私自利、落井下石。

现如今，周人（姬氏）见殷商祸乱，急急忙忙靠武力夺取了人家的政权。上层崇尚谋略（如姜太公之流），下面货赂公行，以武力立威，杀牲盟誓以立信，宣扬自己的德行用以取悦天下之人，以杀伐征战谋取一己之利，这纯粹是以暴易暴、以杀代杀，与殷商的残虐暴政没什么区别！**老庄孙子**：宪章文武，那可是孔子最崇尚的！

我们还听说，古之先贤，时逢治世而不回避自己的责任，遭遇乱世而不苟存。现如今，天下乌鸦一般黑，周朝之德衰微，难道我们会与你们同流合污而自取侮辱吗？还是赶快逃离这是非之地，洁身自好，确保一己之高尚情操。**老庄孙子**：与其对话者可是周公啊！

说完，二人匆匆离开周地，北到首阳山，双双饿死在那里。

庄子评价："像伯夷、叔齐这样的人，对于富贵，即使是唾手可得，他们也不苟取。高尚的节操、特立独行的德行，独乐己志，不趋炎附势、随波逐流，这便是两位隐士的操守。"**老庄孙子**：是褒是贬？

子贡问孔子："这样死去，他们会有怨言吗？"孔子说他们是"求仁而得仁"，即杀身以成仁，何怨之有！

庄子说他们是隐者，孔子说他们是仁人，真是"仁者见仁，智者见智"。

3.65 师冕见，及阶，子曰："阶也。"及席，子曰："席也。"皆坐，子告之曰："某在斯，某在斯。"

庄子说"以鸟养养鸟"，盲人就应按盲人的所需去关照。人人都能站在对方的角度考虑这个世界就会和谐很多！

3.66　子曰：自行束修以上，吾未尝无诲焉。

千古谬解！束修者，一捆牛肉干也！错！束者，捆也。修者，长发也。古人15岁要行束发之礼。用扳指之类的东西把头发套住竖起以示成人，可以接受大学之教。竖子即此意，"竖子不足与谋"即骂人，还没有成人，不足道也，不可教也。也是发髻的来源，后来演绎为礼。大臣上朝都要把头发捆成发髻，戴上高帽，即所谓冠冕堂皇。

孔子还说"吾十有五而至于学"很合此意。再者，孔子是民办教育的始作俑者，那时的（现在亦一样）贫民有几人能送得起10条牛肉干？你可知？孔子强国富民的目标是70岁以上的老人都能吃上肉就是小康生活了！他有3000弟子，那么多牛肉干他得吃到猴年马月？孔子一生有子贡一人足矣！更何况还有那么多的赞助人。有记录记载，孔子20岁左右在季氏的俸禄高达6万升米；卫灵公给他的俸禄不低于在鲁国当大司寇时的俸禄；楚国还要给他700里封地；齐景公答应给他待遇介于季氏、孟氏之间等等。

3.67　孔子还说"有教无类"。就更不能以能否上交牛肉干为标准！

交友

3.68　子曰：道不同，不相为谋。物以类聚，人以群分。

长沮、桀溺与子路对话后，孔子感叹"鸟兽不可与同群，吾非斯人之徒与而谁与？"

他无非要表达的是他们不是一路人，仅此而已！鸟能飞，兽善跑,当然不能同群!任继愈先生也拿"吾非斯人之徒与而谁与"这句话一遍又一遍、反反复复大做文章,到最后也没闹明白他想说什么?

孔子无非用了一个反问句表达一下自己的愿望,如果天下有道、天下太平,哪里用得着我东跑西颠、累累若丧家犬、明知不可而为之?我也会和那些隐士一样优哉游哉、逍遥在宥、恬适自娱。

只可惜,这世界太乱了!礼崩乐坏、世风日下、道德沦丧,我也是不得已而为之啊!"天下有道,丘不与易也",不会自寻烦恼去汲汲于世。省的你们老拿我寻开心!何苦来哉?

《老子》第23章"虚无":故从事而道者同于道,德者同于德,失者同于失。同于德者,道亦德之;同于失者,道亦失之。**老庄孙子**:近朱者赤,近墨者黑。

《庄子·天道》篇:天道运而无所积,故万物成;地(帝)道运而无所积,故天下归;圣道运而无所积,故海内服。有为而累者,人道。

人道分而为百家,儒墨道名法方术等等各为其道,你是我非,我非你是,纷争不断,都是因为"道不同,不相为谋"。

3.69　子曰:里仁为美。择不处仁,焉得智?

人而不仁,越聪明祸患越大。孟母三迁就是为孟子选择一个好的后天环境。近朱者赤,近墨者黑,符合孔子"性相近,习相远"之人性论。德者本也,才者末也,也是此意。

但,后天的改造很难!科学证明,人的智商40%来源于遗传,而情伤几乎是全部。俗谚"三岁看小,七岁看老""江山好改，禀性难移"，此之谓也。尧舜禹老庄都主张"隐恶扬善""顺其自然"，特别是大禹治水，顺势而为，仅用9年就治理好地球上的最大水患！于此，可做细细品味。自然不是放纵也不是看破红尘，是规律，本该如此。**老庄孙子：自然而然，按其天赋来。**

3.70　子曰：**益者三友，损者三友。友直、友谅、友多闻，益；友便辟、友善柔、友便佞，损矣。**

谅，后人多解为诚信，我不从。谅者，原谅也。直，诚在其中。率性、直爽、真诚、不欺，均有直意，即孔子所谓"质直而义"是也。只有朋友、亲情才会有谅解；敌人、小人不会有谅解。他们盼着你倒霉比自己升官发财娶老婆还高兴！

谄媚、耍阴谋、巧言令色是损友的三种表现。

老子讲究"为学日益，为道日损"。

《黄帝内经》讲究养生"七损八益"。

孔子几乎没谈过性爱更谈不上阴阳双修。就一个南子还整的他栖栖惶惶，不知所以。

3.71　子曰：**不得中行而与之，必也狂狷乎？狂者进取，狷者有所不为也。**

孔子说，实在做不到"中庸"的话，不得已、没办法，狂狷也是可以的！

何谓"狂狷"呢？狂，是有一股进取的精神，可取；狷，有清廉的色彩，不会见利忘义，为所欲为，也可取。

有点老子之"独顽且鄙，珞珞如石"的意思。

也是孔子"言必信，行必果，硁硁然"的意思。

老庄孙子：中行即佛学中道、中论。是中庸。

3.72 子曰：主忠信。无友不如己者，过则勿惮改。

前面已述。发自内心的忠诚、信用谁都喜欢，老庄也喜欢。"无友不如己者"也是后人讥讽孔子的地方，说孔子是势利小人，专门和那些比他优秀的人来往。冤死人也！说白了，孔子之意是，每一个人都有比自己强的地方，即"三人行必有我师焉"，要"择其善者而从之，其不善者而改之"。此章不是也说，有了过错不要怕改正吗！"吾日三省吾身"，其实自己也是自己的老师，关键是能否认真反省、改正。

3.73 子曰：有些人是可以同窗，但不一定都能得道；有些人可以同道，但不一定能共事；有些人可以共事，但不一定懂权变。

历史的经验值得注意，勾践与文种、范蠡，庞涓与孙膑，刘邦与韩信等等不可胜数。所以才有千古一叹："人生难得一知己，千古知音最难觅。"扪心自问，我们有知心朋友吗？夫妻本是同林鸟，大难来时各纷飞啊！

权变，很重要，如孔子51岁时说"假我以数年以学《易》，则可以无大过矣"。不易、变易、简易，南师怀瑾先生总弄颠倒甚至丢三落四。

3.74 子曰：中人以上可以语上也。中人以下不可以语上也。

人是分三六九等的，智商、情商是天生有差别的。对牛弹琴是不行的。

《老子》第17章"淳风"：太上，不知有之；其次，畏之；其下，侮之。信不足，焉有不信。

太上老君即源于此。道行太深，德行太厚，做好事人不知。孔子还说"唯上智与下愚为不可移也"。

《老子》第41章"同异"：上士闻道，勤而行之；中士闻道，若存若亡；下士闻道，大笑之，不笑，不足以为道。

凡事要因人而异。有一天，我和老婆、小姨子乘出租车，前挡风玻璃上有个小洞，我说那是补的，他俩笑得前仰后合。我老婆已有十年驾龄！还说我真有意思、那么弱智，明明是石子儿蹦的！我无语。过后不久，她们证实我对，我才告诉她们，打洞是为了消除玻璃内应力，防止裂度过大的一个小技术。小小技术况且如此，何况大道乎？真是不大笑不足以为道。

3.75 子曰：可与言而不与之言，失人；不可与言而与之言，失言。智者不失人，亦不失言。

中而已矣！凡事都有个度、分寸，能恰到好处，非大智慧者不能为。该说的说，不该说的不说。

所谓投其所好，察言观色，关键是你要知道人家好什么？何时何地好？每个人都需要关心，问题是需要哪方面的关心？你能恰如其分地把握住，那你的为人处世就差不多了。

所以，《矛盾论》要认真一读，抓住主要矛盾及矛盾的主要方面，所谓纲举目张！

老庄都认为，一切都是相对的，老子是"知其雄，守其雌；知其阳，守其阴；知其刚，守其柔；知其白，守其黑"。庄子则是"执其中枢，如珠落盘，圆融无碍"。虽相对但一定要有个把手，不然，眉毛胡子一把抓，也容易流于狡辩。还是《易经》来得好，"不易、变易、简易"。

3.76　子贡问怎样对待朋友。

孔子：忠告而善道之，不可则止，无自辱焉。

还是一个"中道"。朋友有错，一定要如实告知并加以劝导，但切记，凡事不能过头，无论是对亲人、领导、朋友、同事，过犹不及！还易自取侮辱。"忠言逆耳，良药苦口"，理儿都懂，有多少人能高兴地听得进、吃得下？从善（谏）如流？谁又愿意你像一只苍蝇一样嗡嗡嗡惹人烦，特别是做父母的，苦口婆心，叨叨叨，叨叨叨，不但无效还让孩子逆反。

俗谚"有再一再二，没有再三再四"。还是孔子说得好，"再，可也"。我与一位老领导就是恪守"再"之道。每次开会、汇报工作，他都激动不已，言语有失分寸。会后，当他心平气和时，我会单独说出我的观点，他会认真、理性思考，做出正确判断和决策。效果非常好！

老子说"和大怨，必有余怨"。还是不积怨的好，也不要自取侮辱，适可而已。

3.77　朋友死，没人管。孔子说：我来管吧。

生与死是人生两件大事。死无葬身之地那是非常悲惨的。孔子不忍，庄子也不忍。

《庄子·至乐》篇：庄子到楚国去，路上见一颗人头，虽然干枯但还有人头的模样。庄子用马鞭敲打骷髅问道，你是因为贪图享乐而丧失养生之道这样的呢？还是遭遇亡国之世被斧钺诛杀而至于此呢？抑或是你做了缺德之事怕给父母留下耻辱而自杀至此呢？或者是挨饿受冻至死的呢？

说完，拿过骷髅枕在头下安然睡去。半夜，骷髅给庄子托了个梦，他对庄子说，听你的言谈，你好像是一位非常善辩的人，你所说的都是活人的担忧，死人是不会有这些牵累的。你愿意听听我给你说说死人的快乐吗？

庄子：好的。

骷髅：死人，没有君在上，没有臣在下，也没有四时的操劳。悠然自如地与天地同在，即使有南面为帝王的快乐也是无法可比的。**老庄孙子**：视死如归。

庄子不信：我让主管生死之神将你复活，给你形体、肌肉、父母、妻子、邻里、朋友还有荣华富贵，你愿意吗？

骷髅皱起眉头，很是凄凉：我怎么会舍弃远胜过南面为王的快乐再次忍受人间的痛苦折磨呢？**老庄孙子**：这是庄子的生死观。

识人

3.78　子曰：**众恶之，必察焉；众好之，必察焉。**

真理往往掌握在少数人手里。没有英雄的历史，是暗淡无味缺乏波澜壮阔的历史。

目前，中国村委会的普选，乡愿者居多，恶势力掌控的也不少。要知道，普选、概率的前提是要有一定的规模，如一省、一国，少则如一村、一乡不符合概率论与数理统计的科学原理。

再者说，民主、自由那是奢侈品，是要有相当经济基础保障的，不是一般人所能享受得了的。所以孔子说，大家都讨厌他，要注意，不一定是好现象。人人都说他好，要注意，也不一定是好现象。

《老子》第2章"养身"：天下皆知美之为美，斯恶矣；皆知善之为善，斯不善已。故有无相生，难易相成，长短相较，高下相倾，音声相和，前后相随。是以圣人处无为之事，行不言之教。万物作焉而不辞，生而不有，为而不恃，功成而弗居。夫惟弗居，是以不去。

庄子说"举世皆誉之而不加劝，举世皆辱之而不加沮"，比较究竟！

紧接着，3.79、3.80 子贡问：乡人皆好之，怎么样？

孔子：不可。

又问：乡人皆恶之，怎么样？

孔子：也不行。不如善者好之，不善者恶之。

孔子是爱憎分明的。老子是"善者吾善之，不善者吾亦善之。善者，不善者之师，不善者，善人之资"。庄子则是"等是非，齐万物，天下一马，万物一指"。

孔子曰：视其所以，观其所由，察其所安。人焉廋哉？人焉廋哉？

廋，隐藏、藏匿也。这个字害得我好苦！二十岁，大学二年级第一次看《论语》就把它当成瘦解。当时，刚好大病初愈，人很瘦，加之头发多，前额窄，母亲说，这样的人心眼小。父亲说，天庭饱满，地阁方圆，这样的人能成大气候。孔子还说："德润身，富润屋，心宽体胖。"几相比较，我原来是一个心胸狭隘，没有德行且成不了大事之人！那个痛苦，无以言表。

痛定思痛，我发誓一定要好好学习，通过学习改变自己的命运。于是乎，我开始拼命学习，古今中外无所不览，经史子集无所不研，如饥似渴，废寝忘食，乐以忘忧，几十年如一日。果不其然，功夫不负有心人！现如今，头发少了，额头宽了，很多人说我乐观、潇洒、风流倜傥、才华横溢，敢和古圣先贤叫板，今朝所谓的风流人物根本不入法眼等等。

我自以为，知识确实多了，境界确实高了，心胸确实宽了，各种学问也确实有点融会贯通了，所以也敢斗胆写书了，什么《庄子里面的孔子》《老庄与论语》《道德经与金刚经》，还要大言不惭计划写巨著《溯源孔子》还孔子以本来面目，及《庄子与维摩诘》等！

一字之师成就了我的现在直到永远。自以为古人真瘦，比现代人少两点。其实，孔子说的胖也不是我以为的那个肉体胖，是心清气爽、浑身舒坦、泰然处之等意。所以无论何人、何事都应"视其所以，观其所由，察其所安"，想"以其昏昏，使人昭昭"那是不行的。

3.81、3.82 子曰：**苗而不秀者有，秀而不实者也有。**

"文革"期间批判孔子不认识麦子和韭菜。谁说孔子不懂稼穑？五谷不分？不但懂而且能升华到哲理。

有些庄稼光长苗不吐穗，也有些庄稼光吐穗不结实，那是莠子，孔子是能分得清良莠的。有人永远长不大，也有人永远不成熟。

庄子也说"吹万不同",把人分为小人、君子、大人、圣人、真人、至人、神人等等。所以孔子教学因材施教,因人而异。

3.83　子曰:有人虽然有周公之才华、之俊美,但却骄横、铿吝,那这个人就没有什么可取之处。

我老爹总说"德者本也,才者末也"。没有德行,才能越大,越容易骄奢淫逸,铿吝无比,金玉其外,败絮其中,这种人危害更大!确实不如"女子无才便是德"。注意,此之"吝"并不是老子要表达的"啬"意!吝啬不可同日而语。

《老子》第59章"守道":治人事天莫若啬。夫唯啬,是谓早服。早服谓之重积德。重积德则无不克。无不克则莫知其极。莫知其极则可以有国。有国之母,可以长久。是谓根深蒂固,长生久视之道。

是老子三宝"慈、俭、不敢为天下先"之俭意,是"为道日损,损之又损,以至于无为,无为而无不为"之意,是"少私寡欲,见素抱朴"之意,是"抟气致柔,精之至、和之至"之意,是养生、长寿所必须,也是"治大国如烹小鲜"之意。

孔子的吝是自私、铿吝、小气、抠门、贪得无厌、欲壑难填之意。

3.84　子曰:唯上智与下愚不移。

上智如老子、庄子、释迦、六祖等圣人,还有如尼采所说的超人,老子说的太上,庄子说的至人,以及释迦所谓智慧到彼岸者,下愚如愚公、尾生,一条道走到黑,死心眼,撞上南墙也不回头者。世上除这两类人外其他99%以上的都是半吊子、半桶水,在苦海中扑腾,进也不是、退也不是还自以为是、师心自用者。

3.85 子曰：后生可畏。焉知来者之不如今也？四十、五十还懵懵懂懂的，也就没什么可畏的了。

荀子的"青取之于蓝而胜于蓝，冰水为之而寒于水"即演绎于此。"青年人就像早晨八九点钟的太阳，世界是你们的，也是我们的，但归根结底是你们的"是最好诠释！

人到中年万事休，四十、五十，连工作都找不到，何谈闻道？不但不可畏，已属弱势群体，还需要国家照顾。孔子还说，人到了40岁还被人讨厌，那这人也就没戏了。

3.86 子曰：唯女子与小人为难养也！近之则不逊，远之则怨。

这是孔子最饱受后人诟病的话语之一。除去女人，世上又有几个男人不是小人？庄子也说"这世界，善人少，恶人多"，孔子一再慨叹"已矣夫！未见好德如好色者也！"他说他自己都够不上君子，在他有生之年也未见过仁者。一念之间，天堂、地狱、人间！

孔子一生饱受小人之苦，就心仪一个女人还是南子！俗谚"无毒不丈夫，狠毒莫过妇人心"。中国女人的悲哀，几千年来，一直靠男人生存。嫁汉嫁汉，穿衣吃饭，天经地义似的。

再看看，吕后、武则天、慈禧太后，凤毛麟角的几人，想爬到男人的肩上，是多么的艰难，代价多大！

其实我们每个人都拍拍胸脯认真想一想，我们和这两类人距离又有多远呢？谁没干过"近之则不逊，远之则怨"的

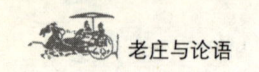

事呢？那这两种人该怎样对付呢？孔子用了一个不得已的办法——"敬而远之"。

即便如此，又有几人能做到？有几个男人（包括大男人、小男人）见到美女不垂涎欲滴？又有几个女子见到俊男不心里一动？孔子没见过，我也没见过。

所以，古往今来，那些圣人们都费尽心机寻找良方妙药：释迦说那是无常、虚幻，但密宗里也有男女双修；老道们说那是刮骨的钢刀，可黄帝御女三千，白日升天；老子说不见可欲使人心不乱，他倒好，骑青牛过函谷一走了之；庄子很少谈女人，但他老婆死的时候他确实是高兴得够呛！

《庄子·至乐》篇：庄子老婆死了，惠施前来吊唁，庄子正盘腿坐地敲着瓦盆在唱歌。

惠施愕然：你有病啊！再不济，她也是你结发妻子，几十年来，为你生儿育女，一把屎一把尿，没有功劳也有苦劳，没有苦劳还有疲劳呢！不哭也就罢了，还击缶唱歌？你心何其毒也！真是，是可忍孰不可忍！骂完，准备扭头离去。

庄子赶紧站起拉住了他的衣袖，解释道：不是这样的，兄弟！她刚死的时候，我也难过、痛苦，可痛定思痛，我仔细一想，人的生死到底是怎么回事呢？究其根本，哪里有生，又哪里有死呢？世上本来无所谓生亦无所谓死，万物之初本来就什么都没有，没有生命、没有形体，也没有生命的那个气。后来如老子所说"无中生有"（有无之间还有一个上帝粒子），一片混沌（请看老庄的混沌之死），盘古一气之下大手一挥划开了天地，万物生焉，四时行焉，有了人烟，便有了生死，死死生生，生生死死。生，寄也；死，归也。这就像自然界有春夏秋冬一样是再正常不过的事了！再者说，我老婆也确实累了，现正安稳踏实地睡在天地之间这所大房子里，而我还要在她旁边号哭不止，搅她不安，你以为这正常吗？所以，我要给她唱催眠曲，让她好好地永远地睡去，再无人间这些烦心琐事痛苦，这才是正理！

3.87 子曰：色厉内荏，就像小人，属于挖门盗洞竟干苟且见不得人事之类。

这样的人太多了！表里不一、蝇营狗苟、外强中干、鼠窃狗偷、刚愎自用、虚伪至极，满脸的正人君子，一肚子男盗女娼！可恶、可恨。这样的人老孔庄耻之，我亦耻之！

3.88 子曰：能与品德卑下者共同侍奉君王吗？患得患失，为一己私利，什么卑鄙缺德事都干得出来！

这种人历史上太多太多。申公豹、赵高、秦桧、魏忠贤、和珅等等。老子说得更深刻，连办法都告诉你了。

《老子》第13章"厌耻"：宠辱若惊，贵大患若身。何谓宠辱若惊？宠，为下得之若惊，失之若惊，是谓宠辱若惊。何谓贵大患若身？吾所以有大患者，为吾有身，及吾无身，吾有何患！故贵以身为天下，若可以寄天下；爱以身为天下，若可以托天下。

"寄托"的出处，在此，二者有本质的不同。寄，暂时存放，如火车站小件寄存处。托，托付，如刘备托子、托天下给诸葛亮，托孤之重。

贵和爱也不同！贵，以己为尊贵、高贵，有高高在上之意。

爱、自爱、自尊、自重、自省、自知者明，爱惜自己，注重养生，精神解脱，在宥，料理好自己以普度众生。

如范仲淹"宠辱皆忘，把酒临风，其喜洋洋者矣"，比较洒脱。大奸若愚，难辨真伪者也有，如《赵氏孤儿》中晋国宰相屠岸贾。

做人

3.89 子曰：性相近，习相远也。

这是孔子论述人性的一句极为重要的话！钱先生一个简单"做人"俩字就想概括，何其下也！人性到底是什么？是善？是恶？不善？不恶？这是哲学的究竟。

孟子说"人之初，性本善"。

荀子说"人之初，性本恶"。

告子还说"食色，性也"。

还有傅佩荣先生的人性向善等等都偏离了孔子本意！

基督主恶所以要忏悔。

释迦主慈悲，所以连地狱人都要度空到极乐世界。老庄孙子：释迦主空。

黑格尔、王阳明主唯心，熊十力主唯识，都是一孔之见、一面之词、一叶障目，皆认为自己有为（厉害）且不可附加矣！

孔子只说了个"性相近"，两可两不可，即善即恶，即不善也不恶，心物一元，同出而异名，一个问题的两个方面。一念之间，天上、人间、地狱。为了人类的和谐、幸福、大同，他力主"向善论"！绝不是人的本性是向善的。**老庄孙子：** 孔子也说：惟道集虚，空空如也。

庄子是形下"吹万不同"，形上是"等是非，齐万物""无何有"。

老子是"顺其自然，自然而然，以道莅天下，万物将自宾""抟气致柔能婴儿乎""虚极静笃""无以为用，有以为利"。**老庄孙子：** 虚无。

孔子认为除"上智与下愚"极少数人以外，那99%以上的人都需要后天的影响改造，即"习相远"，也即禅宗的"渐悟"，他的办法就是引导人们"向善"！所以，孔子还说"自天子以至于庶民一是以修身为本"，怎样修身，办法各异，因人不同。**老庄孙子：** 八万四千法门。

孔子是仁道，死守善道，是精进，天行健君子当自强不息，逝者如斯不舍昼夜，虽然明知不可而为之，但也不能过于违背自然规律，讲究顺者为孝，参赞天地之化育，而非人定胜天！

老子是顺势，庄子是因任，释迦则是回光返照。

老子除无为之外也讲"能为"（第10章）：载营魄抱一能无离乎？抟气致柔能婴儿乎？涤除玄鉴能无疵乎？爱民治国，能无知乎？天门开合，能无雌乎？明白四达能无智乎？生之、畜之，生而不有，为而不恃，长而不宰，是谓玄德。

如六祖大师兄神秀所偈"心若菩提树，身若明镜台。常常勤拂拭，不让惹尘埃"。

最究竟的还是慧能"菩提本无树，明镜亦非台，本来无一物，何处惹尘埃"。

3.90　子曰：人之生也直，罔之生也幸而免。

坦坦荡荡、清清白白、直面人生，活着也舒服。喊喊喳喳、蝇营狗苟，死了也得下地狱。

不得已，委曲求全，苟活于世。如老子之"人之生也柔弱，其死也刚强"，天下无道，只能委曲求全、内方外圆、明哲保身、韬光养晦，以利再战。

3.91　子路问完人。

孔子：有臧武仲那样的智慧、孟公绰之无欲、卞庄子之勇、冉求之艺，再加之以礼乐熏陶，这样大概就可称为完人了。

接着又说：现在（春秋末期）的所谓完人就不一定是这样了。能见利思义，临危受命，久处贫困之中而不忘平生所立之诺言，也可算比较完美之人了。老庄孙子：孟子继而广之。

时代不同，完人的标准也不一样，世风日下。乾隆给自己封了个"十全老人"，没说十美，还算客气。智慧、无欲（寡欲）、勇于不敢，是老庄所赞赏的，至于礼乐射御书数则属小道是老庄不齿于为的。智仁勇是孔子三达德。

3.92　子张问处世之道。

孔子：言忠信，行笃敬，虽蛮貊之邦，行矣。言不忠信，行不笃敬，虽州里，不行！无论何时何地都须臾不可离。

子张把这六字真言写在绅带上，随时警策。

这是针对子张说的。是"言必信，行必果"的引申。说话忠诚可靠,办事诚心诚意,一心一意,精诚所至,金石为开,诚能感物,走到哪儿都没问题。反之,不论在哪儿都寸步难行。

老庄孙子:除忠道外还有恕。孔子的仁道。

那"笃、诚"到什么程度呢?

《庄子·达生》篇记载:有一年,孔子到楚国游学,在一片丛林中,有一位老人在捕蝉,手到擒来就像随手捡蝉一样容易。

孔子很是惊异,上前问道:老人家!您真灵巧啊。捕蝉有什么奥妙吗?

老人:有啊!我是这么练的,先在杆头上放两个弹丸,练习半年,弹丸不掉,去捕蝉,逃掉的会很少。

杆头上放三个弹丸而不掉,则捕蝉率在90%以上。

五个弹丸不掉,捕蝉就像用手拿一样,一个也跑不掉。

至于我身体站在那儿就像木桩子一样一动不动,手臂高举木杆就像一棵枯树枝一样纹丝不动。虽然有天地之大,万物之多,我的心思全在捕蝉上,怎么会不唾手可得呢!

孔子告诫弟子们:用心专一,静气凝神而无所不得,说的就是这位老人啊!**老庄孙子**:先一后无。修炼的数息、念佛号入定都为此。

3.93 **子曰:人能弘道,非道弘人。**

释迦所说"施若恒沙不若传经布道"。

老子"立天子,置三公。虽有拱璧,以先驷马,不如坐以进道"。

求道、悟道、传道是目的,而不能假以道德仁义礼之名成就己私、己利、己功、己名。庄子"物物而不物于物"才是正理！

传经布道是为了普度众生，而非众生为己。所以，佛祖是不要求供奉的。那寺庙、道观为何香火那么盛呢？是芸芸众生为一己之利有求于佛祖、太上老君使然。

曹操所谓"宁我负天下人，不能天下人负我！"有人说若把"负"解为"背负"，此意大变！曹操就不是奸雄而成"以天下为己任"的圣人了！阿瞒是否也参透了《道德经》？亦未可知。

3.94　子曰：**躬自厚而薄责于人，则远怨矣。**

自己多干点，少说别人点，律己严一点，待人宽一点，好事归人点，坏事归己点，何怨之有！只可惜，有几人能为？

所以老子说"受国之垢，是谓社稷主；受国之不祥，是为天下王"啊！能为此者，岂止远怨？

3.95　子曰：**放于利而行，多怨。**

放者，依也，唯利是图也。这章孔子又反着说，与民争利，苛捐杂税，自私如慈禧者，岂是多怨，简直就是亡国！

《老子》第75章"制惑"：民之饥，是以上食税之多，是以饥。民之难治，以其上之有为，是以难治。民之轻死，以其求生之厚，是以轻死。夫唯无以生为者，是贤于贵生。

3.96　子曰：**不凭空疑人为诈，不臆测人之不诚。而确实能识别诈与不诚，是贤人也。**

怎样才能做到呢？孔子没说。老子告诉我们。

第16章"归根"：致虚极，守静笃。万物并作，吾以观复。

夫物芸芸，各复归其根。归根曰静是谓复命。复命曰常，知常曰明。不知常，妄作，凶。知常容，容乃公，公乃王，王乃天，天乃道，道乃久，没身不殆！

何其明了！何止识诈与不诚！空灵不寐，即观自在又观世音，万物之理尽明于心，天网恢恢，疏而不漏！孔子是真没办法，只能礼赞老子"其犹龙乎！"聚则成体，散则成章，青牛西域，无何有之乡。

3.97 子曰：人无远虑，必有近忧。

格局与气量是衡量一个人能否成大器的试金石！站得高才能看得远，会当凌绝顶，一览众山小。鲲鹏展翅九万里，才符合道之"大、远、逝、返"。

好德

3.98、3.99 孔子连续感叹：完了，完了，这世道真的完了！未见好德如好色者也！

孔子说的是好色！哪里说的是好德？加之小人与女子，孔子受其害太大、太深、太刻骨铭心！这话是直接说给卫灵公的。**老庄孙子**：钱穆先生不同。其实也是说孔子自己的。当然，也有众生。

起因是，孔子流亡到卫国，卫灵公对他很好，其妻南子对他更好。南子为了炫耀他们对孔子的好，树立自己的威信，逼（媚）卫灵公陪孔子在全城兜风。卫灵公和南子同乘一辆车在前面开道，孔子车紧随其后，第三辆是卫国太宰。多正规！多气派！

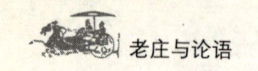

孔子却非常气愤，骂卫灵公和南子开篇的狠毒话。为什么呢？难道让南子和你同乘一辆车吗？难道让卫灵公和你同乘一辆车，让南子靠边站吗？难道让宰相在第二吗？总之，孔子是酸到了极点！愤恨到了极点。

再加上他不顾一切地去见南子，理由只有一个，那就是他和南子关系非同一般！最终落得个"无可奈何花落去，只有一叹历千秋"。

切记！"未见好德如好色者也"这句话绝不仅仅是说男人的，女人尤烈！特别是现在，阴盛阳衰。**老庄孙子**：武则天是其楷模。

国家治理、社会管理，怎么治？怎么管？借鉴"旧社会""西方"的做法？顺其人性，规范管理？还能再赌下去吗？市场都不姓资了，人性还分东西吗？

这也从反面说明"德"不是人的本有，而"色"确是人的本性之一！德是修来的，色是先天的。老子也无可奈何，只能"少私寡欲"。朱熹更彻底——"存天理，灭人欲！"惊天地，泣鬼神。佛祖则是"四大皆空"，虚空都需粉碎，何止色！其实德与色根本就不在一个层面！德是形而上的上层，色则是形而下的下层。**老庄孙子**：欲界，色界，无色界。形而下者谓之器，形而上者谓之道。

如果孔子活到现在听听马斯洛说人的需求的五个层面，或许能豁然开朗。马克思也说"物质基础决定上层建筑"。孟子说"无恒产而有恒心者，惟有道者能之"，更何况"食色"。不管怎样，食色都是必需的！**老庄孙子**：物质第一、金钱至上、一切向钱看，还有达尔文的牲口哲学、弗罗伊德的性心理学，是现今物欲横流、道德沦丧的始作俑者也是推波助澜者。

3.100　孔子：**子路啊！知德者鲜矣。**

是啊！知德者鲜矣，那有德者就更鲜矣！一群好色之徒，谁能把德写成《登徒子好色赋》那么漂亮，沁人心脾，淋漓尽致，诱人耳目？

3.101　子曰：**德不孤，必有邻。**

是感慨呢，还是牢骚？

老子也牢骚：我道甚易知，甚易行，天下莫能知，莫能行！又说"道之高，德之贵"，高不可攀，贵不可言。

真有大德之人，不愁有邻，趋之者若鹜。

《庄子·德充符》篇几乎全是写的大德之人，仅选一例。

有一天，鲁哀公问孔子，卫国有一位名叫哀骀它的人，长得奇丑无比。可奇怪的是，男人与他相处，只见一面就打死也不愿离去；女人与之相处，回去央求父母"宁愿当他的小妾，也不愿为人妻"，这样的女人多了去了！根本就没听说过他倡导什么、有什么思想，只是一味地符"和"别人而已。

他没有君王的生杀权威，也没有让人致富的能力，又丑得要命，和而不唱，智不出四域，天下人却趋之若鹜，我想，他必定有异乎寻常之处。

于是，我派人把他请来，果不其然，真是丑得惊世骇俗！我硬着头皮和他处了一段时间，不到一个月，就开始心怡于他。

处了不到一年，就很相信他了。当时鲁国没有宰相，我想让他摄政，他却漫不经心，过了半天才勉为其难答应了，仍有推辞之意。我愈发感到惭愧、内疚，便把整个国家送给了他。

可是，没几天，他竟然不辞而别。我那个伤心、郁闷啊！从此再也没有快乐起来。你说说，他到底是何许人也？

孔子：他一定是位才全、有大德而又不愿意外漏的人。

老庄孙子：形全、才全、德不形。

鲁哀公：何谓才全？

孔子：死生、存亡、穷达、贫富、贤与不肖、毁誉、饥渴、寒暑等等，世事变化无常，时也、运也、命也。

日夜交替，看似寻常，可再有智慧的人也不能窥见它的初始。

所以，不能让这些无常的东西搅扰我们内心的清净、平和、空灵。心灵要和顺、通达、愉悦，与万物为一，物来则照，物去不留，花开花落，云卷云舒，时刻保有春之盎然生机，这就是才全。

鲁哀公：何谓德不形？

孔子：水平，是大海静极之表现，是人们效法自然的法度、标准。像大海一样深湛沉静、胸怀宽广、容纳百川，又不为外物所左右，不自矜、不自是、不自夸，始终保持纯和质朴谦卑柔顺的状态，这就是德不形。有这种大德的人，万物都不会离他而去。**老庄孙子**：这不是老子吗？

3.102　子曰：骥，不称其力，称其德也。

骥者，好马也。不仅仅是单指千里马。一匹好马，不但有力气、跑得快，更重要的是有德行，关键时候能救主人命。老马识途，老骥伏枥、志在千里，塞翁失马、焉知非福等等，都有此意。以马喻人，德者本也，才者末也。只是强调，德与才相比较德更重要，当然是德才兼备最好。

老子最是崇尚道德，《道德经》通篇全是。庄子也说先"德充符"然后才是"大宗师，应帝王"。释迦也是先有大慈大悲的胸怀，才去千辛万苦修德智慧用大愿力去普度众生，智能只是度己度人的手段。像曹操，战乱年代，唯才是举，一是不得已，更重要的是这些人才他都能驾驭得了。仔细品品这首词："滚滚长江东逝水，浪花淘尽英雄。是非成败转头空，青山依旧在，几度夕阳红。白发渔樵江渚上，贯看秋月春风。一壶浊酒喜相逢，古今多少事，都付笑谈中。"再听一听、唱一唱那沧桑的韵味，或可另眼看待他。

3.103　子曰：乡愿，德之贼也！

乡愿者，老好人也。即孔子前面说的"众好之"，子贡"乡人皆好之"者。没有原则地一味讨好别人，看似有德，其实很贼。这是我认为不宜在村镇普选的依据之一。**老庄孙子**：易拉选票也容易被黑恶势力控制。

就像"名"家一样不分青红皂白一味地胡搅蛮缠，什么"白马非马；卵有毛；鸡三足；火不热；矩不方；规不圆；一尺之锤，日取其半，万世不竭"等等，饰人之心，易人之意，能胜人之口，不能服人心，辩者之囿也。至于后来的黑格尔"辩证法"之流，尽小巫也！穷响以声，形影竞走。

3.104 有人问孔子：以德报怨，怎么样？

孔子：何以报德？以直报怨，以德报德。

孔子直接跟老子叫了一次板！老庄孙子：以德报怨是老子说的。

第63章"恩始"：为无为，事无事，味无味。大小多少，报怨以德。图难于其易，为大于其细。天下难事必作于易，天下大事必作于细，是以圣人终不为大，故能成其大。夫轻诺必寡信，多易必多难，是以圣人犹难之，故终无难矣！

这才是真正的辩证法、相对论而且是广义的！虽然孔子说的也有道理，但比较老子显然是差了一大截！河上公名字起得也好"恩始"，大恩大德之初始、究竟。也是佛家的究竟！佛祖（地藏菩萨）为普度众生，先下地狱，发下宏誓，地狱不空誓不成佛！

老子还说："和大怨，必有余怨。何谓最善？天道无亲，常与善人（与人为善）。善者我善之，不善者我亦善之，那才是真正的大德大善！"老庄孙子：天道酬勤。

老子还说：天无不覆，地无不载，圣人善救人，故无弃人。善救物，故无弃物。

就是替天行道还有伤人的时候（代大匠斲，稀有不伤手矣）。以血还血，以牙还牙，冤冤相报何时了？得饶人处且饶人，退一步海阔天空，勇于敢者死！绝对的大慈大悲大智慧！

3.105 子曰：南方有谚语"不恒其德，不可做巫医"。

孔子还说："人而不仁如礼何？人而不仁如乐何？"就是巫医都需要以德来支撑，"悬壶济世，治病救人"，不可图财害命。**老庄孙子**：德艺双馨。绝大多数癌症患者都是被吓死的。

《易经》说"不恒其德，必有灾殃"。孔子说，这个道理不用占卜就能知道。**老庄孙子**：荀子说"善《易》者不卜"。

巫医，在古代是即会算卦又能看病，是很了不起的人。

在远古，大巫师，那是与天地诸神相沟通的人，神奇得很！

说起南方文化，想不起是哪位高人说的，南方文化是根干，北方是枝叶。南方文化以黄帝、老子、庄子、六祖为代表的；北方文化以尧舜禹、周文王、周公、孔子、孟子、神秀为代表，蛮有道理。**老庄孙子**：南道北儒，南顿北渐。

关于占卜，荀子有句名言"善《易》者不卜"，应是传承于孔子。老子也说"前识者，道之华而愚之始"。算卦对于《易经》来说只是雕虫小技，枝叶而已。后人用于占卜算卦的不是文王、孔子演绎的《周易》，而是神农、黄帝演绎下来的《归藏易》和《连山易》。

说一千道一万，我爹的话最关键："但行好事，莫问前程！"

慎言

3.106　子曰：古者言之不出，耻躬之不逮也。

不说，是怕做不到。先做后说，或光做不说，这都不是有德之人。

老庄都是推崇：桃李不言，自下成蹊，天何言哉？万物生焉，四时行焉。圣人法天、法地、法道，功成身退，百姓皆谓我自然。世上万物是难以说清楚的，有时是越描越黑，真不如闭嘴。

所以《老子》开篇中的"体道"：道可道，非常道；名可名，非常名。还说"犹兮其贵言。智者不言，言者不智"，就是这样也还让白居易给调侃了一把："智者不言言者默，此语吾闻于老君。若说老君是智者，为何自著五千文？"老子是无奈、不得已，想必白居易是清楚的。

大道确实是不可说不可言的，所以释迦也说"不可思议，不可言说"，传经布道49年一言未发，拈花微笑完成了衣钵的传承。

现代人是少做多说、说了不做，甚至胡说假说瞎说，以至于造谣恐怖如"大谣、大V"者；如美国之大选，蛊惑人心、巧言令色、极尽说客之能事。

3.107　子曰：**大言不惭，难有务实者。**

孔子还说"巧言令色，鲜矣仁"。

老子说："多诺必寡信，信言不美，美言不信，美言可以饰尊"。

夸夸其谈、牛皮哄哄、总拍胸脯者尤其是酒后放言，难有可信者！尤其是广告、卖假货、冒充领导、拉皮条、搔首弄姿唯恐嫖客不进鸡窝还美其名曰"笑贫不笑娼"之流，皆是大言不惭，不知羞耻者！

3.108 子曰：辞，达而已矣。

凡事说清楚就可以了，无须夸张，玩弄华丽的辞藻卖弄文章。

词不达意，不知所以更不行。

《庄子·人间世》篇记载：楚大夫叶成子高（孔子好友，叶公好龙者）要出使齐国，前往孔子处请教如何转达楚王意思。

孔子：在家孝敬父母，在外忠于君王。与邻国打交道要靠诚信，出使远方之国靠的是客观、准确的语言。

最难的是转达君王的喜怒哀乐。

转达喜事，必然会添枝加叶，使用更多溢美之词。

转达愤事，必然会愤怒愤青，使用更多贬毁之词。

溢美贬毁之词均有妄言之嫌。妄言，双方都不会太相信，就会大打折扣，如果双方国君都不相信了，那使者就会遭殃。

所以古人云"要实事求是、客观地转达，不要添枝加叶、妄加臆断，这样才会保全自己又不辱使命"。

你要明白，以智巧角逐者，开始是明争，后来就是暗斗，最后各种阴谋诡计无所不用其极！

以礼饮酒者，开始是礼貌相劝、甜言蜜语，几杯酒下肚，豪言壮语，顶天立地，老子天下第一！接下来就是壶（胡）喝，"豪华"一杯，开始胡言乱语，到最后淫乱、淫荡，丑态百出，兽性大发！礼，早到九霄云外去了。

凡事莫过于此，开始时彼此客气谅解，到后来相互鄙夷不屑一顾，"近之则不逊，远之则怨"。

做事也一样，开始容易，越来越难，鲜有善始善终者。

语言就像风波，行为是动必有咎。风波易兴风作浪，行为不当易生危机。

所以，愤怒的原因大都因为言语不当。困兽临死也会激怒以至于对人产生嗔恨怨怼之心（君子远离庖厨、佛家不杀生即有此意）；逼迫、苛责太过，人也会产生恶念从而做出不可理喻的事来。

所以，古人还说"不要朝令夕改，不要逼人太甚，过犹不及"。不然，会酿成大祸！

好事需要多磨，大器需要晚成，等到大祸降临，就什么也来不及了，你要慎之又慎啊！

参赞天地之化育，游心于万物之外（物物而不物于物），凡事不得已而为之，修身养性，允执厥中，这是人生的最高境界！不要图什么回报，如实转达君王的使命而已，这又有什么难为的呢？

3.109　子曰：巧言乱德，小不忍则乱大谋。

花言巧语，不仅令色还乱德！是佞人、小人所为，本就没有德行。用"美言"来装饰自己的尊严以示高贵其实是"驴粪蛋，表面光"，就像那些风骚的女人，化妆就像刮腻子，最后整得面目全非，人不人鬼不鬼，"令色"的典范。

很多人说"大丈夫不拘小节"，其实那是莽夫！细节决定胜败。一小故事：两位领导，一个秘书同乘一电梯，其中一位领导不拘小节，放一响屁，三人均面面相觑，那位放屁的领导盯着秘书，秘书脸红，赶忙辩解，不是我放的！随后，秘书被解职，人问其故？曰：他连屁大点事都不敢担当，还能干什么大事！

书归正传，《老子》第64章"守微（多好的名字）"：其安易持，其未兆易谋，其脆易碎，其微易散。为之于未有，治之于未乱。合抱之木，生于毫末；九层之台，起于累土；千里之行，始于足下。为者败之，执者失之，是以圣人无为，故无败；无执，故无失。民之从事，常于几成而败之。慎终如始，则无败事。是以圣人欲不欲，不贵难得之货；学不学，复众人之所过。以辅万物之自然，而不敢（妄）为。**老庄孙子：孔子之参赞天地之化育。**

说得多透彻、多具体、多到位！孔子若不以老子为师那才叫见鬼！**老庄孙子：无执，修佛的关键。**

3.110 子曰：**恶紫之夺朱也，恶郑声之乱雅乐，恶利口之覆邦家者。**

红得发紫，凡事不能过，过犹不及，物极必反，否极泰来。靡靡之音，堕志乱心。祸从口出，利口出于君王之口那就是一言丧邦。说话多也伤元气，特别是声嘶力竭，鬼哭狼嚎。

所以，老子说"多言数穷，不若守中"，数者，气数也。

孔子删《诗》《书》、订《礼》《乐》、修《春秋》、赞《周易》的一个中心思想就是"中"道。老庄亦是。

3.111 子曰：**道听途说，德之弃也。**

道听途说，为有德者不取。流言止于智者，唯有智者，能辨流言，智者不惑。至于有意混淆视听，那就是道德问题。

人们都说庄子是道听途说，可庄子自己却说他是绝对有根据的，仅仅鲲鹏展翅九万里的故事，他就说了三遍，出自于《齐谐志》。

庄子在"寓言"篇中说：寓言十分之九是寓意于历史故事，可信度极高；名人名言有十分之七是非常可信的；至于酒后的言论那就多了去了，可信度极差。

所以，最高的境界是"和之以天钧"，恰到好处，自然均齐，可不可，然不然，物固有所然，物固有所可，可与可，不可与不可，无物不然，无物不可。非大智慧者不能和之，致中和。

3.112 子张问明。

子曰：浸润之谮，肤受之愬，不行焉，可谓明也已矣。

浸润之谮，肤受之愬，不行焉，可谓远也已矣。

谮，逸言。愬，诽谤。

何谓明察？不论是润物细无声一样的难以察觉的逸言，还是切肤之痛的直接诽谤，都逃不过你的法眼而且在你这里永远行不通，这样，你不但明察而且目光远大。

怎样做到呢？孔子从来不给答案。老子、庄子既能察其因，又能教其法，更能善其果。如诸葛亮"不宁静则不足以致远，不淡泊则不足以明志"，正因他躬耕南阳，韬光养晦，明察天下大势，即明且远，三分天下，玩天下于股掌之中。

老子之：致虚极，守静笃，不出户，知天下；不窥牖，见天道。无所不知，无所不晓，前识者都是雕虫小技。以道莅天下，其鬼不神。

庄子更是逍遥在宥，六通四辟，运乎无所不在，无为而无所不为，尘垢秕糠犹能陶铸尧舜。

见微知著，明察秋毫，说的还是"小"，立足于小而能成其大，那就是有远见，成大器者。即孔子"小忍而成大谋"是也。

闲居

3.113　子曰：群居终日，言不及义，好行小惠，难矣哉！

我小时候最常见的场面，特别是冬天，阳光明媚的下午，村东头一个略微平整的场地，几颗老杨树，上有喜鹊窝，几只喜鹊喳喳喳飞来飞去。树下，一堆村民，男男女女，斜倚树干，两腿一叉或一撂，嗑着瓜子，开吹，东家长，西家短，叽叽喳喳，打情骂俏，没完没了，就是没有一句正经话，没一件正经事！

现在的城里也一样！喝酒、唱歌、夜总会、酒吧、私人会馆、宾馆、酒店等等一色爆满，酒色财气、小恩小惠、你搂我抱，就是没人回家，没人看书！确是难矣哉，难矣哉！

《老子》第20章"异俗"：众人熙熙，如享太牢，如春登台。我独泊兮其未兆，如婴儿之未孩。累累兮，若无所归。众人皆有余，而我独若遗。我愚人之心也哉！沌沌兮！俗人昭昭，我独昏昏；俗人察察，我独闷闷。澹兮其若海，飘兮若无止。众人皆有以，而我独顽且鄙！我独异于人，而贵食母。

老庄孙子：孔子之察察昭昭，老庄之混混沌沌。

3.114　子曰：饱食终日，无所用心，难矣哉！不有博弈者乎？为之犹贤乎已。

孔子所难者恰恰是老庄所推崇的，为什么呢？

《老子》第3章"安民"：不尚贤，使民不争；不贵难得之货，使民不为盗；不见可欲，使民心不乱。是以圣人之治，虚其心，实其腹；弱其志，强其骨。常使民无智无欲，使夫智者不敢为也。为无为，则无不治。

孔子是没事找事，哪怕去赌博、打麻将也不能闲着！老庄则是事儿越少越好，心智越少越好，无事最好！以无事取天下，不得已才"治大国如烹小鲜"。

看来，孔子70岁之前确实没悟道！不懂得静以养心，坐悟无为乃大为啊！

老子形容他宣扬仁义就像敲着大鼓去追逃犯，欲盖弥彰，费力不讨好！

庄子说他是和影子赛跑，最后只能活活累死！

3.115　子曰：不曰"如之何，如之何"者，吾未如之何也已矣。

这话正中刘邦下怀！每到关键要命的时刻，他总冲着张良他们喊："为之奈何，为之奈何？"结果，张良、萧何、韩信、陈平他们总能给他出个好主意，一次次化险为夷，最终成就帝王之业。

而项羽恰恰相反，刚愎自用，自以为是，一生只说了一次"如之何"。那是在垓下，四面楚歌，死到临头与他的至爱最后刻别时说了一句"虞兮虞兮奈若何"。那真是无可奈何花落去，自己也去也！

所以孔子入太庙每事问，不但教育了别人也成就了他的万世圣名；老子是向天问、向书问（周朝图书馆馆长），虚极静笃；庄子是和惠施辩论甚至狡辩、扪心自问来实现"如之何"的；释迦是回光返照观自在来实现"如之何"的。

3.116　子曰：有益的爱好（习惯）有三种，有害的习惯也有三种。

以礼乐来修养、陶冶自己的身心，喜欢道人之善，喜欢和贤德之人交朋友，这是三益；

反之，喜欢骄奢淫逸，喜欢驰骋田猎，喜欢酒池肉林，这是三损。

庄子之至乐高于孔子之礼乐。老庄都喜欢成人之美，"善者吾善之，不善者吾亦善之，德善"。是大德、大益！三损，老庄也反对，说"富贵而骄，自遗其咎。五色令人目盲、五音令人耳聋、五味令人口爽、驰骋田猎令人心发狂、难得之货令人行妨。厌饮食、服文采、带利剑、财货有余的无道昏君"等等，较孔子更上一层。

第四章 例证篇

评价弟子

颜回

颜回是孔子第一高徒,在求道、悟道方面最终高于孔子,这才是孔子那么喜欢颜回的真正原因!只可惜他不幸早死,年仅41岁,小孔子30岁。他的死是孔子、儒学最惨重的损失,自此儒学、孔子失去真传,特别是人性和天道方面。颜回之死还昭示,孔子及其儒学之最大缺憾是不像道家那样注重养生、养身、养神,并被后儒无限放大,什么"舍生取义",什么"杀身成仁",什么"存天理,灭人欲",什么"饿死事小,失节事大",什么"致良知"等等。

老庄孙子有诗为证"八脉尽枝叶,一枝自渊殁。庄生南华后,再无知音者"!颜回,罪莫大焉!他若不死,能活到孔子那岁数,庄子更好,七十三或八十四(七十三、八十四,阎王不叫自己去,即源于此),统治世界文明第一者绝对是颜回之学！什么科学、民主、自由，什么爱因斯坦、弗洛伊德、黑格尔等等所谓西学之流都是小儿科！坚船利炮不会、不能、也不敢在中华大地上肆虐、横行，耻辱、灾难、红毛绿鬼、生灵涂炭等等绝不会在中华大地上出现！颜回之死不仅仅是孔子最痛楚、悲凉之事，也是我大中华民族最大的损失！不只是"天丧予！天丧予！"，简直就是天要丧我中华！不贵生，不爱己，何以寄托天下与你？颜回是不能起死回生了，但颜回之学必须挖掘、阐发、传承！这是中华民族伟大复兴之必须必要必然！

4.1 子曰：贤哉，回也！一箪食，一瓢饮，在陋巷，人也不堪其忧，回也不改其乐。贤哉，回也。

一赞三叹！颜回艰苦生活的真实写照，也是颜回安贫乐道的真实写照！生活不济，缺乏营养，又费心费神。

《庄子·让王》篇记载：有一天，孔子对颜回说，颜回呀，你家贫位卑，为什么不出去做官呢？

颜回：我不愿入仕。我城外有薄田50亩耕种以足食，城内有田10亩种麻养蚕以足衣，闲暇时，弹弹琴唱唱歌以自娱，从先生之学以自乐。所以，我不愿意做官。

孔子肃然起敬，欣然道：好极了！这是你的心愿，也是我的心愿。我曾说"知足的人不以利禄害己，真正心意自得之人，失去什么也不忧惧，有修养的人虽无爵位也不感到羞愧"，我诵读这句话已经很久很久了！现如今，终于在你身上找到了，这是我的收获，也是我的快乐！

4.2 子曰：回也，其心三月不违仁，其余则日、月至焉。

孔子还说过:"一日不违仁都鲜矣哉!""一日克己复礼,天下归仁焉!"可见,颜回能三月不违仁该是多么艰难多么不容易的事!老庄之参道入德该又何其难也?

《庄子·人间世》篇记载孔子、颜回如何由仁入道。孔子晚年时(70岁左右),正是卫国最乱的时候,孔子对卫国有着千丝万缕割舍不掉的情愫。有一天,颜回向孔子辞行想了却孔子的心愿。

孔子:你要去哪里?

颜回:我要去卫国。

孔子:去干什么?

颜回:我听说卫君性格彪悍、刚愎自用、穷兵黩武、不管民众死活,也从不反省自己的过错,人民已是忍无可忍。夫子您常常教诲我们"太平的国家可以离开,混乱的国家要勇于前往救治,这就好比良医门前总是有许多病人一样"。我愿以先生的教诲去思考救国之策,或许能将卫国治理好。

老庄孙子:孔子还说"危邦不入,乱邦不居"。

孔子:唉!你这是去送死啊。你要知道,大道是不能繁杂的,杂了就多,多了就乱,乱了就忧愁焦虑,既乱又无可奈何,也就没救了。

古时的至圣先贤们,是先修炼好自己,然后才能由己及人。自己都没搞明白,还没站稳脚跟,怎么可能去纠正暴君的行为呢?

况且,你知不知道世风日下,德行日衰,智巧横行的原因呢?我来告诉你吧!德行衰落是因为人们过于求取虚名;

世间的争斗狡诈是智巧横行的原因。人们相互倾轧就是为了这个名、那个利，智巧变成了人们争斗的工具。这两者都不能尽行于世。

况且，德行淳厚、诚信，也不一定就能与人很好地交流沟通。你虽然不争名不争利，但却不一定能与人情投意合。你硬要到人家面前炫耀"仁义礼智"，不但人家不相信，反倒认为你是用所谓的美德去反衬人家的无道、过失与罪恶，这就是常说的"灾人"，人家以为你有害人之心，当然会反过来收拾你，更何况在暴君面前，我看你是死定了！

况且，假如卫君是个求贤若渴、惩恶扬善之人，还用得着你去得瑟吗？如果你是不招自谏，主动上门，卫君必定会乘机与你斗嘴雄辩，而且会用他的气势压你，大施淫威，你自会应接不暇，漏洞百出，自救不及，最后只能诺诺而已。这无异于以火救火，以水救水，纯属多此一举。其结果，你顺从他吧，他会没完没了，等于你助纣为虐，这你肯定不会心甘情愿；不顺着他吧，他会更加不信任你，你还是必死无疑！

给你讲点历史吧，从前，夏桀杀死关龙逄，纣王杀死王子比干。死的二人向来是以有修养和爱民而著称，动不动就顶撞上司、提意见，好像他们就是正义的化身，并以此树立名声。而他们的上司就恰好抓住了其好名的心理从而成全了他们（孔子也说过伯夷、叔齐"求仁得仁，焉怨哉！"），杀身成仁。这就是"名"者的下场。

从前，唐尧攻打枝、胥、敖三个不服管教的小国，大禹攻打有扈部落,致使这些国家、部落变为废墟,民众变成厉鬼,国君、酋长遭受杀戮。他们征战不已,开疆拓土,都是为了名利而已!以此观之,连这些圣贤们,都不能摆脱名利的羁绊,又何况你颜回呢?尽管如此,你可能还有你的理由,不妨说说看。

颜回:我端正认真、虚心实意、勤勉不二,这样可以吧?

孔子:不行!这样绝对不行!卫国国君骄横、盛气凌人、狂妄、变化无常,一般没人敢与之作对。他常以高压政策打压他的对手,使之顺从。顺我者昌,逆我者亡。对付这种人,小恩小惠是不能打动的,更不能用大德大谏死谏!不但不管用,反而会使卫君更加固执己见,顽固不化。即使表面应付你,内心也会极为反感,不会有丝毫反省。你用这种方法是根本不行的!

颜回:不行的话,我就外圆内方,引经据典,借古讽今。内方,就是内心耿直,与天道合一。与天为一,大家都是上天之子,又何必在意我的意见被人说好还是不好呢?外圆,就是外表顺从,与人情世故一致,入乡随俗。鞠躬作揖,跪拜行礼,这都是做臣子的礼节,大家都这样,我又怎么能另类呢?随大流就少非议,这就是和于世俗,与人为徒;借古讽今,所说虽有教导之意,但这些诤言是有实际根据、古已有之的,非我所捏造。这样的话,虽然率直却不会出问题。先生,这样可以吗?

孔子:不可以,绝对不可以!你这种做法,大而无当(惠施讥讽庄子亦是),虽然固陋,但不至于死罪,仅此而已,是不能感化卫君这类人的。你是太注重你自己的成见了（师心自用）！你要记住，真理永远PK不过王权！

至此，颜回是江郎才尽，不知所以，无奈至极：先生，我是真的没辙了，请夫子赐教。

孔子：你先斋戒，我再告诉你。你带着成见去见卫君，不是那么容易的。如果很容易，那就不合天道了。

颜回：我家贫穷，没酒没肉已经数月了，这可算斋戒吗？

孔子：你这是为了祭祀的斋戒，不是心斋。

颜回不解：先生，何谓心斋？

孔子：你要做到一心一意，心无杂念，不是用耳朵去听而是用心去悟，不但要悟，悟后还要有气化感应（悟乃通，通乃久）。**老庄孙子**：庄子之庸。庄子"中"更究竟！

耳的功能在听，心（脑）的功能在悟，气的功能在虚灵不寐，以容万物。只有大道才能集聚精气神（炼精还气，练气还神，炼神还虚），虚境、虚空、虚无、虚旷等等，才称得上心斋。**老庄孙子**：虚室生白。

颜回有点开悟：我在没有您的开导之前，能切实感到自己的存在，听您这么一讲，我都不知道我是谁了。这算得上静虚吗？**老庄孙子**：无相。

孔子：可以了。相当可以了！我告诉你，你身虽在樊篱之中，但却不被樊篱所羁绊。投机了就说两句，不投机了就闭嘴。保全自己，免受其害，一以贯之（天得一以清，地得一以宁，侯王得一以为天下正），不得已而为之，这样就差不多了。人不走路容易，走路但不留下痕迹难（无为易，无

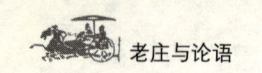

不为难,善行无辙迹)。人为去做容易伪,顺其自然则无悔。有了虚灵不寐的心性就能知道什么是虚怀若谷、世事洞明、止于至善。**老庄孙子**:吉祥止止,吉祥来源于宁静而淡泊的心境。

如若心猿意马、神思飞扬,那就叫身体虽然不动而心思却在奔驰不羁,是谓"坐驰""心驰"。**老庄孙子**:六祖之不是风动,也不是幡动,是仁者的心动。

若能每日三省吾身而心无旁骛,鬼神都会帮助你(子不语怪力乱神),更何况人呢?这是化育万物的宝典,也是尧舜禹修齐治平的关键,伏羲等三皇均臾不可离也,又何况我们这些凡夫俗子呢?**老庄孙子**:道。

自此,孔子、颜回都悟道了!随后,颜回死去。孔子一痛再痛之后不久也仙去,正应了他"朝闻道,夕死可也"之谶语。此后,孔学不得正传如子贡所说"夫子之人性与天道不得闻舆"!

4.3 子曰:吾与回言终日,不违如愚。退而省其私,亦足以发,回也不愚。

吾日三省吾身,颜回是楷模。尊师重道更是楷模!颜回自身禀赋无人能比,绝对得孔子真传!

《庄子·大宗师》篇记载了颜回彻底悟道。

有一天,颜回高兴地直嚷嚷,我有长进了,我有长进了!

孔子惊问:你嚷嚷什么呢?

颜回:先生,我忘掉仁义了!

这时孔子也已悟道:还行,但还不算究竟。

过了几天，颜回又嚷嚷：我有长进了！

孔子：怎么讲？

颜回：我忘掉礼乐了！

孔子：还行，但还不算究竟。

过了一段时间。

颜回又嚷嚷：这回我是真的进步了！

孔子：怎么讲？

颜回：我坐忘了。**老庄孙子**：无执、无待、无相、虚极静笃、四大皆空、虚空粉碎！

孔子为之一惊：你在说什么？啥是坐忘？

颜回：遗忘肢体、堕除聪明、超脱形象、去掉智巧，同于大道，这就是坐忘。

孔子非常高兴：大同了，也就没有了偏好；与物俱化就没有了常心（圣人无常心，天地无常心）。你果真是圣贤之人了！我孔丘愿从此拜你为师永随其后！

孔子多次表示愿意给颜回当会计，驾车，拜他为师，绝不是谦虚！

自此，在人性与天道方面，颜回彻底超越了其师孔子！孔子除了礼赞老子"其犹龙乎"！对当世活着的人的最高赞誉只有颜回！原因即在于此。孔子逝后百年，庄子才赞其为圣人。

4.4 子曰：**回也，非助我者也！与吾言，无所不悦。**

孔子很直白地告诉世人，颜回就为传承孔学所生！不仅对孔子心悦诚服，还帮助孔子参道、悟道。

《庄子·天道》篇记载：孔子又一次去卫国。

颜回去请教鲁国太师金：我老师去卫，结果如何？

太师：唉！孔子之道难行于世啊。

颜回：为何？

太师：刍狗（老子之天地不仁以万物为刍狗）未用于祭祀前，装以竹箱，盖以丝巾，高贵无比，被人顶礼膜拜。等祭祀完后则乱弃于地，过路人随意践踏，打柴人拿回家烧火，卑贱无比。如果有人又把它捡回家像祭祀前一样，盛以竹筐，盖以纹绣，外出归来睡其脚下，不梦则已，梦则必被鬼神困扰。

现如今，你们孔老夫子也只不过是捡取先王（祖述尧舜、宪章文武）已祭祀过弃而不用的刍狗，他还要斋戒沐浴，盛以竹筐，盖以纹绣，集聚三千弟子、七十二高徒，顶礼膜拜，不是愚不可及吗？

他在宋国遭伐树之辱，在卫国被铲削去足迹，受困于商周之地，难道不是在做噩梦吗？被围困于陈蔡之间，七日不火食，与死神为伴，难道不是被鬼神困扰吗？

水行用船，陆行用车，这是常理。反之，要推船于陆上行走，一辈子也走不了几步！古代和现代是水和陆吗？周朝初期和现在的鲁国是船和车吗？他却求行周礼于鲁国，不就像推船于陆地吗？不但劳而无功，而且还身受其辱。

孔子不晓得把握中枢以应无穷的道理。难道还没见过桔槔吗？它有一个机心，拽它就下来，松手就上去。它是被人牵引的，而不是用来牵引人的（人能弘道，非道弘人）。所以，它的起落都不会得罪人。

因此，三皇五帝的礼义法度，不是为了追求同一，而是为了治世。打个比方，三皇五帝的礼仪法度就像山楂树、橘子数、柚子树，所结之果实味道虽不同，但均可口。由此可知，礼仪法度亦应与时俱变。如果把野猴抓来给它穿上周公的礼服（衣冠禽兽），它定会牙咬爪撕，直至撕烂甩掉而后快。古今之异，就如猿猴与周公。**老庄孙子**：现代人更是禽兽不如。

又如，西施因心口疼而皱眉，人人觉得凄美，可丑女东施看到后也捧心皱眉行走于乡里，其结果，富人见了紧闭门户，穷人见了避之唯恐不及。原因是，东施只知其美，却不知其所以美。可怜啊！孔子之道难行于世啊。

颜回告知于孔子，孔子开始深深地反省。

4.5　子曰：语之而不惰者，其惟回也与？

4.6　子谓颜渊曰：惜乎！吾见其进也，未见其止也。

业精于勤，颜回是典范。听孔子讲课，颜回从未疲倦过。颜回如孔子一样好学但比孔子悟性高。我以为与遗传有关。孔子既遗传了其父高大威猛、孔武有力，更遗传了其母颜征在的聪明、智慧、慈悲、善良，他毕竟只遗传了一半，所以不如颜回有悟性。颜回就像孔子的化身，视之如己出。

4.7　季康子问孔子：你弟子中谁最好学？

孔子：颜回好学，不幸短命。再也找不到像他那样好学的了。**老庄孙子**：在孔子眼里，颜回总是第一。

4.8　鲁哀公问孔子：你弟子中谁最好学？

孔子：颜回。不迁怒，不贰过。不幸短命，现今再也找不到像他那样好学的了！

好学的标准、目的是，不迁怒，不贰过，谁能做到？尧舜犹病诸。

孔子绝不是平白无故就表扬人，尤其是他最得意的弟子。孔子对颜回的死是一叹再叹，其痛苦遗憾无奈，无以复加！因为，他一切的梦想都因此破灭了。如若真要找亚圣，孟子是绝对排不上位的！**老庄孙子**：司马迁《史记》中写孟子不足 300 字，而写子贡则超 5000 字！

4.9　孔子被围困于匡地，弟子们都失散了，颜回是最后一个回来的。

孔子：我以为你死了呢。

颜回：先生在，我哪敢死。

多么深厚的情感！酸甜苦辣咸全在一句话里了。

这故事发生在孔子周游列国的路上，那是公元前 496 年，孔子 56 岁，途径卫国匡这么个地方，卫国内乱，卫灵公衰老，南子干政，太子蒯聩谋杀南子，谋败逃奔宋国，南子尽诛其党。这时正赶上鲁国阳虎叛乱失败逃亡于卫国。孔子长得酷似阳虎，卫军疑而围之，弟子被冲四散，终于集合，唯缺颜回，孔子心急火燎。不久，颜回回，孔子有此问，颜回有此答。

《庄子·秋水》篇对此也有记载，却是另一种风采：孔子游学到卫国匡这么个地方。被卫军围困数匝，弟子们惶恐，孔子犹弦歌不辍。

子路看不下去，进来请见：先生，都啥时候了，你咋还这么高兴呢？

孔子：小子，过来，我告诉你。我忌讳穷困已经很久很久了，却始终不能摆脱，这是命呀。我渴求通达也已很久很久了，却始终不得伸张，这是时呀。

处在尧舜时代，野无贤人，并不是这些人有智慧；

处于桀纣时代，朝无贤人，也不是这些人没智慧。

都是时势所迫。

在水中不怕蛟龙，是渔父的勇敢；

在陆地不怕犀虎，是猎人的勇敢；

战火纷飞，视死如归，是烈士的勇敢；

知穷之有命、道之有时，临大难而不惧者，是圣人的勇敢。

小子！你好好等着吧。我的命是有定数的。

果然，没过多久，统领进来，告知：不好意思，以为您是阳虎呢，所以才包围您。请接受我的道歉，我马上撤兵。

4.10 颜回死。孔子：噫！天丧予！天丧予！

无语独上西楼，月如钩，梧桐，深夜锁清秋——

4.11 颜回死，子哭之恸。

弟子劝：子恸矣。

孔子：有恸乎？非夫人之为恸而谁为？

恸者，极度哀伤也。孔子是最讲究"中道"的！可在这里，恸，对于孔子来说就是最恰当的中了！我不恸哭他又恸哭谁呢？千古一叹！千古一恸！千古一哀！千古一哭！

孔子当时该是一种怎样的心情？老婆死了，儿子死了，子路死了，颜回死了，麒麟也死了，《春秋》也绝笔了，这对一位行将就木的老人该是怎样的炼狱？哪里还有心情传经布道？无法想象！无以形容！掩卷长思——心颤、手软——

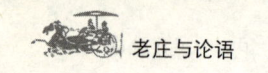

噫嘘乎！微斯人，吾谁与归？一切一切都结束了！

4.12 颜回死，颜路请孔子之车以为之椁。

子曰：才不才，亦各言其子也！鲤也死，有棺而无椁。吾不徒行，以为之椁，以吾从大夫之后，不可徒行也。

颜路，颜回之父，一直跟随孔子，类似管家。

4.13 颜回死，门人欲厚葬之。

子曰：不可。

门人不从，厚葬之。

子曰：回也，视予犹父也，予不得视犹子也。非我也，夫二三子也！

颜回死后，孔子渐渐找回理智。为什么要用孔子的车子为椁呢？只有颜回才配！且高于孔子亲生子。

孔子为何不同意呢？一是于礼不合，二是确实把颜回视为己出，待遇同等。

那为何又放任弟子们厚葬颜回？不得已而为之。一是弟子们执着，二是孔子骨子里深深的至爱。痛定思痛，孔子还为自己找了个"予不得视犹子也"的理由。这是一个情与礼冲突的悲情故事，借口委婉，委婉中透出深深的苦痛、悲情、眷恋！《庄子》里没有记载颜回之死，原因是，一则庄子了然了生死，二则颜回肯定是猝死，意料之外，不然，他肯定会同庄子一样看破生死。

那我们就用庄子之死祭念颜回吧。

庄子将死，弟子欲厚葬之。

庄子曰：吾以天地为棺椁，以日月为连璧，星辰为珠玑，万物为赍送。吾葬具岂不备邪？何以如此？

弟子曰：吾恐乌鸢之食夫子也。

庄子：在上为乌鸢食，在下为蝼蚁食，夺彼与此，何其偏也！

相信颜回在九泉之下会微微颔首。

再讲两段黄帝的故事，看看究竟什么是人生、宇宙、科学、哲学。黄帝有很多老师，有男有女，如岐伯、素女等等，广成子也是其中一位。

第一段，《庄子·在宥》篇记载：黄帝立为天子19年，令行天下。闻广成子（广而成之，无为无所不为者）在空同山（现叫崆峒山，在甘肃境内）上修行，特意前往拜见。

黄帝：我听说先生达于至道，斗胆敢问至道之精华？我想取天地之精，以佐五谷，以养民生；我还想调和阴阳以遂群生。请不吝赐教。

广成子：你想问的这些都是物质方面的世俗之事，你想管理的都属于生命的残余败絮，不值一提。你这种做法纯属于希望没有云彩就下雨，草木没等黄就掉下来，日月都会因你而荒凉。对于你这种佞人，怎配得上知闻"至道"呢？

黄帝知趣，退而省其私，放弃了天下，构筑了一个特别的房子，上面盖着白色的茅草，闭关三个月，反省自问。再去拜见广成子。这时广成子头冲南脚冲北卧床而憩。黄帝不敢打扰，顺下风膝行而进。再拜稽首而问：我听说先生达于至道，敢问，怎样修身才能长生久视？

广成子蹶然而起：善哉！问得好。来，我告诉你何为至道？至道之精，窈窈冥冥；至道之极，昏昏默默。无视无听，抱神以静，形将自正。必静必清，无劳汝形，无摇汝精，乃可以长生。目无所见，耳无所闻，心无所知，汝神将守形，形乃长生。慎汝内，闭汝外，多知为败。你能如此，就会超越太阳之上达到至阳之本体，也会达到杳冥空洞至阴的境地。天地是有准则的，阴阳是有规矩的。保护好自身和本真，生命将永葆青春。我守其一，以处其和（阴阳和合，抟气以为和，一以贯之）。因此，我修身、修炼1200多年了，还没有觉得衰老。

黄帝再拜稽首：您就是天哪！**老庄孙子**：天人合一。孔子称老子为龙！

广成子：来！我告诉你：世界是无穷的，而人们自以为有终结（庄子：人生也有涯，而知也无涯）；阴阳之道是不测的，而人们自以为有极限（孔子：阴阳不测之谓神）。能得我此"道"者，上可为天皇，下可为地王；失我道者，则上无片瓦，下无铺床，会死无葬身之地。世上所谓繁荣昌盛、万事万物者莫不是生于斯死于斯。所以，我将离开你们，入于无穷之门，游于无极之野。与日月同辉，与天地同在。物来则照，物去不留。人其尽死，而我独留。

第二段，《黄帝内经》中记载。黄帝曰：我听说上古有真人（庄子也谈真人见"大宗师"篇），提携天地，把握阴阳，呼吸精气，独立守神，肌肉若一。故能寿比天地，无有终时。这是因道而生。**老庄孙子**：宇宙在乎手，万化生乎心。

中古之时，有至人（庄子也说）者，淳德全道，和于阴阳，调于四时，去世离俗，积精全神，游行于天地之间，视听八方之外，这是修道炼身而来，也可归于真人；

其次，有圣人者，处天地之和，从八方之理，适嗜欲与世俗之间，无恚嗔之心，行不离于世，被服章（同普通人一样穿衣吃饭、抽烟喝酒，还有嗜好），举不欲观于俗（行为又不同于一般人汲汲于名利），外不劳形与事，内无思想之患，以恬愉（庄子至乐）为务，以自得为功，形体不弊，精神不散，亦可以活百岁；

其次，有贤人者，法则天地，象似日月（日出而作，日落而息），辨列星辰，逆从阴阳，分别四时，将从上古，合同于道，亦可以延年益寿、寿终正寝。**老庄孙子**：庄子把人类分为七等源于此。

庄子说：至人无己，神人无功，圣人无名。

子路

子路也是孔子最重要的弟子之一，至少排第三。一生跟随孔子，整整四十载！以暗杀孔子始，以粉身碎骨终，是见义勇为、赴汤蹈火、视死如归的典范，是孔子弟子中受孔子批评最多的人，特别是"勇"，是孔子"智仁勇"三达德"勇"的象征。孔子花了40年的心血、工夫也未改变的了！也是孔子须臾不可离的人，若没有子路一生的贴身护卫，或许孔子早已魂归故里。江山易改，禀性难移，在子路身上体现得最为充分！也是老子"勇于敢者死"的经典案例。更是孔子"性相近，习相远"极难践行的明证。

4.14 子曰：道之不行，乘桴浮于海，从我者，其由欤？
老庄孙子：由，子路也。

子路非常高兴！

随后，孔子给了他当头一棒：子路之勇超过了我，其他没什么可取之处。

苛刻至极！子路最大的特点是忠与勇。是孔子一生的贴身保镖和安全的保障。即使是"道之不行"不得已归隐于浩渺大海也要带上子路以确保安全。孔子本身就很勇武，子路比他还勇武。但孔子一生很少谈武力，"子不语怪力乱神"，也从未见过他怎么吹嘘他老子多么孔武有力。合于老子。

《老子》第73章"任为"：勇于敢者杀，勇于不敢者则活。此两者，或利或害。天之所恶，孰知其故？是以圣人犹难之。天之道，不争而善胜，不言而善应，不召而自来，坦然而善谋。天网恢恢，疏而不失。

子路也不例外。

《庄子·盗跖》篇。盗跖把孔子骂得狗血喷头，其中子路就是一例：你孔丘号称"祖述尧舜，宪章文武"（孔子对人类文明最大贡献即在于此），自以为掌握天下辩术，到处摇唇鼓舌、招摇过市、迷惑后人；你宽衣浅带、矫言伪行、假仁假义，以此来迷惑天下君主，以求荣华富贵，你才是天下最大的盗贼！世人为何不称你为"盗丘"，反而说我是"盗跖"？

子路受人雇佣去暗杀你，你用甜言蜜语哄骗他，让他除去了勇武的高冠，解下了所佩的长剑，接受你所谓的教诲，永世跟随。

天下人都说你孔丘能止暴禁非,可到最后,子路欲杀卫君而未得逞,自身却被剁成肉酱挂在卫国的东城墙上! **老庄孙子**:子路死时孔子已72岁。

你让子路遭此祸患,上无以保身,下难以为人,这是你的说教不成功!你自以为是圣人吗?可是你两次被逐出鲁国、在卫国被铲除足迹禁止居留、在齐国走投无路、还被困厄在陈蔡,天下没有你的容身之地,自身都难保,你那些所谓的"道"还有什么可贵的呢?又怎么可能在世上行得通呢?

4.15 子曰:**能穿着破旧的棉袍和穿着裘皮大衣者共聚一堂而无羞涩者,只有子路能做到! 不忮不求,何用不藏? 不嫉妒,不贪求,这样多好啊!**

子路听后非常高兴并终身记诵之。

随后孔子又说了个"但是":这样好但是不是最好。

这可能是孔子夸奖子路最好的一句话,子路高兴了一辈子!

"不忮不求,何用不藏"出自于《诗经·雄雉》篇:雄雉于飞,泄泄其羽。我之怀矣,自遗其阻。雄雉于飞,上下其音。展矣君子,实劳我心。瞻彼日月,悠悠我思。道之云远,曷云能来?百尔君子,不知德行。不忮不求,何用不藏?

这是妇人思念丈夫的诗篇,类似凤求凰。雄姿英发的丈夫就像一只健壮的雄性野鸡,在遥远的天边自由飞翔,在家的漂亮贤惠女人把他深深地想念,夜不能寐,辗转反侧,一群风流倜傥的男人不停地在她面前围绕,可这个痴情的女子坚贞不渝，依然痴痴地等着她的知心爱人。

中国历史上的名相张居正给明朝万历皇帝讲课时是这样引申的：如是则德行全矣，由是顺德之行，自无不利，将何用而不利，将何用而不藏乎？以之处常，则顺而适；以之处变，则利而通。虽身在军旅之中，亦足以自保矣。若然则今日固未得君子之归，而旋归不有期哉！此则吾之所望于君子者也。呼！妇人于君子思之深而勉之至如此，其思念之情，盖可见矣！

孔子用诗一样的又有德行的语言表扬子路，也真难得！

"不忮不求"也是老庄的追求。

《庄子·秋水》篇：惠施在魏国当宰相，庄子前去探望。有好事者挑拨惠施：庄子此来是想取代你的相位。惠施恐慌，下令全国搜捕，三天三夜，未果。无奈，庄子躲到一江洋大盗的山洞里。风声稍松，庄子见到了惠施，惠施依然紧张。

庄子：老朋友，别紧张，给你讲个故事。南方有一种鸟，名叫鹓鶵（凤凰一类），此鸟振翅一飞从南海到北海，途中非梧桐树不栖，非松子、鲜竹笋不食，非甘泉、露珠不饮。正在悠然飞行，俯瞰一只猫头鹰刚刚找到一只腐鼠，抬头看见鹓鶵，吓得够呛，赶紧捂住腐鼠，发出威吓、颤抖之声：嗨！你要干吗？想偷取我魏国相位吗？

鹓鶵轻蔑不屑一顾：你想用魏国宰相的位置来吓唬我吗？

于是乎，惠施释然，两人又和好如初。

4.16　孟武伯问孔子：子路仁吗？

孔子：不知道。

追问。

孔子：子路嘛，千乘之国，可以让他统领军队。至于是否仁义，我不知道。

孟武伯：冉求怎么样？

孔子：冉求嘛，千室之邑，百乘之家，可使之为宰。不知其仁也。

孟武伯：公孙赤怎么样？

孔子：公孙赤嘛，束带立于朝，可使与宾客言，不知其仁也。

孟武伯，鲁国大夫，向孔子招募贤臣，孔子推荐了这三人。这里再一次证明子路的军事才能，但还达不到不战而屈人之兵的境界。仁道，他还差了点。其实，子路一生也未达到孔子"仁"的标准，只符合孟子"义"的标准，而非老庄、孔子"义"的标准。

4.17 季康子问孔子：子路可使从政也与？

孔子：子路果敢，从政应该没问题。

季康子：子贡怎样？

孔子：子贡通达，从政也应该没问题。

季康子：冉求怎样？

孔子：求也艺，从政也没问题。

季康子，鲁国摄政，也向孔子求取能臣而不问仁，差孟氏一截。鲁国孟孙氏，执掌鲁国政权三大家族之一，孟子祖先。子路因果断、勇敢而称名，但还未达到孔子所谓的"果、敢"的境界。

《老子》第30章"俭武"：以道佐人主者，不以兵强天下，其事好还（因果报应）。师之所处，荆棘生焉。大军之后，必有凶年。善有果而已，不敢以取强。果而勿矜，果而勿伐，果而勿骄，果而不得已，果而勿强。物壮则老，是谓不道，不道早已。

"其事好还"是指因果报应（轮回）。佛家最讲究因果报应！**老庄孙子**：老子之因果报应说高于释迦。

《老子》第69章"玄用"：用兵有言，我不敢为主而为客，不敢进寸而退尺。是谓行无行，攘无臂，扔无敌，执无兵。祸莫大于轻敌，轻敌几丧吾宝。故抗兵相加，哀者胜矣。

子路差此甚远，最后只能落得个"不道早已，其事好还"，"勇于敢者死"的下场！

4.18 季子然问：子路和冉求能做大臣吗？

孔子：我以为你要问谁呢？原来是子路和冉求啊。所谓大臣是以道事君，不可则止。而他们俩，只是办理具体事务的小臣而已。

季子然又问：那他们会对季氏唯命是从吗？

孔子：杀父弑君之事他们是不会做的。

孔子衡量大臣的标准是道和德。而子路距离"仁"都有差距，距"道和德"则更远！尽管如此，让他们杀父弑君，他们也是不可能做的。

春秋战国时期，礼崩乐坏，杀父弑君之事比比皆是。

关于以道事君，老子多有论述。

《老子》第62章"为道"：道者万物之奥妙。善人之宝，不善人之所保。美言可以市，尊行可以加人。人之不善，何弃之有？故立天子，置三公。虽有拱璧以先驷马，不如坐进此道。古之所以贵此道者何？不曰以求得，有罪以免邪？故为天下贵。

老庄很少谈事君，更多的是对君王的要求，或为君王师，或直接应帝王（见《庄子》"大宗师、应帝王"），其气魄、境界远高于孔子。孔子从不敢"应帝王"！就说了一句"冉求，可以使南面"。

4.19 子曰：**子路弹琴，为何总在我的门下？**

从此，弟子们开始疏远子路。

孔子又说：子路已经登堂了，但还没入室。

登堂入室的出处。其实，子路已经相当有水平了，只是还没有究竟。子路特别爱弹琴，这一点远比子贡强。之所以不能尽善尽美，是因为德行不够完备，悟性也不太高。

4.20 子曰：**听一面言辞就能断案，非子路莫属。**

子路办事效率极高，极守信，言必信，行必果，凡事不过夜。只是"忠、勇、信"有余，"智、达、雅"不足。

4.21 子路问孔子：**听到了马上就干，行吗？**

孔子：不行！有父兄在。

冉有有同问，孔子说可以。

公西华不明白，问孔子：为何？

孔子：冉有遇事拘谨，所以我鼓励他。子路遇事鲁莽，生性好斗，所以我阻止他。

因人施教是孔子最强项，得益于老子。

《老子》第 77 章 "天道"：天之道，其犹张弓与？高者抑之，下者举之；有余者损之，不足者补之。天之道，损有余而补不足。人之道则不然，损不足以奉有余。孰能以有余以奉天下？唯有道者。是以圣人为而不恃，功成而不处，其不欲见贤。

人们都喜欢锦上添花，难有雪中送炭者。墙倒众人推，盼别人倒霉比自己升官、发财、娶老婆都高兴却成了人性常态！试想，别人有了好事，有几人为之高兴、欢呼雀跃的？俗谚"好事不出门，坏事传千里"，此之谓也。

4.22　孔子病重，子路派自己门人来当治丧之臣。

孔子病好转后，批评子路：子路啊，你喜欢弄虚作假已经很久了！我哪里够得上有治丧之臣之礼呢！我在骗谁？欺天还是自欺？我宁愿死在弟子们手里，也不愿死在丧臣手里。不能以大夫之礼葬，难道你们会把我弃于路边不管吗？

子路是好心办坏事。在孔子面前失礼真是死都不行！孔子也是死要面子活受罪。

"礼"是儒学极为重要的组成部分。所以孔子有"一日克己复礼，天下归仁焉"之感叹！

庄子看待死生是洒脱得不得了。老子也视死如归，回家，回归于无，本来无一物嘛，又何处惹尘埃？

4.23　子路派子羔去做费邑宰。

孔子不高兴：你这不是害人家孩子吗？

子路抗辩：邑那个地方既有百姓又有社稷，为什么非要学而优则仕呢？仕而优则学或边仕边学不行吗？

孔子怒：这就是我之所以讨厌巧言狡辩的缘故！

我以为，这是子路最有学问、哲理的一句话！也是子路又一次干趴下孔子的一次。当然，最惨的一次是孔子见南子。这两次，孔子都败于子路之下。

其实，孔子自相矛盾，他的名言"好学、力行、知耻"，都有从实践中学习的成分，他也强调实践出真知，也被后人誉为行动中的君子。

老庄、佛家更讲究修行、修炼。"纸上得来终觉浅，绝知此事要躬行"即此意。

孔子骂子路奸佞，我以为这恰恰是子路最"中道"的一次！

4.24 弟子们侍奉孔子。

闵子骞是和颜恭顺；

子路是匆匆忙忙；

冉有、子贡是侃侃而谈、轻松愉快。

孔子很高兴，转而又说：像子路这样，恐怕将来不得好死吧？

乌鸦嘴！天下第一乌鸦嘴！不幸言中。子路确实是不得好死。

其实，孔子也是在否定自己，他也深知"三岁看小，七岁看老"，江山好改禀性难移的真理！虽然孔子用尽心机改造了子路40年，可子路却依然故我，直至死去！且是不得好死。圣贤如孔子者改变一个人都不可能，何谈与天斗、与地斗、与人斗？更何谈人定胜天？**老庄孙子**：顺其自然的深意。

却也如庄子所说"螳臂挡车,自不量力"!

子贡

子贡也是孔子最重要的弟子之一,在孔子眼里可排第二。颜回是仁德的化身,子贡是智慧的化身,子路是勇敢的化身。

一言以蔽之,如果没有子贡,孔子完全可能被活活饿死。当然,子贡的贡献远不止于此!子贡聪明、干练、善辩,是从政、经商、外交的奇才,是胡雪岩等儒商的鼻祖,是张仪、苏秦等纵横捭阖者之先贤。

他17岁在卫国就已无师可拜,不得已其外祖父蘧伯玉(孔子称其为大贤,同晏子、子产相提并论)将其送到孔子门下,直至孔子去世并在孔子墓前结庐守孝6年!

伟大、智慧如子贡者犹有人生最大憾事:先生(孔子)之"诗、书、礼、乐"可得而闻欤,先生之"人性与天道"不可得而闻欤!在闻道、悟道方面确实差颜回一截。

4.25 子贡问孔子:我这个人怎么样?

孔子:你成器了。

子贡:何器?

孔子:瑚琏也。

瑚琏是古代非常贵重并用于大型祭祀之器物。用于评价子贡恰如其分!子贡出身高贵,富有,穿着华丽,器宇轩昂,聪明智慧,极有才干。

有《庄子》为证,"让王"篇记载:原宪居住在鲁国。方丈小屋,用刚割下的茅草苫顶,蓬草编织的门尚未完成,桑树枝做门轴,破瓮做窗户,身穿粗布破衣,房间上漏下湿,他却依然端坐弦歌。

子贡得知老同学穷困潦倒,便内穿暗红色纯棉衬衣,外罩真丝素白大褂,骑着大马,拉了一车救济物品,前往慰问。巷子太窄,容不下他的高车大马,不得已,只能下马前行去见原宪。

原宪得知,戴上破旧的开了花的帽子,穿着露出脚后跟的草鞋,拄着弯树枝出来迎接。

子贡:哎呀!老同学,你这是得了什么病了?

原宪:我听说,无财之谓贫,有学问而得不到施行才叫病。现在,我是贫,不是病。**老庄孙子**:老子之"知不知上,不知知病,是以,圣人不病,以其病病,是以不病"。

子贡尴尬,进退不是,面带愧色。

原宪仍不依不饶讥笑道:迎合世俗行事,结党营私,以所学炫耀于世,以所教表现自己,以仁义掩饰奸佞,追求穿着、车马的豪华富丽,这些是我原宪所不愿为的。

这里,原宪有点酸,误解了子贡一片好心(也许在棒喝子贡,亦未可知),从另一个角度说明子贡的富有和才华以及自我反省的功夫。

孔子还说"君子不器",主张君子要全才、全能,这样才能统筹万物。孔子称赞子贡大器,但还不够"不器"。子贡成大器,干的大事很多。

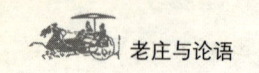

4.26 子曰：颜回做学问、做人几近完美的程度，只可惜却常常为贫穷所困；子贡则不太安分，总去做生意，却屡猜屡中。

子贡做生意富可敌国，也是孔子一生最大的赞助商。试举几例。

第一，赚孔子死人钱。

孔子死后，子贡为他守墓六年！一天，子贡在扫墓的时候，发现了一段碗口粗的楷木，木纹细腻，质地坚硬，棕红色。子贡随手捡了起来，带回自己为孔子守墓建的茅屋。晚上，他拿着这段楷木，不由地又想起了老师的音容笑貌，于是，便找了一把小刀雕琢了起来。随着时间的流逝，竟然把老师的像雕了出来，而且非常传神。

不久一位孔子弟子前来扫墓，祭拜过后到子贡茅屋，发现了孔子雕像，执意带走，子贡忍痛割爱送给了他。此后，一传十，十传百，都来找子贡求孔子雕像回家供奉、纪念。

于是，子贡便找来一批心灵手巧的手艺人，开始大量雕刻孔子像，随人拿取，钱多钱少自便。一些王公大臣自然会留下很多钱。不知不觉积攒了不少钱。子贡便用它修缮孔子坟墓，还种了不少楷树，以便后人取用。据说，孔庙大殿中孔子塑像就是模仿子贡所雕孔子像。他不是为富不仁，是发的真正仁义之财，君子爱财取之有道。**老庄孙子：2008年，我去孔庙，在孔子墓前请了一尊孔子楷木像，高大、威武、刚毅，真孔子也。**

第二，子贡发战争横财，是美国的鼻祖的鼻祖。公元前

484年，孔子刚刚结束流亡生涯不久，齐国攻打鲁国。鲁国面临灭顶之灾。受孔子和鲁国国君委托，子贡出山。在"存鲁、乱齐、破吴、强晋、霸越"过程中，子贡又结结实实发了一大笔战争横财！

第一笔是把囤积的大量齐国丝绵高价卖给了吴国。还在各国之间倒卖大量玉石。曾与范蠡探讨过生意经，最后富比陶朱公。**老庄孙子：陶朱公，范蠡也。**

就是这样，子贡还屡遭孔子揶揄。确实，和学问、仁道比，孔子对于商人是有偏见的。**老庄孙子：无商不奸嘛。**

4.27 **孔子问子贡：你和颜回比谁更优秀？**

子贡：哎呀！先生，我怎么敢和颜回比！颜回是闻一知十，我也就是闻一知二。

孔子：是不如啊！我和你都不及他。

颜回到底有多高？孔子多偏爱颜回？在此又见一斑。

4.28 **子贡是个既聪明又很有语言天赋的人，目光敏锐，见解独到，总爱评价人。孔子批评他：子贡啊！就你聪明？我可没那么多的闲工夫。**

子贡和子路一样没少挨孔子批评，他俩也没少揶揄老师。子贡还经常不服气。子贡17岁初见孔子，自以为比孔子强，学徒一年后，子贡觉得自己和孔子不差上下，三年以后才知自己永远追不上孔子。

《庄子·让王篇》记载：孔子师徒被困于陈蔡之间，七天没见烟火，饿得个个面呈菜色，病的病，倒的倒。即便如此，孔子仍弦歌不辍。子贡和子路私下议论：先生两次被逐出鲁国,在卫国被铲削足迹禁止居留,在宋国遭受伐树之辱,在商周之地走投无路,现如今又困于陈蔡,生死未卜,他还有脸在那弹唱,真是见过无耻的没见过这么无耻的!颜回听到,打了个小报告,孔子又把他俩批评了一顿。

4.29 子贡问孔子:我不欲人之加诸我,亦不欲加诸人,怎样?

孔子:子贡啊!这不是你所能做到的。

子贡问孔子:如有博施于民而能济众者,如何?算仁吗?

孔子:岂止是仁,简直就是圣!尧舜犹病诸。夫仁者,己欲立而立人,己欲达而达人。

由近及远,能设身处地替别人着想,就是达到仁的方法。超凡入圣,是子贡一生的梦想。子贡富有,聪明又有学问,道德水平也可以,所以才有此问。我不害人,人也别害我。我富有,想让所有人过上好日子。想想可以,救助可以,施舍可以,但要做到普度众生,圣人如释迦牟尼、老庄、孔子等等都是难以达到的。子贡的心气总是很高,愿景也总是很难实现。

至于仁道,那纯粹是你对人的态度和水平,别人对你怎样,不取决于你。将圣人之道普度于每一个人那是更难的事。

所以释迦才有"施若恒沙不若传经布道",老子有"虽有拱璧以先驷马,不如坐进此道"之叹。施若恒沙难,传经布道更难!

所以,子贡虽为孔子死后第一掌门人,却连亚圣都没混上,甚至连他是怎么死的都无详细记载。可见子贡的弟子不如孔子的弟子。当然子贡的学问、道行也不如孔子。

关于子贡求道,《庄子》中也有不少记载。"天运"篇:孔子都51岁了,还未闻道。于是前往楚地向老子多次问道,被老子收拾得够呛,回到驻地,郁闷了三天。

子贡问:先生去见老子,是怎么规劝他的?

孔子:这回我是真的见到真龙了!合则成体,散则成章,乘云吞雾而养乎阴阳。看得我惊呆、惊诧、惊慌,不知所措。我又怎么能规劝于人呢?

子贡:难道真的有这样的人吗?尸居而龙现,渊默而雷声,动则如天地之变幻莫测。不行!我得去看看。于是,子贡打着孔子的旗号去拜见了老子。

这时,老子正盘腿坐于堂上小憩。见子贡来,小声说:我年纪一大把了,小伙子有什么教诲我的吗?

子贡大言不惭:那我就给你说说三皇五帝吧!他们治理天下的方法虽有不同,但都声名卓著、道德崇高。可先生非要说他们不是圣人,这是为何?

老子很有耐心,很喜欢子贡那股灵气劲儿:小伙子,再靠前点。请问,三皇五帝之治不同在何处?

子贡:唐尧禅让虞舜以"一"。**老庄孙子**:允执厥中。

虞舜又禅让给大禹。**老庄孙子**:人心惟危,道心惟微,惟精惟一,允执厥中。

夏禹用力治水而商汤用兵打天下;周文王顺从殷纣王而不敢忤逆,周武王讨伐殷纣王而不顺从。所以说各有不同。

老子：小伙子，再靠近点，让我来告诉你三皇五帝之治天下：黄帝治天下，人民心底淳朴、单一，民间有父母死而不哭者，别人并不责难他。

到了尧治天下，亲爱父母、慈爱子孙，民间有为了自己的亲人而杀了该杀的人，别人也不去责难他。

到了舜治天下，民众开始有了竞争之心，孕妇们十月怀胎，一朝分娩，出生5个月就想让孩子说话。不会笑时就让他分辨人物。自此，夭折丛生。

到了禹治天下，人心开始机智、权变、狡诈，动用武力以顺天道，杀死盗贼罪有应得，不算杀人。自此，家天下开始传承（禹授天下于其子），私有制开始，私欲盛行。

自此以降，天下大乱，儒墨并起。定礼乐、正人伦，初始以敬，到后来，就像女人讨好男人一样，巧言令色、谄媚撒娇，无所不用其极。这有什么可称道的呢？**老庄孙子**：老子还说，礼，道之华而乱之始。

我告诉你，三皇五帝之治天下，名义上说是治，实际上是乱莫大焉！三皇之智，上悖日月之光明，下逆山川之精华，中毁四时之运行。他们的这些智巧比蝎子尾巴还毒，比未经驯化的猛兽还凶狠。让人们性命之情无法得以安定、宁静。还自以为是圣人之举，真是见过无耻的没见过这样无耻的！

子贡听后诚惶诚恐，不知所措，一片茫然。

子贡纵横捭阖的故事。

司马迁评价子贡：子贡一使，使势相破，十年之中，五国各有变。说的就是前述的故事，是子贡最大的手笔，也是最辉煌的时刻！凭三寸不烂之舌，不仅保全了鲁国，还促成了齐国内乱、吴国灭亡、晋国强大、越国成为霸主的联动效应。是苏秦、张仪等纵横家的鼻祖。

子贡还出任过鲁国、卫国的宰相。

子贡终于悟了！

《列子·天瑞》篇记载：有一天，子贡实在是学不下去了，做生意也很累，便去找孔子：老师，我不学了也不干了，想休息。

孔子：生无所息。**老庄孙子**：生生不息。

子贡：您是说我永远没有休息的地方了？

孔子：有啊！你看到旷野那些墓穴、坟堆了吧？那就是你休息的地方。

子贡感叹：大哉！死乎。原来死亡就是休息啊。

孔子：子贡啊！你是终于明白了。常人只知生之乐，却不知生之苦；只知老之疲惫，不知老之安逸；人人怕死，却不知死亡是最好的休息。

接下来看看子贡的后人是怎么"败家"的。

《列子·杨朱》篇记载：卫国有位叫端木叔的人，是子贡的后代。仰仗子贡等前辈荫庇，家产万金，富可敌国。不治世故，放意所好，放荡不羁，想干什么干什么。只要你能想到，他就能做到。无不为也，无不玩也。

墙屋台榭、园囿池沼、饮食车服、声色嫔御，比齐、楚君王有过之而无不及。

情所欲好、耳所欲听、目所欲视、口所欲尝，虽殊方偏国，非本地所产者，无不必致，犹藩墙之物也。

至于游玩，虽山川险阻，途径修远，无不必之，犹人之行咫尺也。确实有"江湖豪气，风月情怀"。

庭前日住百客，庖厨之下，不绝烟火；厅堂之上，不绝声乐。多余钱财，先散之宗族，次散之乡里，再散之全国。

60岁时，气血两衰，弃其家事，两手空空，连妻妾也均赠予他人。没给子孙留一毫一毛。最后到了病无所医，死无葬身之地。

然而，那些受他关爱的人们却没忘本，不但厚葬了他，还把大量钱财返还给其子孙。

禽滑厘（墨家代表人物）闻之曰："端木叔，狂人也，辱没其祖！"

段干生闻之曰："端木叔，达人也，德过其祖矣！其所行也，其所为也，众意所惊，而诚理所取。只不过是卫国那些所谓君子们多以礼教自恃，所以，他们是难以悟得此人之心的！"老庄孙子：子贡说过"博施济众，其仁者欤"，孔子答"岂止是仁？圣者也，尧舜犹病诸"，差或此意。

其他弟子

孔子其他弟子也有很优秀者，如子张、曾参、冉雍、子夏等等。

4.30 子曰：孝哉，闵子骞！父母兄弟姐妹对他没有丝毫怨言、非议。

史上记载：闵子骞有兄弟二人，母死，其父娶妻，复有二子。有一天,是寒冬,闵子骞为其父驾车,马惊,其父抓住闵子骞,才知所穿衣服甚是单薄。

回家后,其父摸后妻二子,所穿甚厚。怒骂!我娶你,是为我子,结果你竟敢欺辱我儿,给我滚!

闵子骞劝:母在一子单,母去四子寒。其父默然。**老庄孙子**:遂有孔子此说。

后母为其所感,悔改之后,至均平,遂成慈母。

孝是孔子仁道最重要的表现方式。历史最著名者舜以孝治天下,严格意义上讲舜是以孝博取治天下的资本!

百善孝为先,曾子专门著《孝经》,对后世影响极大,如举孝廉等。但也遭到老庄批判。

《老子》第18章"俗薄":大道废,有仁义;智慧出,有大伪;六亲不和有孝慈;国家昏乱有忠臣。

俗语"家贫出孝子,国乱出忠臣"。有人说我孝顺,我诘问:难道我的兄弟姐妹不孝顺?

第19章"还淳":绝圣弃智,民利百倍;绝仁弃义,民复孝慈;绝巧弃利,盗贼无有。此三者,以为文不足,故令有所属,见素抱朴,少私寡欲。

《黄帝阴符经》:"绝利一源,用师十倍。"

老子要表达的是孝慈、忠臣产生的背景,国富民强,天下太平,何需孝子、忠臣!人生的关键还是要"少私寡欲,见素抱朴"!

春秋战国那么乱的时代,能做到闵子骞那样的孝实在难得。孝与不孝,不取决于己,而是被孝悌的父母兄弟。大孝如舜,其父母兄弟还说他不孝悌,那他就是不孝悌!

孔子更是不孝悌,母亲早死,父亲连面都没见过,九个姐姐,一个哥哥,他提都没提过。不孝不悌,他自己也说过;老婆还有谣传被他休过;儿子见到他都战战兢兢。

4.31　鲁国当政者要重修府库。闵子骞说:把原有的维修一下不就可以了吗,干吗要重建?

孔子:别看他平时不爱说话,说则中的。

闵子骞不但孝悌,还懂得治国之道,不乱为,莫若啬。

《老子》第60章:"治大国如烹小鲜。"

第59章"守道":治人事天莫若啬。夫唯啬,是谓早服;早服谓之重积德,重积德则无不克,无不克则莫知其极,莫知其极,可以有国;有国之母,可以长久。是谓深根固柢。长生久视之道。

柢,非蒂也,是树根上的细毛,即类似人的毛细血管。啬,有俭、少私寡欲、见素抱朴、内敛养生之意。老子的伟大,不仅告诉你治国之道,而且让你懂得如何养生!

4.32　**孔子评论公冶长:可以把女儿嫁给他。虽然被关进监狱,但不是他的罪过。于是孔子把女儿嫁给了他。**

有人说男人一生不进三院:法院、医院、妓院!是否受孔子影响?一笑。当然,公冶长可能是代人受过。符合老子之"受国之垢是谓天下主,受国之不祥是谓天下王"的思想。所以,孔子才嫁女给他。

这里,老孔都不如庄子究竟!

庄子说:"为善无尽名,为恶无近刑。缘督以为经,可以保身，可以全生，可以养亲，可以尽年。"

像闵子骞为善都被刑了！王阳明也蹲过大牢，是典型的为善（良知）而近刑者！不懂明哲保身之道。

4.33　孔子评价南宫适：邦有道，不废；邦无道，免于刑戮。随后将兄女嫁给了他。

南宫适符合孔子标准，为何不把女儿嫁给他？可能是就这么一个女儿，已嫁人，不得已把哥哥的女儿嫁给了他。过日子不能总有牢狱之灾吧！

4.34　孔子让漆雕开入仕。

漆雕开：我还不是特别自信。

孔子非常高兴。

人贵有自知之明。即使身居高位也应谦下为怀。

所以，老子说："圣人处无为之事，行不言之教。万物作焉而不辞，生而不有，为而不恃，功成而不居。夫惟不居，是以不去。"

这才是孔子高兴之所在。

4.35　子曰：雍也可使南面。

了不得！这是孔子对弟子从政才能的最高褒奖！冉雍有人君之德！随后就有人挑衅孔子。

4.36　有人说：雍也，仁而不佞。

孔子：为政，为何要用佞？以口舌御人，只能招惹人烦。没有仁，再美妙的语言又有何用？

冉雍不仅仁德，而且属于"言寡尤、行寡悔，敏于事而讷于言"者。也符合老子"天道酬勤，常与善人"的思

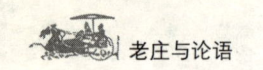

想理念。

4.37 孔子赞扬冉雍：犁牛之子骍且角，虽欲勿用，山川其舍诸？

骍，纯正的红色。冉雍出身低贱，但自身条件好，品性超群，就像耕牛之犊，毛色纯正赤红，牛角端正，即使不能用于太庙祭祀，山川之神也不会舍弃它。只可惜，在那乱世，冉雍最终也未能南面！老庄孙子：德行太好。

4.38 孔子评价宓不齐：这样的人才是君子！如果鲁国没有君子，那他又是从哪里学到君子品行的呢？

君子是学习、修养来的。

讲两个故事，逗大家一乐。

故事一，庄子适鲁。

《庄子·田子方》篇：庄子见鲁哀公。老庄孙子："哀"字有误。

哀公说：我们鲁国儒士君子多，很少有先生您这样的有道之士。

庄子：不然，鲁国儒士也很少。

哀公：哪里哪里，我们鲁国到处都是穿儒服的，何谓之少？

庄子：我听说，戴圆帽的儒者知天时，穿方鞋的儒者懂地利，佩戴玉玦者断事清晰明了。有此道者，未必穿儒服，不穿儒服者，未必无此道。

若您还固执己见，不以为然，那我给您出个主意，广贴告示，曰："无此道而穿儒服者，斩！"

于是哀公公告天下，五天，全鲁国境内再没有敢穿儒服者。独有一老丈穿儒服立于鲁哀公门前。哀公立即召见，应对自如，没有穷尽。

庄子说：全鲁国只有一位儒者，可谓多乎？**老庄孙子**：南北朝时付大士，受达摩老祖点播而成佛，在梁武帝面前穿儒士鞋，戴道士帽，穿袈裟，渊源于此。

故事二，晏子使楚。

《晏子春秋》记载：晏子将使楚，楚王闻之，谓左右：晏婴，齐国善于辞令之人。如今来出使我国，我想羞辱他，你们说用什么办法？

左右：等他来时，臣请捆绑一人从大王身边走过。

楚王：这人是干什么的？

对曰：齐国人。

楚王：犯了什么罪？

对曰：盗窃。

晏子到来，楚王宴请，酒正酣时，突然有两个狱吏捆绑一人向楚王禀报。

楚王：捆者何人？犯有何罪？

狱吏：齐国人，盗窃。

楚王面视晏子：齐国人惯盗吗？

晏子离开席位恭敬回答：我听说，橘生淮南则为橘，生于淮北则为枳，叶子虽然相似，但味道却不同。所以然者何？水土不一样。现如今，百姓生于齐国不为盗，来到楚国则为盗，难道是楚国的水土使民善盗吗？

楚王尴尬一笑：看来，是不能与圣人开玩笑的！我反倒自取侮辱。

4.39　子曰：我从未见过刚强者。

有人抢白他：申枨不是吗？

孔子：申枨欲望那么多，怎么算刚呢？

儒家讲究无欲则刚，还说"刚毅木讷近仁"。老子则说："刚强者死之徒。"人到无求品自高。像汲黯这种人，如果不是遇到汉武帝，八个也死了！少私寡欲，见素抱朴，廉而不刿，大制不割才是究竟。

4.40　原宪曾给孔子当过大管家，孔子给他俸禄900钟。老庄孙子：很多。书中自有千钟粟。

原宪推辞不要。

孔子：这是你所应得。吃不完可以接济乡亲邻里啊。

原宪不是真穷，是看破红尘，不愿为也。

4.41　公西赤出使齐国。冉有为其母向孔子请求救济。

孔子：给他6斗4升。

冉有觉得太少，再请。

孔子：那就再加2斗4升。

冉有没听，给了800斗。

孔子知后很恼火：他去齐国，乘肥马，衣轻裘。我听说，君子周急不济富。

注意！公西赤是富家子弟，很有钱，又有地位，还吃俸禄。孔子说了句千古名言：君子济贫不济富！要雪中送炭不要锦上添花，不愧为老子弟子，堪合天道。

《老子》第77章"天道":天之道,其犹张弓乎?高者抑之,下者举之;有余者损之,不足者补之。天之道,损有余以补不足。人之道则不然,损不足以奉有余。孰能有余以奉天下,唯有道者!

4.42 季氏富于周公,冉求还为他家聚敛钱财。

孔子愤怒:冉求不是我的弟子!你们可以一起大张旗鼓地收拾他。

冉求是孔子弟子中极有才干的,他一生周旋于鲁国国君和季氏之间,没有冉求的鼎力运作,孔子晚年是很难回到鲁国的。即便如此,孔子依然公是公,私是私,公私分明。

孔子是对的,王侯将相不能与民争利!孟子关于"义利"辨也是说的王侯将相,很有真理性。

这让我不得不想起北洋舰队全军覆灭的惨痛教训:3000万两白银的军费如果用于购置当时世界最牛的战舰(其实最牛的那艘战舰只有200多万两),哪会有日本的天下!不幸的是,那艘战舰被日本买去。3000万全部用于给慈禧过生日、修园子,最终竟有2000多万两白银被私吞!清朝,不亡何待?

老庄孙子:邓世昌死得冤啊!

4.43 冉求说孔子:不是我不喜欢您的大道,我实在是力不从心。

孔子:力不从心是指半途而废,你压根儿就不想努力,画地为牢。

不是不能,是不想!其实,大多数人都有此毛病,格局不够。郎平说:"不怕做不到,就怕想不到。思路决定出路。"

老庄教给人们的就是要不断提升自己的境界。鲲鹏展翅九万里都不行，列子御风也不够，秕糠犹能陶铸尧舜仍欠火候。吾何以天下为哉？宇宙在乎手，万化生乎心，优哉游哉。

4.44 宰我白天睡大觉。

孔子骂他：朽木不可雕也，粪土之墙不可圬也。责罚他已没有意义。

随后孔子又说：过去我看人，听其言就信其行，现在是不但要听其言还要观其行。是宰我改变了我啊！

陈抟老祖一睡千年，醒来一问彭祖早已一命呜呼了。其实，宰我是很善于思辨的人，经常问一些刁钻的问题让孔子下不来台。这回孔子狠狠回敬了他一把。事实上是宰我身体不太好，中午要睡午觉。现如今，大家都睡午觉，特别是学生们，或许源于宰我。一笑。当然，非常科学。

4.45 冉耕有病。孔子探望。从窗户外伸手握住冉耕之手，说：死生是天命吧？为什么这样的人会生这样的病？连说两遍。

看来，冉耕得的是传染病，且是一个很有德行的人。孔子感叹，好人不得好死。死生与人之好坏没有必然联系。人生无常也无奈，所以才有宗教盛行！老庄孙子：因果不是必然的！有《熵》论。

4.46 子贡问孔子：子张和子夏哪个更好？

孔子：子张有点过激，子夏有点保守。

子贡：那么说子张更优秀了？

孔子：过犹不及。

这里再一次体现"中道"是老子、孔子、庄子也是释迦之学的核心思想。凡事"适、可而已"。子张是积极入仕者，精进于外王；子夏则是积极于内圣，不急于入仕，却教了很多外王的弟子。

关于子张，再多说几句。

《庄子·盗跖》篇记载了子张和满苟得极为生动的对话，相信子张深受刺激和启发教育，在外王的路上会走得更顺当一些。满苟得是人名，可理解为苟且、贪得以满足一己私欲。

子张问满苟得：你为什么不修德行？人没有德行就没有信义，没有信义就不会被人重用，不被重用就没有利禄名声。

所以，从"名"来看，从"利"来算，仁义才是真正最重要的。就算是抛却名利而反省内心，那士大夫也不可能一天不修行仁义呀！**老庄孙子：不愧孔子弟子。**

满苟得：你哪知？无耻不择手段的人才能富有，善于夸耀投机的人才能显贵。那些名利最大的人，几乎都是无耻而矜夸。所以，从"名"来看，从"利"来算，虚言苟得才是最重要的。就算是抛却名利，反省内心，那士大夫们的行为也只有抱守自然天真本性了。**老庄孙子：多么现实！**

子张：昔日，桀纣贵为天子，富甲天下，可是你如果对地位卑下的奴仆说，你的品行像桀纣，他也会面有忧色，心有余悸。就连奴仆都瞧不起桀纣，何况君子呢？

孔子、墨子虽是穷困的平民，可你如果对宰相说，你的品行如孔墨，他也会面带喜色，欣欣然，并客气地说不敢当，还差得远、差得远。

所以,士大夫们一定要注意自己的品行。故而,势大如天子,未必就尊贵;穷困如贫民,未必就卑贱。尊贵与卑贱的分别,在于其品行上的"恶"与"美"。

满苟得:难道你没见?小强盗被拘捕,大强盗摇身一变却成了诸侯,诸侯门下存有"道义"(窃珠者诛,窃国者为诸侯,诸侯门下仁义存焉)。

从前,齐桓公小白杀兄娶嫂,而管仲却做了他的重臣;田成子弑君窃国,而孔子却接受了他赠送的币帛。评论起来都认为那样很卑鄙,但行动起来却都那样做,这就是言行不一,嘴上所说和所作行为在内心对抗,岂不矛盾!

所以《尚书》上说谁恶谁美?成功的人就成为尊贵之首,失败的人就是卑贱之尾。**老庄孙子**:成者为王败者寇。

子张:你不修品行,将会亲疏没有伦常,贵贱没有准则,长幼没有顺序,人伦关系的"五纪六位"(五纪:岁、日、月、星辰、历数。六位:君、臣、父、子、夫、妇)将怎样区别?

满苟得:尧杀害了自己的长子,舜流放了同母胞弟,你说,亲疏有伦常吗?

商汤流放了桀,武王杀了纣王,你说,贵贱有常义准则吗?

王季不是嫡亲长子却继承了王位,周公杀死他的兄长,你说,长幼有序吗?

儒家言辞虚伪,墨家主张兼爱,你说,这样人伦关系的

"五纪六位"就会有区别吗？况且，你正在追求的是名，我正在追求的是利，名和利的实质顺理明道。

以前，我在无约（人名）面前和你争论：小人为财而死，君子为名而亡，二者所以改变真情、更易本性的原因虽有不同，但在舍弃生命这方面则是一致的。

所以说，不做小人逐利，反求自己本性（回光返照观自在）；不做君子求名，顺从自然之理（道法自然观世音）。是曲是直，听任自然。

关照四方，顺随时序变化，或是或非，执守循环变化的中枢（允执厥中），独自达成自己的本意（独立而不改，周行而不殆），与道共游，不要固执己为，更不要固执己见，也不要推行什么正义准则，不然将会丧失自己的真性。

不要奔赴什么富贵，不要为所谓成功而牺牲，不然，将会失去自己的自然天性。

你难道不知道？比干被剖心而死、伍子胥被挖眼投江，这都是"忠"之过。

直躬证实其父偷羊，尾生为等女朋友而被河水淹死，这都是"信"之过。

鲍子抱树干而死，申子受谗言之害而不申辩宁愿投河，这都是"廉"之过。

孔子周游列国，老妈（应为孔子老婆）临死都未能见上一面，匡子劝谏其父不成则终生不见其父，这都是"义"之过。

像你们孔夫子，作为士大夫自以为语言要真实，行动要正直，明知不可而为之，结果，祸殃连连，灾难不断，累累若丧家之犬。

子张无语。

4.47 子游做了武城的地方长官。

孔子问他：你上任后得到一些人才没有？

子游：有一位名叫澹台灭明（与《庄子》中人名有一拼）的人，从来不走小道。非公事，从不到我内室拜谒。

光明磊落、胸怀坦荡，不拉帮结派，不阿谀奉承之人世上越来越少。这样的人在仕途上能否走得顺利也很难说。不如老子之"委曲求全"来得好。刚则易折，廉则易割。

《老子》第9章"运夷"：持而盈之，不如其已；揣而锐之，不可长保；金玉满堂，莫之能守。富贵而骄，自遗其咎。功遂身退，天之道。

第22章"益谦"：曲则全，枉则直，洼则盈，蔽则新，少则得，多则惑。

4.48 孔子到武城看望弟子。

没见到人，先听见了悠扬弦歌之声。

孔子微微一笑，道：杀鸡焉用宰牛刀。

子游得知，据理力争：以前，我听您说，君子学道以爱人，小人学道则易使。

孔子不好意思，警示弟子们，子游说得对，我刚才是戏言。

孔子吃了弟子的憋，自找台阶。这样的事在《庄子》中比比皆是。武城虽小，五脏俱全。音乐是陶冶人的非常好的途径。庄子之人籁、地籁、天籁之音更是境界。人生的幸福即在"至乐"。

4.49 子曰：先进于礼乐，野人也；后进于礼乐，君子也。如用之，我从先进。

众说纷纭，莫衷一是。我意，可用孔子之"文质彬彬"来解。野人，即远古质朴之人，质朴之人以礼乐教化之更好一些，也是孔子第一批弟子的实情。不得已，重质不重文。质胜文则野，骄也罔极，必也狂狷，独顽且鄙。后来的弟子大都出身高贵，文胜质。真正好用、管用的还是前者。

4.50 孔子在陈国，对弟子们说：回去吧！回去吧！你们都成材了，我也教不了你们了。

这是孔子68岁即将结束流亡生涯，鲁国权贵盛邀孔子弟子们回国从政时说的话。是真心话，也有感慨，因为鲁国季氏主要邀请的是冉求等孔子弟子而不是孔子。冉求回国后，立即把孔子迎回并力谏鲁国国君封孔子为"国老"。

学而优则仕，孔子极力于入仕，学以致用。鼓励弟子们入仕。

老庄则主张大用、无用之用。用则"大宗师、应帝王、秕糠有陶铸尧舜"，无用则骑日月，乘云气，逍遥于无何有之乡、广漠之野，优哉游哉，天下与我何为哉？

4.51 孔子晚年，不停慨叹：同我一起在陈蔡受苦受难的弟子们都不在我跟前了。

和孔子一起流亡、周游列国、颠沛流离、生死与共的，特别是陈蔡绝粮等几次危难，让他和弟子们结下了超越师生关系的生死情愫。孔子时不时回忆，老之将至。师生如此，也就不枉活于人世了。看看现在的师生关系，真是无语。

谈诗论乐

谈诗

4.52 子曰：小子们！你们为何不学学《诗》呢？《诗》，可以兴，可以观，可以群，可以怨。近可事父，远可事君，多识于鸟兽草木之名。

孔子一生花了大量心血，搜集三皇以来特别是夏商周春秋时期3000多首诗，最后删减到305首成为《诗经》。

在此可以看到孔子删诗的原则和目的，为"修齐治平"，为兴、观、群、怨，近可事父，远可事君，还能增长知识。

其实老庄著述，可以说句句是诗，字字有意，亟待挖掘。

当然，孔子也给后人诗词定了调：赋、比、兴、信、达、雅。兴、观、群、怨也构成了中国古典诗歌的基本特征。可以说，不懂诗词（包括乐）的人不能算作一个完整的人。

连刘邦都会做一首三句诗：大风起兮云飞扬，威加海内兮归故乡，安得猛士兮守四方？是兴的典范。

而项羽：虞兮虞兮奈若何？则是怨的代表。

4.53 子曰：兴于诗，立于礼，成于乐。

没有兴，哪有立，自然也无成。人要有感而发，不能乱发，要合于规矩（礼），太规矩了也不好，还要乐，当然要乐而不淫，哀而不伤。老子之"乐其俗"，庄子之"至乐"是也。所以陆贾讥讽刘邦："马上打天下，安可马上治天下？"刘邦从谏如流，自此大汉王朝礼立、乐成，江山稳固400载，乐和哭都是"乐"的一种表现。

孔子就是从哭丧中领略出音乐的真谛。人类、人生的终极目标是和谐、和乐、幸福。

老孔庄都汲汲于当世的快乐、幸福，而不追求来世的极乐、天堂。这是中华文明与西方文明（宗教）的根本区别！

4.54 子曰：《诗》三百，一言以蔽之，思无邪。

就是这三字，后人也议论纷纷！

我上大学时，有一非常漂亮的女老师上课，学员爆满，不是听课而是看老师，老师无奈，幽默了我们：同学们，我知道我很漂亮，也喜欢你们看我，但千万不要有邪念噢！同学们轰然。自此我便养成了"爱美之心，人皆有之，但无邪念"的好习惯，风流而不下流，风流倜傥是也。

孔子之"未见好德如好色者也"，如果加上"思无邪"就更好了。思无邪，本身就是诚意、正心的一个基本要求，特别是独处时。

4.55 子曰：《关雎》篇，乐而不淫，哀而不伤。

非常符合"中道"。老子也告诫"甚爱必大费，多藏必厚亡"。可惜有几人能把握得住？

英雄难过美人关，怒发冲冠为红颜。吴三桂为了一个陈圆圆冲冠一怒引清兵入关，葬送了大明王朝。

还是范蠡和西施来得好，助越王勾践灭吴，二人一叶扁舟"乘桴浮于海"，一会儿陶朱公，一会儿齐大贾，玩乐世界，游戏人生。可不像孔子，一世的无奈、不得已。看了一下南子还整得沸沸扬扬。

《诗经》三百篇,为何独独把《关雎》放在第一篇?我以为,夫妻乃天下第一伦,孔子不便明说,故隐于此,用心良苦。有时间,我准备写一篇这方面的论文。孔子说夫妻"琴瑟好合,相敬如宾",绝不像后儒们特别是宋朝理学大师们所异化的"夫为妻纲""男尊女卑""饿死事小,失节事大"等等。

其实《周南》《召南》三十多篇都是说的男女之爱。

4.56 子夏问孔子:巧笑倩兮,美目盼兮,素以为绚兮,是什么意思?

孔子:绘事后素。

子夏:那礼也是后起的吗?

孔子很高兴:能启发我的,是子夏啊!完全可以和你谈《诗》了。

再漂亮的美女,如果心里肮脏,即所谓女人变坏就有钱者,只是一个臭皮囊。所以说,质地很重要!也如一幅好画,处理留白很重要。亦如老子之"素朴、纯真、清雅、自然、内秀"等等。至于礼,孔子承认不是先天有的,而是后天用以培养、教化人的。老子也说"礼者,道之华而乱之始"。

4.57 有诗曰:唐棣之华,偏其反而。岂不尔思?室是远尔。

子曰:未之思也,何远之有?

孔子之反问,说明他是懂得情爱和对远方情人深深思念的。也说明孔子是一个感情极其丰富的人,绝不像后儒们塑造得那么死板、正人君子。孔子还说"仁,远乎哉?思仁故仁在"。

其实，真正的思念是不分远近的。梦里寻她千百度，蓦然回首，那人却在灯火阑珊处。

4.58　子曰：诵诗三百，授之以政，不达。使于四方，不能专对。虽多，亦奚以为?

再次证明孔子删诗书、订礼乐的原则，行政、外交都离不开《诗经》。汉武帝专门设经学科，专门博士研究各经学，如京房易，甚是了得！董仲舒《春秋繁露》等等。

春秋各国使节出使他国，背诵引用《诗经》是必须。**老庄孙子**：学以致用，实证、践行。

4.59　孔子问他儿子伯鱼：你学"周南、召南"了吗?一个人如果不学此二篇，就像面墙而立，无路可走。

4.60　陈亢问伯鱼：老师给你吃偏饭吗?

伯鱼：没有。

有一天，孔子独自在庭院内站立，伯鱼从他身边经过，孔子喊住了伯鱼，问：你学《诗》了吗?

伯鱼：没。

孔子：不学《诗》就不知道如何表达。

于是，伯鱼开始学诗。

又有一天，同上，孔子问伯鱼：你学《礼》了吗?

伯鱼说：没。

孔子：不学《礼》，何以立身?

于是，伯鱼开始学礼。

关于学问，孔子就问过这两次。

陈亢很高兴：问一得三，闻《诗》、闻《礼》、闻君子不偏爱自己的儿子。

孔子一生很少谈论自己的儿子、妻子，且其妻、子都死于孔子之前，总之，他与儿子、妻子关系很一般。倒是他的孙子子思后来成了大气候，不但著《中庸》，还是孟子老师的老师。**老庄孙子**：隔代亲，如康熙与乾隆。

论乐

孔子是位大音乐家，作词、谱曲、演奏、歌唱、乐理等等全部精通。其实"乐"，对于孔子参道、悟道帮助极大。孔子把305首诗全部谱了曲，成为《乐经》，可惜失传，这是中国乐坛极大损失。子贡最终没有悟道，与不懂"乐"关系很大。乐是人生的归宿。如释迦之极乐世界，那是另一个世界了。老孔庄是讲究当世行乐，乐在当下。所以有人著《孔子随喜》。

4.61 孔子在齐国听到《韶》乐，陶醉得竟三个月不知肉味！感叹，想不到啊！音乐的美妙竟能达到如此极致。

4.62 《韶》乐，尽善矣，又尽美矣！说《武》乐，尽美未尽善。

相传，《韶》乐是舜时古乐，《武》乐是周武王时的音乐。"唐虞揖让三杯酒，汤武征战一局棋"，以此可以品出《韶》《武》乐的境界和差别。

确实，好的音乐能陶冶人的情操，净化人的心灵。孔子还说："广博易良而不奢，则深知'乐'也！"

老子、庄子也极善于用声、乐描述哲理的究竟。看看庄子对天籁、地籁、人籁的描写。

《齐物论》：南郭子綦隐几而坐，仰天而嘘，打了一个漂亮、响亮的口哨，随后，似丧其偶。

颜成子游立侍乎前，曰：您这是怎么了？形如槁木，心若死灰。现在您倚坐于桌前，不同于过去您倚坐于桌前吗？

老庄孙子：人不能两次踏过同一条河。

子綦：问得好，你坐下，如今，我已忘掉了我自己（颜回之坐忘）。你知道吗？你听过"人籁"但没听过"地籁"，你听过"地籁"但没听过"天籁"。

子游：愿闻其详。

子綦：地球呼吸而生风，是自然所为，一旦发作则万窍怒号。你没听过长风掠过之声吗？大深林，高低起伏，参差不齐，粗大树木上有各种各样的孔穴，有的像鼻、有的像嘴、有的像口、有的像耳、有的坑、有的凸、有的凹，大风吹过，声音千奇百怪，有的如大海波涛、有的如火漫山林、有的如哭、有的如泣、有的如号、有的如叫、有的如呼、有的如吸、有的像笑、有的似哀，前面的风在唱，后面的风在和。小风则小和，大风则大和。暴风骤止则万窍寂静，树欲静而风不止，风欲止而枝叶还在轻轻地摆动，摇摇曳曳。

子游：我明白了，地籁是众窍所致，人籁是竹箫管弦所致，请问天籁？

子綦：大风吹过，万窍声各不同，之所以音声各异都是因为它们各自的自然状态不同所致（吹万不同），自然而然，又有谁来鼓吹它们呢？

孔子还说："喜怒哀乐之未发，发而皆中节。中也者天下之大本，和也者天下之达道。""乐"的终极目的就是"致中和"：和乐、和谐、和气、和睦、和美、和而不同。

4.63 子曰：从大乐师师挚序曲开始，一直到《关雎》乐曲的结束，美妙的音乐让我如醉如痴、神魂颠倒。

孔子对音乐的痴迷程度于此可见一斑。孟子则差了许多。所以其浩然正气则必然有所偏颇，多有义气成分在。亦不如老子"抟气致柔，能婴儿乎？终日号而不哑，和之至也"。

孔子有音乐天赋，从小受哭丧、送葬影响且哭得一手好丧。长大后曾向许多音乐大师求教，如苌弘（周室大乐师）、师襄子等等。

34岁时，受鲁国派遣到周室问礼，出发前和南宫敬叔有一段对话。

孔子：我听说老子博古知今，通"礼乐"之源，明"道德"之归，则我师也，今将往矣。

见完老子，临走时，老子送给孔子一席话：吾闻富贵者送人以财，仁人者送人以言（施若恒沙与传经布道）。我不富贵，窃有仁人之名，就送你几句话吧："聪明深察而近于死者，是因为好议论人之是非；博辩广大，危其身者，是因为好揭人之短恶也。为人子者，毋以有己。为人臣者，毋以有己。"老庄孙子：忘我、坐忘是也。泄露天机者不祥。俗语"打人不打脸，说话不揭短"。

4.64 孔子与鲁国大乐师探讨音乐。

孔子：乐曲的规律是可知的，以合奏开始，乐、音充盈悦耳。随后，各种乐器逐次展开，曲调悠扬，节奏分明，又绵延反复，直到最后曲终。

孔子一生没有离开过音乐，特别是流亡14载，手不离琴，越是艰难困苦危难之时，越是弦歌不断，镇定自若（以此镇定）。诸葛亮的空城计，在城门楼上弹琴可能就是跟孔子学的，一个孔子，一个孔明，哥俩，一笑。

《庄子·山木》篇记载：孔子及弟子被围困于陈蔡边境上7天，命悬一线。孔子怡然自得，他左膀靠着枯树，右手拿着枯树枝敲打着，吟唱神农时代的歌谣，有音无律（类似原生态），有声无调，却悠然自得，像天籁和人籁的有机合成。**老庄孙子**：颜回琴也弹得不错。

《庄子·让王》篇记载：曾子居住于卫国，乱麻絮里的袍子已破烂不堪，脸上浮肿得厉害，手和脚长着老茧。他已经三天没生火，十年没添置衣服了。正一正帽子，帽带就会断掉；拽一下衣襟，臂肘就会露出来（捉襟见肘之出处）；脚往鞋里穿，脚后跟就会裂开。穷困如此，他却还在吟唱《商颂》，声音洪亮充满天地间，好像金石乐器奏出的声响。那气魄，天子不能使他为臣，诸侯不能使他为友。庄子评价：养"志"的人忘却了形骸，养"形"的人忘却了利禄，追求"道"的人忘却了心智。**老庄孙子**：废心忘形。孔子是费心用形。

4.65 子曰：礼啊、礼啊！难道就是指的玉帛之类吗？乐啊、乐啊！难道就是指的钟鼓丝竹吗？

礼之本，在于诚敬；乐之本，在于和乐。和乐、舒怡由衷而发，那该是多么美妙、幸福的事啊！

4.66　子曰：我自卫国返回鲁国，然后正"乐"，《雅》《颂》都有了恰当的定位。

《诗》《书》《礼》《乐》（《易》《春秋》就更不用说）的最后定稿，均在孔子晚年。孔子68岁结束流亡生涯回到鲁国以后，推敲了一生，晚年达到极高水平。

案例辨析

4.67　宰我（白天睡觉那位）给孔子出难题：有人说，井里有仁，你要跳下去吗？**老庄孙子**：刁钻！

孔子：为什么要跳下去呢？君子可以跑到井边救人，无须跳下去；君子可以被人骗，但自己不能糊涂。

孔子回答得比较勉强。宰我说的是"仁"，孔子回答的是"智"。当然，孔子的智和仁是紧密相连的，也包括勇。一个君子，不但要有仁德，还要有智慧和勇气。仁，不是傻，不能做无谓的牺牲。其实，宰我是针对孔子"当仁不让、杀身成仁"而问的。**老庄孙子**：智慧到彼岸。

看看庄子的观点。

《庄子·至乐》篇：那些所谓重义轻生（烈士）之人的壮烈行为确实让人佩服，但却失去了宝贵生命。我不清楚，这种行为是善还是不善？你说他是善举，他却失去了宝贵生命；你若要说他是不善，可他却又使他人存活了下来。

所以有道是：忠言逆耳，谏之不听，真不如干脆缩脖靠在一边一声不吭（孔子说：事君数，斯辱矣；朋友数，斯疏矣)。如若不然,就像伍子胥一样为了谏诤宁愿自己牺牲,虽然死了,但却青史留名;如若不净,不至于死,但也留不下什么清名。如此说来,这世上到底有没有善呢?

我给你们说说恬静无为吧!就以天地做比喻。苍天是恬静无为的,所以才能清虚,晴空万里;大地也是恬静无为的,所以才宁静,厚德载物。天地两无为、恬静之合和才能生长化育万物。**老庄孙子**:天得一以清,地得一以宁,侯王得一以为天下正。

惚兮恍兮,不知万物之所出;恍兮惚兮,不知万物之所去(黄帝说:至道之精,窈窈冥冥;至道之极,昏昏默默)。万物繁衍,纷纷芸芸,都是从无中来的(无中生有)。细细品味天地之无为而又无所不为的道理吧!**老庄孙子**:世上又有几许人能参透这无为恬静的道理呢?

《老子》第 39 章"法本":昔之得一者,天得一以清,地得一以宁,神得一以灵,谷得一以盈,万物得一以生,侯王得一以为天下正。

第 37 章"为政":道,常无为而无不为。侯王若能守之,万物将自化。

第 21 章"虚心":孔德之容,惟道是从。道之为物,惟恍惟惚。惚兮恍兮,其中有象;恍兮惚兮,其中有物。窈兮冥兮,其中有精。其精甚真,其中有信。自今及古,其名不去,以阅众甫。我何以知众甫之状哉?以此。

第 2 章"养身":天下皆知美之为美,斯恶已;皆知善之为善,斯不善已。故有无相生,难易相成,是以圣人处无为之事，行不言之教。万物作焉而不辞，生而不有，为而不恃，功成而弗居。夫惟弗居，是以不去。

第11章"无用"：三十辐共一毂，当其无，有车之用，埏埴以为器；当其无，有器之用，凿户牖以为室；当其无，有室之用。故有以为利，无之以为用。

老庄孙子：谁说老庄不是一家！

4.68 叶公告诉孔子：我家乡有一位很正直的人，父亲偷羊，他告发了他父亲。

孔子说：我家乡也有一位很正直的人，但与你那位不同，父为子隐，子为父隐，正直就在其中了。

何谓正直？法理何在？一切法律都必须建立在良知、良心的基础之上！没有人情和良知，那法律的意义也就不存在了。

孔子还说过：道之以政，齐之以刑，民免而无耻。一个人连羞耻之心都没有了，那无异于禽兽，甚至禽兽不如！

老子说：圣人之治，是方而不割，廉而不刿，直而不肆，光而不耀。还说：天下多忌讳而民弥贫，法令滋彰，盗贼多有。

法律也仅仅只是维护社会稳定的一条底线，绝不是人类的终极追求！

议论时政

4.69 孔子说季氏：八佾舞于庭，是可忍孰不可忍！

八佾，64人舞蹈，专供天子用。这是孔子34岁时，刚刚到周室问礼，向老子学礼，向苌弘学乐归来时发生的事。当时是"三桓"即季氏、叔孙氏、孟氏三家左右鲁国朝政。季氏摄政，大行僭越，用天子之礼娱乐，礼崩乐坏即指此。礼乐征伐不能从天子出，也不从诸侯出，而是从世卿大夫出。孔子无比愤怒！

4.70 三家以《雍》祭祖，也是僭用了天子之乐。

《雍》是《诗经·周颂》中名篇，是古代天子宗庙祭祀时吟唱的乐诗。

所以孔子愤慨：诸侯围绕，天子威严肃穆居于中间，这样的大礼，怎么能用于三家之堂呢？

也是"是可忍孰不可忍"！

4.71 季氏祭祀于泰山也是僭越。孔子不能救，指责冉有（季氏家臣）：你不能劝阻吗？

冉有：不能。

孔子愤怒：难道泰山之神还不如林放知礼吗？老庄孙子：孔子晚年事。

林放，《庄子·山木》篇有记载：孔子向子桑乎发牢骚，我遭遇那么多灾难、祸殃，又妻离子散，亲友疏远，弟子不聚，谁能告诉我！这到底是为什么？

子桑乎：你难道没听说过假国（晋国附属国）人逃亡的故事吗？这个逃亡者叫林放。他放弃了价值连城的玉璧，背着婴儿（婴儿是老子形容得道者的最佳状态）逃亡。

有人质疑：你说他是为了财吧，婴儿不值钱。你说他是

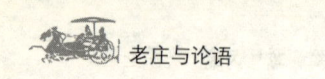

怕重吧，孩子比玉璧重得多。舍弃价值连城的玉璧却背着婴儿跑，你说这是为什么？

林放：我和玉璧只是一种利益关系，而这个婴儿和我却是人的天性结合。与利相合者，大难临头，互相抛弃；与人性结合者，大难临头则会相互帮助，谁也离不开谁。所以，相弃与相助差别何其远啊！

进一步讲，君子之交淡如水，小人之交甜如蜜。君子虽淡漠，交情却深，小人虽甜蜜，一有风吹草动、利益纷争，就各奔东西，绝情弃义。所以，这世界，没有无缘无故的爱，也没有无缘无故的恨。

4.72 季氏主张讨伐颛臾小国。

冉求、子路去见孔子：季氏要对颛臾用兵。

孔子：冉求！这里没有你的过错吗？颛臾国是周天子祭祀之地，本已属鲁国，是鲁国的臣属，何以伐为？

冉求：是季氏力主，我俩都不想。

孔子：史官周任说过"尽职尽责，不行就辞职"。危而不救，跌而不扶，那要你们这些辅臣干什么？而且，你说错了！老虎、犀牛跑出笼子，龟甲、玉石毁于匣中，是谁之过？

冉求：颛臾国城墙坚固，离费邑又近。现在不攻取，恐有后患。

孔子：冉求！君子痛恨一种人，明明自己想要还要假惺惺推辞。我孔丘听说一国或一家，不怕寡，而怕分配不均；不怕穷，而怕不安定。公平了就无所谓贫富之忧，和谐了就无所谓多寡之忧，安定了就无所谓倾覆之忧。

第一篇　内编　孔子之语

尽管如此，远方之人还不归服，就用仁义礼乐让其顺服。已归顺的，就让其安居乐业。

现在，你们俩辅佐季氏，不能使远人归顺，国内四分五裂又不能得到治理，反而谋划在境内用兵。只怕季氏之患不在颛臾而在祸起萧墙！

平安的出处，只有平才能安。

又如《山海经》，20世纪80年代，美国科学家开始疯狂研究，我们却把它当成神话束之高阁。人家用我们发明的火药、指南针制造坚船利炮打得我们屁滚尿流！我们不能不惊醒、深思！

反之，为何要把老虎关进笼子呢？如果老虎、犀牛都能自由自在地生活，既不伤人也不被人伤，大家和谐相处，那该多好！可是，谁能做到？有！老子和庄子说的至人、神人。

《老子》第50章"贵生"：盖闻善摄生者，陆行不遇犀（牛）（老）虎，入军不被甲兵。犀无所投其角，虎无所用其爪，兵无所容其刃。夫何故？以其无死地。

《庄子·逍遥游》篇：藐姑射之山（如昆仑山），有神人居焉（如商山四皓，陈抟老祖），肌肤若冰雪，绰约如处子。不食五谷，餐风饮露（如张良之辟谷），乘云气（列子御风），御飞龙（《山海经》大禹），而游乎四海之外（脱离地球）。其神凝（如北辰，如如不动），使物不疵疠而年谷熟。之人也，之德也，磅礴万物以为一。世道混乱，孰弊，弊焉以天下之事为哉？之人也，之德也，物莫能伤，大浸稽天而不溺，大旱金石流、土山焦而不热。是其尘垢秕糠犹能陶铸尧舜者也，

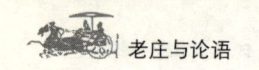

孰肯以事（天下）为哉？

4.73 孔子病了，季康子送药给他，他拜而受之。又说：丘不懂药性，不敢吃。

孔子是反对季氏用权的，接受阳虎送猪的教训，于礼先受之，然后找了个冠冕堂皇的理由再推托掉，委曲求全啊！

4.74 子曰：鲁国之君失去权力已有五代了。政权旁落于士大夫之手已有四世了。所以，三桓的威势也该没落了。

孔子对王权的衰落有一个公式："天下有道，则礼乐征伐子自天子出。天下无道，则礼乐征伐自诸侯出。自诸侯出，盖十世希不失矣；自大夫出，五世希不失矣；陪臣执国命，三世希不失矣。天下有道，则政不在大夫；天下有道，则庶人不议。"道理何在？一时说不清楚，可能是孔子研究历史的心得。有谚：中国人富不过三代。大一统的思想、有道无道、制度、家族式管理等等，可能都有关系。比尔盖茨给孩子们留遗嘱：每人 20 亿美金，但条件是，直至他们自己挣到 20 亿时，那些钱才能动。老庄孙子：现在是庶人妄议国政。

鲁国时政

4.75 阳虎想见孔子，孔子不见。

阳虎便叫人送去一烤乳猪到孔子家。

孔子也趁阳虎不在家时回拜还礼。

结果二人在路途不期相遇。

阳虎：你过来！我有话对你说。你身怀治国大道，却听任国家混乱，这算"仁"吗？

孔子：不算。

阳虎：想从政，却又失去良机，这算"智"吗？

孔子：不算。

阳虎：时光飞逝，时不我待啊！

孔子：好吧！我准备入仕。

很有意思！2500年前，阳虎和孔子就学会了"躲猫猫"，且躲得有理有据有节。说说他俩的恩怨吧。

孔子17岁时，母亲死（不超过33岁），孔子葬母。后又得知其父之墓地，孔子做了一件冒天下之大不韪、大逆不道的惊人壮举，竟将其母与其父合葬！苍天都不容他。埋上，立即被大雨冲垮，再埋，再冲！孔子无奈。

随后不久，正赶上季氏设盛宴招待鲁国士大夫们。孔子刚刚得知他父亲也是武士且出身名门，便戴孝前往。

当时，阳虎是季氏家宰（总管），负责组织接待。孔子欲进，被阳虎挡驾，说：这里接待的是"士"而不是你！孔子愤然离去。

自此两人结下不解之怨。

其实，阳虎与孔子有极其相似的人生！同是私生子，都很有才干，均做过季氏的家臣，长相也极其相似！孔子流亡期间在卫国被困，险遭杀戮，起因就是阳虎。历史多有记载。

《庄子·秋水》篇记载：孔子56岁，在鲁国任大司寇兼摄相事，堕三都，百日新政失败，被迫流亡。第一站卫国，刚刚到匡这么个地方，就被卫军重重包围，弟子们惊恐，孔子镇静自若，一面派子贡去向卫国军事统帅宁武子求援，一面弦歌不辍。

子路性急,闯进孔子屋内:先生!都什么时候了,您怎么还这么高兴?

孔子不失时机地又教育了一次子路:小子,过来,我告诉你。我忌讳穷困已经很久了,却始终不能摆脱,这就是"命"啊!我渴求通达也很久了,而志不得伸,这就是"时"啊!

处于尧舜时代,野无贤人,并不是人人都有智慧;处于桀纣时代,朝无贤人,也并不是这些人没智慧。都是时势所迫。

在水中不怕蛟龙,是渔父的勇敢;在陆地不怕犀虎,是猎人的勇敢;战火纷飞,视死如归,是烈士的勇敢;知穷之有命,道之有时,临大难而不惧者,是圣人的勇敢。

子路,你等着吧,我的命是有定数的!

不久,宁武子派兵来解围,才知道是阳虎在鲁国叛乱失败逃往卫国被追杀。

因为孔子和阳虎长得很像,所以被误围。

阳虎很了解孔子的"智仁勇",所以以其人之道还治其人之身,让孔子无奈。此次阳虎想见孔子就是想与孔子合作干政。其实,孔子与很多叛乱者都有合作意向。下面就是。

4.76 公山弗扰在费邑叛乱。招孔子,孔子欲往。

子路不悦:强弩之末,快算了吧!何必去呢。

孔子:他召唤我,不能只是一句空话吧?!如果重用我,我可以在那里复兴周朝!

孔子汲汲于仕已到了无以复加、不择手段的地步!公山弗扰也是季氏家臣，在季氏封地费邑做主官。随阳虎之后叛乱，即孔子所说"陪臣执国命"者。

孔子深刻总结了自己失败的原因，急于再战！此次，在子路力阻之下没有成行。

4.77 子曰：臧武仲想以交出防邑来换取保留臧孙氏家族的爵位。有人说，他不是想要挟国君，我不信。

臧孙氏也是鲁国贵族。孔子的爷爷曾做过臧孙氏的家臣，出任过其封地防城邑宰。相当于现在的乡长，靠工资度日，已很落魄。

4.78 齐国大夫陈恒弑杀齐简公。

孔子斋戒沐浴上朝，告诉鲁哀公：陈恒弑君，请讨伐。

哀公：请去告诉三桓。

孔子出来后，说：因为我做过大夫，职责所在，不得不告知。国君却说，去告诉三桓。

于是孔子又向三家大夫告之。三家均不赞成出兵。

孔子又说：因为我做过大夫，所以，不敢不告知。

孔子仅仅是尽责而已或叫不失礼。此事发生在鲁哀公14年，孔子71岁，闲居在家，这也是孔子有生之年发出的最后一次政治声音，尽管很微弱。

这件事，庄子做过精辟、苛刻的评价。

《庄子·胠箧》篇：鲁哀公14年，齐国以圣人（姜太公）之法治理国家，人口众多，土地肥沃，方圆二千余里。立宗庙社稷，划地而治。邻里相望，鸡犬之声相闻。张网捕鱼，精耕细作，人民安居乐业，天下太平。

然而，田成子（陈恒，也叫陈常）一朝叛乱弑其君（齐简公）而盗其国，所盗窃的又岂止是齐国呢？他连同圣人之法一同盗得。致使田成子虽有窃国大盗之名，但却身处尧舜之安，小国不敢非议，大国不敢觊觎，绵延十二世拥有齐国。这难道不是既盗国又盗法，又用所盗之法来守护他这个盗贼之身吗？

《庄子·盗跖》篇同样记载满苟得说田成子最为经典的名句"窃钩者诛，窃国者为诸侯，诸侯之门仁义存焉"。

4.79　冉求退朝，孔子问：怎么？这么晚才回。

冉求：政务在身。

孔子：是事务吧？如果是政务，即使不用我，我也会知道。

国事谓政，家事谓事。冉求没分清。孔子委婉批评冉求是为季氏做家务而非国务。

4.80　厩焚。孔子退朝，问：伤人了吗？伤人了吗？不问马。

问人不问马是人性、仁道、以人为本的表现。后人考证了个乱七八糟，无聊至极！

礼乐衰微

4.81　子曰：觚不觚，觚哉、觚哉？

觚，古代祭祀用酒器。孔子大发感慨。酒器也不像酒器了！亦如，子贡之爱羊，孔子之爱礼。其实是，君不君、臣不臣、父不父、子不子的另一种表述。春秋末期，礼崩乐坏，道德衰微。

4.82　子曰：禘礼开始。第一次祭酒后，我就看不下去了！

为什么？因为禘礼是天子所专有，诸侯甚至大夫们僭越，当然看不下去了！"是可忍孰不可忍！"

4.83　有人不知趣，这时问孔子：何谓禘礼？

孔子：不知道。没法知道！

但孔子随后说：如果懂得禘礼之道，用于治理天下，不是易如反掌吗？说完，指了指自己的手掌，还做了个动作。

孔子还说过：为政，必也先正名！名不正，则言不顺；言不顺，则礼乐不兴；礼乐不兴，则刑罚不中；刑罚不中，则民无措手足。

礼，就是规矩，没有规矩不成方圆。即使到了共产主义也是要有规矩的，不过那时的规矩恐怕应该是老子的规矩"大制不割"。

4.84　鲁哀公问宰我：土地神的牌位是何木而作？

宰我：夏朝用松木，殷朝用柏木，周朝用栗木。栗木之意是使人感到战栗。

孔子听到后，说：成事不说，遂事不谏，既往不咎。

谁说宰我"朽木不可雕也"？一鼓作气说了这么多木，且都是有用之木！直逼孔子美轮美奂的周朝初期。周朝的规矩开始于立威于民，已有法治的色彩。

关于松柏，孔子说：岁寒然后知松柏之后凋也。示意君王、君子要像松柏一样正直、挺拔、朴实，经得起狂风暴雨、酷暑严寒的考验，暗含正己、诚心、修身之意。追

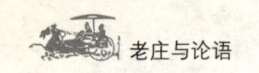

求德政。

孔子法周,一是规矩(礼)立的好,二是夏商的规矩不全甚至不可考。非刻意复古、复辟。孔子听宰我之说,回答得比较勉强,有托词之嫌。既如此又何必"祖述尧舜宪章文武"?有点自相矛盾。也许,孔子爱周礼爱得太深了!郁郁乎文哉!不忍心是也。

诸侯各国

4.85 子曰:齐国一变可为鲁,鲁国一变可至于道。

齐国是姜子牙的封地,崇尚"智能"。鲁国是周公封地,崇尚"仁德"。实际上,周初,周文王以仁德著称于世,奠定了周朝道德基础。周武王以武力征伐天下,一统江山。随之,周公、召公以礼立天下。文武兼备,以礼节之,成就了孔子"文武之道,一张一弛,郁郁乎文哉!我从周"的感叹。礼以节仁,智以利仁,勇以成仁,仁的极致就是以道莅国理民直至人类从小康到大同之究竟。这是孔子的终极梦想!也是中华民族伟大复兴之所在。

4.86 子曰:鲁国和卫国是兄弟邻邦。

孔子于鲁、卫有着一生不解的情缘。其实,他的祖籍是宋国。

4.87 卫灵公问军事于孔子。

孔子:祭祀之礼,我有所闻。军旅之事,没学过。

第二天孔子离开了卫国。

很好的托词。确实,孔子到周室问的是礼乐,没有军事。

但要说孔子不懂军事那是大错特错！

孔子流亡到卫国，不被重用，又颠沛流离了一年多，不得已，又返回卫国。卫国内乱，急需平叛。所以有此一问。孔子不愿意再看到战乱的灾难，如老子所说"师之所处，荆棘生焉。大军过后，必有凶年"。又何况是卫国家族之乱，不是杀兄就是弑父，还有南子搅和中间。

此问之后，《孔子世家》还记载：第二天，卫灵公又和孔子聊天。看到大雁飞过，卫灵公仰视，久久不理孔子。孔子大失所望。不久，卫灵公去世，卫国更乱。不得已，在卫国前后逗留4年之久、年近六旬的孔子继续走上流亡生涯。

4.88 孔子终于见了南子，子路极为不快并毫不留情地指责了他。

孔子发誓：我要是做了什么不该做的事，让老天爷惩罚我吧！让老天爷惩罚我吧！老庄孙子：天打五雷轰，毒誓！

这是孔子一生发的最毒的誓。孔子和南子关系确实难以说清。

孔子20岁时，到宋国认祖并在宋国图书馆学习。在那里他认识了南子和他未来的老婆亓官氏。南子，宋国公主，美貌惊人、才华横溢、政治敏锐，又极尽风骚。与年轻魁梧、意气风发、貌似潘安又极有才学的孔子一见钟情。只可惜，南子是名门之后，而孔子出身卑贱又是私生子。门不当户不对。南子又极有政治野心，不得已嫁给了年迈的卫灵公。

得不到的才是最珍贵的！自此，孔子一生对女人所有的思恋、情怀、依盼全都寄予南子身上。虽不得已娶了亓官氏，

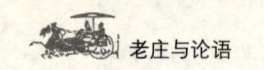

两人感情却很淡很淡!

《论语》通篇见不到亓官氏一个字!临死前也未能见上一面。对儿女也是很淡很淡!与弟子们的感情则不可同日而语。

卫灵公不喜欢、不重用孔子的最直接因素就是南子。子路坚决反对两人见面,也不仅仅是因为南子淫荡。其实,孔子见南子绝不仅仅是恋人那么简单,有走后宫路线之嫌;南子那么强烈要见孔子,也不仅仅是爱恋,如能得孔子相助,南子无异于如虎添翼,卫国的大权绝不会旁落!

只可惜,南师怀瑾先生可能是太偏爱、崇敬孔子了。关于孔子向子路发誓"予所否者,天厌之,天厌之",他是这样解的:子路对南子看法不对。孔子所要否定的人是那种不可救药的人,一定是罪大恶极的,不但人讨厌他,天也讨厌他,那种人我是不会与他来往的。可是,南子不是这样的人。

4.89　王孙贾(卫灵公大臣)问孔子:与其媚于奥,宁媚于灶。何意?

孔子:不然,获罪于天,祈祷谁也没用!

孔子在此是所答非所问。王孙贾很贼!结合上篇,他知道孔子要走裙带路线,近水楼台先得月,故有此问。他把卫灵公比作奥神,把南子比作灶神。孔子是答非所问。也暗含两个人都不怎么样之意。都不合天道。

有人说"灶神"是王孙贾,我不从。

4.90　孔子在卫国时。有一天,他正在击磬高歌。

有一背筐的老者从他门前走过,听后道:击磬唱歌之人有很重的心事啊!

听了一会儿,又说:悲哀啊!没人了解自己,洁身自好就是了!《诗经·匏有苦叶》说得好,深则厉,浅则揭。

孔子听后:说得好啊!确实没什么可诘问的。

水浅可以挽起裤腿过河,水太深了干脆就穿衣过河。实事求是的渊薮。

孔子总能在遭受磨难、郁闷无助之时有人特别是道家的隐士们棒喝、警醒他,助他参道、悟道。

4.91　孔子说卫灵公无道。

季康子:既然无道,何以不亡?

孔子:有孔文子负责外交,祝鮀负责宗庙,宁武子、王孙贾负责军队,还有遽伯玉等正人君子,身边有如此多的人才。怎么会败亡呢?

对此,《庄子·则阳》篇亦有记载:有一天,孔子问太史大弢、伯常骞、狶韦:卫灵公如此饮酒耽乐淫乱,不理朝政,驰骋田猎,懈怠诸侯会盟,却得到"灵公"谥号,为何?

大弢:那是因为天道所以才谥"灵"。**老庄孙子**:人生有命富贵在天。

伯常骞:灵公和三个老婆在一个盆子里洗澡、淫乱,这时,史鰌奉召前来晋见,灵公赶紧招呼人接取他所奉献的帛书,搀扶他的臂膀不让他行完礼。灵公放纵淫乱,又如此礼贤下士,这就是他谥为"灵公"的道理。

狶韦:灵公死后,按生前占卜葬在寿穴,不吉利;死后又卜葬在沙丘就吉利。于是在沙丘掘地数仞,得一石棺,洗去泥土,上面有铭文"子孙不足凭依,灵公可以葬在这里"。所以,灵公的谥号已经存在很久了,大韬、伯常骞者怎么会知道呢?**老庄孙子**:其实,卫灵公是好德胜过好色的。孔子酸酸的。

4.92 蘧伯玉使人拜访孔子。

孔子请使者坐下说话,问:先生最近在忙什么?

使者:夫子想尽可能多地减少自己的过错,只是未能完全做到。

使者走后,孔子感叹:好一位使者呀!好一位使者呀!

蘧伯玉是孔子很钦佩的活在当世的贤人之一。与晏子、子产并列。也是子贡的姥爷。

4.93 冉有问:老师会帮助卫灵公吗?

子贡:好!我去问问。见孔子问:先生,伯夷、叔齐何许人也?**老庄孙子**:明知故问。

孔子:古代的贤人。

子贡:他们有怨恨吗?

孔子:求仁得仁,何怨之有!

子贡出,见冉有:夫子不会帮助卫灵公。

当时,卫国最乱,卫灵公要死,南子干政,蒯聩和儿子争继位,孔子和一帮弟子们都在卫国。

4.94 公山不扰又一次招请孔子,孔子欲往。

又是子路跳出来阻止:以前,我听你说过"为不善者,君子不入"。他那样一个乱臣贼子,你还要去应招,你到底要干什么?

孔子：我是说过这样的话。可是，不是也有这样的说法吗，坚韧者是磨而不破的；真正的纯洁是染不上色的。我真是个大葫芦吗？真是中看不中用吗？**老庄孙子**：关于大葫芦，庄子和惠施有太多的故事。

孔子认为自己已是真正得道者，"独立而不改，周行而不殆"。

关于葫芦（匏），《庄子·逍遥游》篇中有精彩论述：惠施谓庄子，魏王赠送我大匏之种，我种下，秋后结了一个大葫芦，能装5石粮食那么大。可是，用它盛水却坚不能举；剖开作瓢，却没有水缸能容下它。我嫌它就像嫌弃你的言论一样大而无用，所以，把它砸碎了。

庄子：先生，看来你是不善于用大呀！给你讲个故事，有位宋国人，擅长制作不龟裂手的药物，祖祖辈辈得以漂洗丝絮为业。有一人得知此事，请求用100金购买此药方。这位老兄赶紧聚集家人商量"我家世世代代用此方漂洗丝絮，一年下来不过数金。现在，人家张嘴就是百金！够我们享用一辈子，赶紧卖给他吧，省的夜长梦多"。于是，百金卖了。

那人得妙方一溜烟儿来到吴王帐下游说吴王。这时，恰逢冬季，吴国、越国大战在即。吴王便授权他统兵与越国水上作战，结果大败越军。此人因此裂地、封侯、拜将。

庄子评论：一个小小的防冻药方，有人用之一辈子漂丝洗絮世世代代过着艰苦的日子；有人则用以作战，裂地封侯。仅仅是用法不同而已。**老庄孙子**：思路决定出路。

现如今，你有五石之瓠，何不考虑把它系于腰间浮游于大海之上,优哉游哉。怎么就担心起它太大而无所用呢?看来,你的心胸还有不通之处啊!

接着,惠施又挑战庄子:我有一棵大树,名谓樗(臭椿)。粗大的树干臃肿而不中绳墨;小树枝弯弯曲曲而不合规矩。长在大路旁,大小木匠从它旁边路过看都不看它一眼。就像你,大话连篇,没人愿意跟你玩儿。

庄子微微一笑:惠先生,你难道没见过野猫、黄鼠狼吗?卑身而伏,以待飞者;东西跳梁,不避高下,自以为神奇得不得了。可一旦踩上猎人的大铁夹子,撞上网罟,不死何待?再看那牦牛,大如天边垂云,不但抓不住老鼠却反被老鼠戏弄。

现如今,你有一棵大树,却愁它没有用处,格局太小、气量过窄,心胸狭隘!何不树之于无何有之乡,广漠之野,彷徨乎无为之侧,逍遥乎寝卧其下。不夭金斧,物无害者,无所可用,哪里会有什么困惑的呢?

无用之用,老庄的真境界。孔子和惠施终究差老庄一截,只知有用之用。

4.95　子曰:**夷狄之有君,不如诸夏之亡也。**

这里强调的是文化、文明、精神的重要性。

培根在《论神论》中的一句话或可解:在肉体方面,人类与野兽无异。如果在精神上再不追求神圣,那么人与禽兽就毫无区别!所以,精神,无异于人性的净化和升华。所有的动物,都需要借助一种信仰和崇拜才能提升自我的价值——当人心胸中具有一种神圣的理想和信仰,那么就可以激发出无限的意志和力量。这种意志和力量假如不依托一种信仰，就不可能产生！人性本来就是脆弱的，而无神论者更从根本上摧毁了人在内心战胜邪恶的精神力量。不仅就个人而言是这样，就民族和国家而言也是如此！

人确实需要教化、修养、修炼和信仰，是应该有一点精神的。老子、孔子、庄子、释迦也都首先追求个人修为的究竟。

列子说：桀纣唯重利而轻道，是以亡。人而无义，惟食而已，是鸡狗也。弱肉强食，胜者为制，是禽兽也。老庄孙子：达尔文的哲学是不能用于人类的！

4.96　尽管有上述说法，不得已，孔子还是有到蛮夷之地躲避的想法。

有人问他：你不是说那些地方太落后、野蛮了吗？你咋还要去呢？

孔子辩解：君子居之，何陋之有？！老庄孙子：《陋室铭》的渊薮。

孔子还说过"道之不行将乘桴浮于海"，是没有办法、无可奈何、实在不得已的感叹。有人说孔子是想去教化夷狄之人，不好意思，他连诸夏之人都教化不了何谈其他？

后人苏东坡、王阳明倒是都被迫做到了，一个海南儋州，一个贵州龙场。

刘禹锡作了篇《陋室铭》也升华了不少，传诵至今。

庄子到无何有之乡、广漠之野，那是一种逍遥、在宥。

老子骑青牛过函谷，有一点点无可奈何不得已，但那毕竟是紫气东来、西域流沙、传经布道去了，给后人留下了无限的遐想和众多美妙的传说，如，老子一化而成为佛教始祖等等。

隐士之讽

孔子从隐士处所受讥讽、棒喝多多，如醍醐灌顶，闻道、参道、悟道，真良师益友也！

4.97　微生亩讽孔子：你为何总是忙忙碌碌、栖栖惶惶？难道是想逞一时口舌之快、卖弄才华吗？

孔子辩解：不是的！我是痛恨、痛心、着急人心的固执、难以改变。老庄孙子：人心难测、禀性难移，孔子门儿清！

《庄子·天道》篇：孔子晚年又去拜访老子，说，我殚精竭虑，删《诗书》、订《礼乐》、修《春秋》、赞《周易》，已经很久了，也自以为很精通了！并以此游说了72位国君，不厌其烦地给他们"祖述尧舜、宪章文武"，可结果，没有一个人听信取用的！这不是太过分了吗！人君之难以说服，大道之难以明晓，莫过于此！我郁闷。

老子：你太幸运了！多亏没遇到你所谓的治世明君。你那些所谓的"六经"，不过是至圣先贤们的陈芝麻烂谷子！哪里是什么大道！今天你说的这些，也是陈规陋俗。

难道你不晓得？足迹，是鞋子踩出来的。难道你能说足迹就是鞋吗？况且，鞋是人穿着踩的。所以说，足迹，因人而异。更何况，小脚穿大鞋、新鞋子、旧鞋子、别人鞋子，高跟儿鞋、平底儿鞋、皮鞋、布鞋、胶鞋，在负重、紧张、放松、刻意、蹦跳、平地、土地、泥地等情况下所踩,千差万别。

有一种叫白鵊的鸟,雌雄相视,感其神而受其孕。究其理,同类生物雌雄相互感应,化而受孕。

所以说,江山好改禀性难移!天命不可变,四时流行不能止,大道广阔不可塞(孔子说,天命之谓性,率性之谓道,修道之谓教)。能得大道者,无往不通,无为无所不为;失去大道者,则无路可走,此路不通。

告别老子回到驻地,孔子三个月不出门,反省、参道、悟道。之后,再去拜访老子,说:我得道了!乌鸦是孵化生子;鱼是通过口水受孕;细腰蜂蜕化为青虫而有子孙(冬虫夏草)。有了弟弟,哥哥怕失去父母疼爱而哭泣。我孔丘不能与时俱变,死脑筋已经很久了,还在那儿自以为是!不能自化,焉能化人?**老庄孙子**:孔子之"参赞天地之化育",并未把《易》弄清楚。

老子高兴:可以了,你得道了!

《庄子·列御寇》篇:孔子说,人心险于山川,难知如天!天犹有春夏秋冬昼夜之分,人却面貌厚道心机深藏。所以,人有表面厚道内心骄横者,有貌似长者内心奸佞者(满脸的正人君子,一肚子男盗女娼),有外圆内方者,有外强中干者,有色厉内荏者,有外柔内刚者。

有的人看似见义勇为、大义凛然,奔赴"义"如饥似渴,可一旦大难来临、祸难当头,抛却"义"也急急如躲避水火。

所以,不要轻易相信一个人,要放在不同环境考验他。

让他出使远方(如苏武出使匈奴),看他是否忠贞;

亲近使用他,看他是否有敬重之心;

让他处理疑难复杂事件,看他是否有能力;

向他突然发问,看他是否有智慧;

给他最紧急的任务并约定期限,看他是否按时守信;

让他管理钱财,看他是否廉洁;

告诉他大难来临,看他是否有节操;

醉之以酒,看他是否酒后失态;

让他与女色杂处,看他是否重色失德。

上述九个方面——验证,不肖之人也就——显露!

舜帝禅位于大禹时所谆谆告诫的"人心惟危,道心惟微"啊!

4.98 长沮、桀溺在田里耕作。

孔子路过,让子路去问渡口。

长沮:那个执舆者是谁?

子路:是孔丘。

长沮:是鲁国的孔丘吗?

子路:是。

长沮:他那么博闻,应该知道渡口在哪儿?

子路无奈,又去问桀溺。

桀溺:你是谁?

子路:我是子路。

桀溺:是孔丘弟子?

子路:是。

桀溺：天下之势如滔滔洪水，谁能改变的了呢？与其跟随孔丘到处流浪、逃避，还不如跟随我们这些隐士种地呢，多么悠然自在。说完，继续耕种，再不理子路。

没办法，子路如实告诉孔子。

孔子怅然许久，道：鸟、兽不可与同群，吾非斯人之徒与而谁与？天下有道，丘不与易也。

最后一句话，孔子到底是啥意思呢？最权威之解莫过于孔子原话。

《庄子·山木》篇：孔子围于陈蔡之间，七日不火食。

太公任（隐士）前往吊问：你们快饿死了吧？

孔子：是的，实在挺不住了。

太公任：你怕死吗？

孔子：当然，谁不怕死。

太公任：那我就试着给你讲讲不死的方法。东海有一种鸟，名叫意怠（身少动，意念也少动），这种鸟飞得特别慢，看似不会飞一样。别的鸟飞它才飞，别的鸟落它才落。栖息时总是在其他鸟中间偎依。前进时不靠前，后退时也不落在最后。吃东西时，别的鸟吃它才吃。从不与其他鸟发生争执。别的鸟也不能、不忍、不愿欺侮、加害于它。所以，它总能免于祸患。

要知道，笔直粗壮的树木最先遭受砍伐，甘甜的水井最先被人喝干，这是常理。你孔丘用心良苦，以仁义修养自己，知识广博，炫耀自己的聪明才智，汲汲于破困解惑，惊世骇俗。自以为是太阳，能普照万物。依我看，你离灾祸已经不远了。

我听古之圣人说过：自我夸耀的人，功绩再大，人们不但不认可，反而要贬损；过于骄矜的人，功名则会毁于一旦。

谁能做到功成、名遂、身退，而又让人视之为最普通的人呢？唯有道者！

大道流行，变动不居，言而不漏；

大行德广，普度众生，却从不显名。

淳淳朴朴，平平常常，率性自然；

为善不留名，不眷恋权势，功成不居，不沽名钓誉。

不强求、强责、强权、强取于人，人们自然也就不强权、强取、强求于你。两厢好合，平安睦处。

所以，圣人们都不图名，不图利，不显山，不露水。你孔丘算得了什么？你又有什么可沾沾自喜的呢？

孔子感动、感激、感慨：您说得太好了！

于是乎，孔子辞别了好友故交，舍弃了弟子，逃到大湖旷野，穿兽皮，吃野果，与兽同群而不惊，与鸟同行而不厌。

庄子评价：孔子都能和鸟兽和谐相处了，又何况同人呢？

在《庄子·天道》篇中老子批评孔子：天地本来就如此，日月本来就明亮，星辰本来就有其序列，物以类聚，兽以群分，都是本来如此。

至于"志不同，道不合"，孔子确有此意。但关于鸟兽的论述却没有任何贬义！天人合一，当然包括与自然、与动物的和谐相处。

再说，"吾非斯人之徒而谁与？天下有道，丘不与易也。"

孔子本意是，人总该尽一份做人的责任，怎么可以隐居山林，终日与鸟兽在一起呢？我和他们不是一路人。天下大乱，总得有人管管吧？如果天下太平，人们幸福，我孔丘也会优哉游哉游山逛景，哪里会去汲汲于改变世界、改变人心呢？言外之意，既有批评隐士们那种"无为"，也有不得已，明知不可而为之的无奈。

老子接着说：你只管依德而行，循道而趋，就完全可以了！又何必费心费力汲汲奔走高举仁义大旗到处鼓吹张扬，这无异于敲着大鼓去追赶逃犯！唉，你真是在扰乱人心、人性啊！

4.99　子路随孔子流亡，掉了队，落了后，遇见一位拄丈老人，挑着农具。子路：老人家，看见我老师了吗？

老人：四体不勤，五谷不分，怎么能称得上老师呢？说完，将拐杖插在地上，开始锄草。子路只得在旁边拱手而立。干完活，老人领子路到家留宿，杀鸡、煮饭给他吃，还叫他两个儿子与子路相见。

第二天，子路赶上孔子，将事情原委告之。

孔子沉思：这是位隐者啊。让子路返回再去看望，老人早已不见踪迹。

子路评价：一个有水平的人不入仕是不义（妥）的。长幼之伦理是不能废弃的。君臣之道是要研究的。为了洁身自好而不顾上述人之大伦，是不道的！君子入仕就是为了践行道义。看到这些隐士们的行为就知道，大道难行啊！

如果最后这段话是孔子说的，很正常。但却出自子路之口,足见子路水平不低!其实,子路也是为了践行道义而殉身的。只是"义"多了些,"道"少了点。孟子之"大义凛然、视死如归"受子路影响不小。

说孔子"四体不勤,五谷不分",是天大的冤枉!孔子从不反对农业,也没有看不起农民(当时是井田制),只是强调分工不同,各司其职,各负其责而已。

如果说孔子对商业有所轻视那倒是真的,如多次挪揄子贡经商。但他也不反对"君子爱财取之有道"。

孔子幼年、青年时期生存的悲惨状态远非农民、奴隶可比!送葬、哭丧、出生在野外山洞,放过牛,当过仓库保管员。孔子自己说:出身卑贱,故多鄙事。

当然,隐士们的耕读(曾国藩最为推崇)、自食其力,确实是维持生存的底线。后来的禅宗之所以在中国大地上发扬光大、繁荣昌盛,除东方有大乘气象外,关键的一条就是有封地可耕种!儒士们不入仕则难以生存,确实不如隐士、道士们来得好!颜回、曾子、原宪都曾穷困潦倒。庄子也曾穷困潦倒,但性质不一样,他是不愿入仕!

4.100 楚国狂士陆接舆(类似济颠和尚)唱着歌从孔子车前经过:凤凰啊、凤凰啊!世风日下,道德衰微,往事不可谏,来世犹可追(可以悔改)。算了吧、算了吧!当今执政者,危在旦夕啊!

孔子急忙下车,想与之言,接舆视若无人,擦肩而过,孔子未能如愿。

孔子对待隐士们总是毕恭毕敬、诚惶诚恐,而那些隐士们却总是牛气哄哄、鼻子朝天！俗语"牛鼻子老道"。

《庄子·人间世》篇有同样记载：孔子适楚，楚国狂人陆接舆游其门，歌曰：凤兮、凤兮！何如德之衰也？来世不可待，往事不可追（释迦：过去心、现在心、未来心均不可得）也！天下有道，圣人成焉；天下无道，圣人生焉。方今之时，仅免于刑！福轻乎羽，莫知之载；祸重乎地，莫知之避。已乎、已乎！临人以德。殆乎、殆乎！画地而趋。迷乎、迷乎！无伤吾行！我是遇到蒺藜绕着走（委曲求全）的，无伤我足！

孔子也说过"成事不说，遂事不谏，既往不咎"（4.84）。"凤凰"是隐者对孔子的一次难得褒奖！郭沫若先生的"凤凰涅槃"或可一赞孔子及孔学，必得重生！

臧否人物

冷眼看世界，入木三分，世事洞明！老庄做得很彻底，这一点被鲁迅等继承。热心救大千，清空地狱，普度众生！后人确实看不清。

同代人

4.101 鲁国官员陈司败问孔子：鲁昭公是否知礼？

孔子回答：知礼。

孔子走后，陈司败问巫马期（孔子弟子）：孔子不是说君子不党吗？他怎么也偏袒人呢？鲁昭公娶了吴国同姓女子为妻，取名吴孟子。如果说昭公知礼还有谁不知礼呢？

巫马期告知孔子。

孔子调侃自己：我孔丘太幸运了！有一点错误别人都知道。

周朝礼义规定娶同姓女为妻属大逆不道。此事发生在鲁昭公被鲁"三桓"贵族联合驱逐逃亡齐国时，孔子也曾跟随。

公元前517年，孔子受鲁昭公委派、赞助去周室学习礼乐归来不久，孔子35岁。孔子不可能不知鲁昭公失礼，但又无可奈何。陈司败更贼，给孔子出了一道两难题，以其人之道还治其人之身。孔子宁愿违心于己也不愿伤害国君，落井下石。君子哉？君子也！

4.102　子曰：孟之反（鲁国大将）从不矜夸。军队败退，他殿后掩护。等快要入城时，他却大呼小叫用鞭打马嚷嚷："不是我故意殿后，是马跑得不快！"

孟之反堪称老庄一脉，孔子赞赏。

《老子》第24章"苦恩"：企者不立，跨者不行，自见者不明，自是者不彰，自伐者无功，自矜者不长。

第22章"益谦"：曲则全，枉则直，洼则盈，敝则新，少则得，多则惑。所以，圣人抱一为天下式。不自见故明，不自是故彰，不自伐故有功，不自矜故长。夫唯不争，故天下莫能与之争。

老庄孙子：老孔庄一脉！

若是能如第17章"淳风"：太上，下知有之；其次，亲而誉之；其次，畏之；其次，侮之。信不足焉，焉有不信焉！悠兮其贵言。功成、事遂，百姓皆谓我自然。**老庄孙子：这才是究竟！**

4.103 **子曰：孟公绰做晋国赵氏、魏氏家宰，才华绰绰有余，但却做不了滕、薛小国的大夫。**

为什么？结合孔子敬重评价孟公绰"无欲则刚"，可解为孟公绰刚正不阿，非常廉洁，不谋私利，做大国的高官可以，做小国的官员不妥。他不太符合老子"大制不割，廉而不刿"的大器标准。

4.104 **季文子凡事三思而后行。孔子得知，说：凡事考虑两次就可以了。**

非常正确！黑格尔三段论，否定之否定是肯定！一件事考虑三次，结果又回到了初始判断。小心过度，犹豫不决，过犹不及。

我年轻时酒后总想打人，脑子飞快运转，问：后悔吗？答：不！直接出手，错了也不后悔。

4.105 **原壤（孔子发小）坐在地上，两腿叉开，一派无赖样。**

孔子见后，用拐杖敲着他的小腿，道：你小的时候不孝悌，成年又一事无成，如今是老而不死。你真是个祸害！

俗话说，三岁看小，七岁看老，此之谓也。少年不努力，老大徒伤悲。一个人，如果先天条件不好，后天又不努力，确实是没什么指望了。孔子祸害的标准是不孝、不悌、不努力、还不死。这是对老庄"顺其自然"的一个讽刺吗？大千世界，树林子大，确实是什么鸟都有。

4.106 阙里有一个小男孩,在席间给宾主传话,挺机灵。有人问孔子:这是个求上进的孩子吗?

孔子:我见他坐在成人的席子上,且与长辈并行,不是个上进的孩子,倒像一个急功近利者。

孔子真是见微知著,看人一个准!阙里,是孔子与其母度过最悲惨童年、少年时光的地方,周边是非正常不得好死者的乱坟岗,是最下等人居住的地方,名曰"忤父之衢"。

4.107 互乡这个地方,民风刁蛮,难打交道。那里的一个童子却受到了孔子的接见。弟子们大惑不解。孔子:我是赞许他的进步,而非赞许他的退步。何必太过分呢?

一个人如果能洁身自律以求上进,就应该肯定他的努力和进步,而不要过于在意他的过去和出身。孔子有教无类、成人之美、不成人之恶,不论出身、过去,一切向前看!不愧为至圣先师。老庄孙子:放下屠刀,立地成佛。

4.108 子张问孔子:令尹子文(楚国著名宰相)三次当宰相,无喜色;三次被罢黜,无愠色。旧令尹之政,必告诉新令尹,怎么样?

孔子:可谓忠矣!

子张:够仁吗?

孔子:未知,焉得仁?

子张又问:崔杼弑齐庄公,陈文子有车十乘,舍弃不要,离开了齐国。到了他国,一看,此国当政者与崔杼差不多,又离去。这个人怎么样?一而再,再而三。

孔子:可谓清矣!

子张：算得上仁吗？

孔子：未知，焉得仁？

可见，孔子之"仁"的标准有多高。其实，孔子之"仁"更多的是对君王的要求。臣，如果仁了，那将置君王于何地？周公之仁引发了那么多祸乱就是明证。田常就是因为"仁"而弑杀齐简公的。岳飞也只是愚忠而已。不然，孔子为何一再说"未知"呢？子张是"外王"的典范，对于"仁"始终"未知"。

关于令尹子文，再讲两个故事。

其一，《庄子·逍遥游》篇记载：大鹏展翅九万里，蓬间雀却笑它费那么大劲，何必如此呢？你看我，决起而飞，腾跃而上，不过数仞，抱榆树而止，时则不至则控于地而已矣！翱翔于蓬蒿之间，飞之至也、乐之至也！奚以九万里而南为？此乃小大之辩也。庄子笔锋一转，说起了人。

故夫，知效一官，行比一乡，德合一君而征一国者，其自视也，亦若此矣。而宋荣子犹然笑之。且举世而誉之而不加劝，举世而非之而不加沮，定乎内外之分，辩乎荣辱之境，斯已矣。彼其于世，未数数然也。虽然，犹有未树也。**老庄孙子**：还不够究竟。

看那列子御风而行，轻飘漫妙，如沐春风，优哉游哉，飞行了15天才回来。够牛了吧！但是，彼于致福者，未汲汲然而追求之。此虽免乎行走，但还是有所"待"啊！如果谁能乘天地之正，御六气之辩，以游无穷者，彼且恶乎待哉！无待！所以说，至人无己，神人无功，圣人无名。

关于崔杼弑齐庄公，《晏子春秋》有记载：晏子为齐庄公的大臣，他的建议大都被采用，每次朝觐，庄公都给他加官晋爵、增加封地。

过了不久，晏子的建议不被采纳，每次朝见庄公都要削去他的一些官爵和封地，直到最后爵尽地无。晏子退朝，长吁短叹，继而又笑。

随从不解：为何既叹又笑？

晏子：我叹气，是哀悯庄公不能免于灾难；我发笑，是能自保其身，免于一死。

果不其然！没过多久，崔杼杀死了齐庄公。晏子来到了崔杼门外。

随从问：你要为庄公殉死吗？

晏子：庄公难道只是我一人的君主吗？如果殉葬也不能独我一人。**老庄孙子**：还有崔杼。

随从：你要逃亡吗？

晏子：弑君是我的罪过吗？为何要跑？

随从：那回家？

晏子：君主死了，何家之有？做君王的，难道只为欺压百姓？应为社稷着想。做臣子的，难道只为俸禄？应为国家着想。

所以，如果君主是为社稷而死，那臣子就应为君主殉死；君主如果是为了国家而流亡，臣子亦应跟着流亡。

如果君主是为一己之利而死、而亡，那就应该让那些被他宠幸、私溺之人为其陪葬、逃亡。更何况有人弑君！我为何要殉葬？为何要流亡？

可是，君主已死，我要去哪里呢？

崔杼家门打开，晏子走了进去。

崔杼：你为何不死？

晏子：祸始，我不在也；祸终，我不知也！我为何死？况且，我听说，把逃亡国外视为好品行的人不足以保住君主；把殉死视为有义气之人不足以建功立勋。我晏子难道是婢妾受宠幸之人吗？怎么会自缢随死呢？

说完，脱帽袒臂抱着庄公尸体大哭，而后站起来，跺了三下脚离开。

有人怂恿崔杼杀死晏子。

崔杼：他是百姓景仰的人，放了他，可以得民心。

4.109　子曰：**晏子善与人交，久而敬之。**

晏子最终没有被崔杼所杀，做齐国宰相57年。贤者风范，孔子后悔不及。但晏子一生也未原谅孔子。

与人交往，愈久愈敬，何其难也？**老庄孙子**：孔子从与晏子交往中总结的血的教训！

讲一段《庄子·德充符》篇中哀骀它的故事。有一天，鲁哀公有疑问问孔子：卫国有一位长得奇丑的人，名叫哀骀它。男子与其相处，乐不思返；女子见之，宁愿为其妾，也不为人妻！这样的人以数十计。从未见他倡导过什么，总是附和他人而已。他没有君主的地位和权力救人于死亡，没有爵位俸禄让人食以果腹，其貌不扬，智慧有限，迎合附庸，却不论男女都风聚他的门下。他肯定有奇异之处！

于是乎,我召见了他。一看!果然丑得吓人。硬着头皮,勉强和他相处,不到一个月,我就对他有了好感。不到一年,我就非常信任他。当时,国家没有宰相,我就把国事委托给了他,他很淡漠地应承下来,漫不经心似有推脱之意。我越发自愧不如,干脆连国家也给了他!不久,他弃我而去。我伤心痛苦,不知所以,这世界上再也找不到给我带来快乐的人了!他到底是一个什么样的人呢?

孔子:我也给你讲一个故事。我曾经出使过楚国,路上恰巧碰上一群小猪在拼命吮吸刚刚死去的母猪之奶。不一会儿,小猪惊慌逃窜。为何?这是因为,一方面,母猪看不到自己的孩子,另一方面,小猪感觉不到其像母亲。小猪之所以爱其母,不仅仅是其外形,更重要的是使之成形的那个东西。战败而死的人太多,埋葬他们已无暇顾及棺材;没有脚的人,不会再爱惜鞋子。这是因为他们失去了所爱之本。为天子使唤的宫女不能剪指甲,不能扎耳朵眼,要有自然之美。仅仅为了这些形象的东西,就已这样讲究,更何况是道德完美之人呢?哀骀它,不言而诚信,没有功绩却让人亲近,把国家让给他还唯恐不受,他肯定是位有大才、道德完美又不外露之人。**老庄孙子**:才全、德不形。

鲁哀公:何谓才全?

孔子:生死、存亡、穷达、贫富、贤与不肖、毁誉、饥渴、寒暑,这些都是事物的变化。人的命运,均是相对的。日月更替,人的智力不能窥其初始。所以,不能让这些不能把握的东西扰乱人的本性和心灵。需使内心静谧、和谐、愉悦,与时俱化，与万物并生，就像春天一样时刻保持一种生机。此谓"才全"。

鲁哀公：何谓德不形？

孔子：比如水，完全静止了才到了平整的极致，可以作为水平、水准，像大海一样深沉而不荡溢。德行，就是达到至纯至和的修养。使万物须臾不离，又不露行迹，此谓"德不形"。

老庄孙子：同于老子之"善行无辙迹""大象无形"。

4.110　子曰：宁武子，邦有道，则知；邦无道，则愚。其知可及也，其愚不可及也。

宁武子，卫国大夫，姓宁，名俞。孔子在匡地被围困，救其命者。齐桓公最著名的七位顾命大臣，有一位叫宁戚。可见，宁氏家族源远流长。

郑板桥有句名言："聪明难，糊涂难，由聪明到糊涂更难，难得糊涂。"不到一定年龄，没有一点人生阅历，难以体会！聪明人什么都看得清，你让他装不知道，太难，太痛苦，他会憋疯。

老庄也讲究"大智若愚，大巧若拙，大辩若讷，大成若缺，大方无隅"等等。

《庄子》著名典故"浑沌之死"：南海之帝曰"儵"，北海之帝曰"忽"，中央之帝曰"浑沌（宇宙形成之源头，人之思想境界最高者，太极，道之为一者）"。儵、忽经常在浑沌的地盘会面、玩耍，浑沌待之甚善。儵、忽商量如何报答？儵说，常言道：人皆有七窍，用来视、听、食、息等，而浑沌却没有，咱们试着给他凿开七窍（开窍的来历），你看如何？忽欣然。于是，儵、忽帮浑沌日凿一窍，到了第七天，七窍全开，浑沌死。

《黄帝阴符经》中也说"绝利一源，用师十倍；三返昼夜，用师万倍"。古代，伟大的音乐家，大都是盲人，很多是故意弄瞎的，道理即在于此。

《庄子·人间世》篇记载：卫灵公责成颜阖（鲁国贤人，孔子弟子）为太子太傅。颜阖心里不踏实，去请教蘧伯玉：有这样一个人，天性刻薄、狠毒，以正教育他则会危及自身，以不正教育他则会危及天下。其知，适足以知人之过，但却不知为何错。对付这种人，我该咋办？

蘧伯玉：你问得太好了！戒之！慎之！正女身也哉！谨记"形莫若就，心莫若和"。**老庄孙子**：外表迁就，内心和顺。已不是"外圆内方"！

即便如此，这两种做法也是不安全的。外表迁就，如果一味顺从，深陷其中，则会颠灭崩蹶；内心和顺，不能有丝毫外露表现，不然，人怕出名猪怕壮，灾难就会降临！

他若为婴儿，你也装作婴儿；他漫无边际，你也漫无边际；他放肆，你也不要有什么约束。总之，他怎么样，你就怎么样。然后再把握时机慢慢诱导他，使之逐渐没有过错。

难道你没见过螳螂吗？怒其臂以挡其车，不知其不胜也，自不量力，还自以为是。所以，你一定要戒之！慎之！若是不停地夸耀卖弄自己而触犯他，那你就死定了！

你难道没见过养虎的人吗？从不以活物喂养它，以免激发它的愤怒；从不给它囫囵个儿的东西，以免它撕扯激发它的愤怒。观察它何时饥饱而喂之，绝不触犯它的怒心。虎和人不同，却也懂得亲近谄媚饲养它的人，为何？"顺"而已矣！逆则必死。**老庄孙子：**"顺者昌，逆者亡"就是这意思。

老庄之"顺其自然"也是这意思。再看看那爱马之人。用漂亮的竹筐给它盛屎，用大贝壳为它盛尿，爱之深，情之切。一旦有蚊虫叮咬，主人着急，突然拍打，马则受惊，咬断口勒，毁坏头上胸上的美丽配饰，踢坏主人。

本意是爱，结果是害，不可不慎啊！俗话说"光有爱是远远不够的"，更不用说溺爱。方式方法很重要！既要知其意又要善其方才是智者。

所以，老子说"知不知，上；不知知，病。夫唯病病，是以不病。圣人不病，以其病病，是以不病"。比孔子之"知之为知之，不知为不知，是知也"如何？

4.111 **子曰：直哉史鱼则。邦有道，如矢；邦无道，如矢。君子哉蘧伯玉。邦有道，则仕；邦无道，则可卷而怀之。**

史鱼，卫国大夫，是真直！直面人生的典范！蘧伯玉，卫国贤人，孔子流亡卫国期间，在其家住过很长时间。"达则兼济天下，穷则独善其身"的典范！

老子、孔子、庄子对道或有道者的描写"放之则弥四海，卷之则退藏于密"。

《庄子·则阳》篇记载：蘧伯玉行年六十而六十化（与时俱化的典范），未尝不始于是之，而卒诎之以非也，未知今之所谓是之非五十九非也。万物有乎生而莫见其根，有乎出而莫见其门。人皆尊其知之所知，而莫知恃其知之所不知而后知，可不谓大疑乎！已乎已乎！且无所逃。此所谓你说这样他说那样吗？蘧伯玉是一位通权达变之人。

同样的话庄子也评价过孔子。可见通权达变在老庄思想中的重要地位！执其中枢，如珠落盘，圆融无碍。孔子也把"权变"作为与人相处的最高标准。

4.112 孔子表扬卫国公子荆，说他善于居家过日子：家里刚刚有点资财就说，差不多了，足够了；稍微富有就说，差不多了，够齐全的了；真正富有时，又说，差不多了，够完美的了！

勤俭持家，知足常乐，是君子持家之道，非常符合老子的核心思想。

《老子》第59章"守道（王阳明也叫王守仁）"：治人事天莫若啬，夫唯啬，是谓早服；早服谓之重积德；重积德则无不克；无不克则莫知其极；莫知其极，则可以有国；有国之母，可以长久，是谓深根固柢，长生久视之道。

从人到家到国到天下，无所不包。

第67章"三宝"：我有三宝，持而保之。一曰慈，二曰俭，三曰不敢为天下先。

我感：俭以养德常自勉，慈悲普度照大千。勇于不敢先天下，此乃老君之真言！汉初，文景之治是其典范。

4.113 冉雍问子桑雽于孔子。

孔子：这个人还行。以"简"著称。

冉雍：居敬而行简，以临其民，不也可以吗？居简而行简，无乃太简乎？

孔子：雍之言然。

冉雍，孔子称其可为南面者，在此又一次得到证明。简约而不简单即出于此。也是《易经》简易之意。太简，则有墨家风范，一心为人，从不为己，很好！但不会长久。戒之！慎之！

子桑乎，隐士，孔子朋友，《庄子》中多有记载。

"山木"篇：孔子向子桑乎求教，说了一大堆他所受的灾难。子桑乎给他讲了林放的故事。孔子挺高兴，唱着小调，悠然回家，停止了教学，丢弃了所谓圣贤书，不再要求弟子们前呼后拥、作揖鞠躬。然而，弟子们对他的敬爱却与日俱增。

过了几天，子桑乎又教训了一次孔子：虞舜将死，给夏禹留下遗训："你要加倍注意啊！行为举止没有比因随物性、随顺自然来得更好的！情感、精神、思想没有比率真、淳朴、敦厚来得更好的！"因任自然则不会被异化；率真、淳厚则不会费心劳神。不背离天性，不劳心费神，不刻意而为，不人为造作，就自然无求于、无待于外物。

《庄子·大宗师》篇：子桑雽、孟子反、子琴张约定作为朋友的标准。说，谁能无功利心而自然无为相交？不留痕迹相助？谁能乘云雾、骑日月，挑战无极，忘却死生，无穷无尽？三人相视以笑，遂成莫逆之交。

没多久，子桑雽死了，没有埋葬。孔子知晓后，即派子贡前去吊唁并帮助处理后事。

那哥俩，有的编曲，有的鼓琴，一唱一和：子桑雽啊！子桑雽！你已经返璞归真了，而我俩却还活在人间，何时我们也能如此。

子贡漠然,趋前以问:嗨!兄弟,临尸而歌,这合适吗?

二人相视而笑,曰:看来,你是不知道礼的真实含义啊!

子贡一头雾水,回到孔子处告之"这是些什么人啊?修行'无、有'(子贡本意是他们没有修行),放浪形骸,临尸而歌,面无哀色,无以形容。这到底是些什么人啊?"

孔子:他们是方外之人,我则是方内之人。内外不相及,我孔丘却还派你去吊唁,我真是鄙陋之极!他们正在与造物主为友,悠游于天地正气之中。他们看待生命就像赘肉悬瘤,看待死亡如脓疮溃破。看破了生死,哪里还在乎生死之先后迟早!

假于异物,托于同体;忘其肝胆,遗其耳目;反复终始,不知端倪;淡淡然彷徨乎尘垢世俗之外,逍遥在宥于无为广漠之野。他们怎么会在乎那些世俗的繁文缛节以及凡夫孺子们的耳目呢!

子贡问孔子:先生您是哪一路神仙?

孔子:我是遭上苍谴戮之人(天谴、天之戮民)。尽管如此,我还是想和你共勉。

子贡:请先生不吝赐教。

孔子:鱼儿离不开水,人生离不开道。离不开水的就必须挖池引水以养之;离不开道的,就不要无事生非,不要离经叛道,不要妄为,更不要妄想!只有这样,人心、百姓、天下才能安定。**老庄孙子**:鱼儿离不开水,花儿离不开秧,革命群众离不开共产党。

也可以理解为《大学章句》中孔子所说：知止而后有定，定而后能静，静而后能安，安而后能虑，虑而后能得。**老庄孙子：**"虑"者"虚"也。

所以说"鱼相忘于江湖，人相忘于道术"。**老庄孙子：**董仲舒是"罢黜百家，独尊儒术"，不是真儒！

《老子》第16章"归根"：致虚极，守静笃。万物并作，吾以观复。夫物芸芸，各复归其根，归根曰静；是谓复命；复命曰常，知常曰明；不知常，妄作，凶。知常容，容乃公，公乃王，王乃天，天乃道，道乃久，没身不殆。

冉雍借此道以治国安民，真大道也！

4.114 **子贡问曰：孔文子何以谓之"文"也？子曰：敏而好学，不耻不问，是以谓之"文"也。**

4.115 **孔子曾向公明贾打听公叔文子：听说文子先生不言、不笑、不取，这是真的么？**

公明贾：告诉你的那个人说得不对。文子先生是该说时说，别人不厌烦；高兴时才笑，别人也不烦他；取财有道，别人也不厌恶他。

孔子：原来如此！

确实如此。孔子曾因道听途说，只听其言而不观其行受过惩治。

在季氏十六章孔子说过：言未及之而言，谓之"躁"；言及之而不言谓之"隐"；未见颜色而言谓之"瞽"。也说过"君子爱财，取之有道"。也就是说，该说说，不该说的不要瞎说；该笑笑，不该笑的不要装笑；要学会察言观色，领导正在发怒,你去请示工作,等于找死!

4.116 公叔文子的家臣与他同时荣升为公侯。孔子得知,赞叹:公叔死后可会谥号为"文"!果然,公叔死后谥号曰"文"。

能把家臣培养成公侯且与主人平起平坐,岂止是"文"?文质彬彬!是君子。

4.117 子曰:没有祝鮀那样能说会道,仅有宋朝的美貌,这样的人是很难免于灾祸的!

祝鮀,人名,能言善辩。宋朝,人名,南子的情人,卫灵公的"同志"(同性恋)。孔子在此,与其说人,不如说是在幽默自己。既有才又有貌,才华横溢、貌若潘安,还高大威武有力!难怪南子爱见的不能自已。红颜祸水,大都因为有其色而无其才。巧言令色,孔子在此有他意。女子无才便是德,只能任人宰割!特别是再有点姿色。老庄孙子:南子是武则天的祖师奶奶。

历史人物

4.118 子曰:伟大啊!尧之为君。巍巍乎!唯天为大,唯尧则之。荡荡乎!民无能名焉。巍巍乎!其有成功也。焕乎!其有文章。

孔子对人类文明最大的贡献是"祖述尧舜"排第一!在此,得到了最为充分的表现,浓墨重彩。远比第二的"郁郁乎!文哉,吾从周"高远、伟大得多。

"唯天为大,唯尧则之",《黄帝阴符经》"观天之道,执天之行，尽矣"！

《老子》第35章"任德（我名之谓：道用，与河上公同出而异名）"：执大象，天下往；往而不害安平太。

第25章"象无"：道大、天大、地大、王亦大。域中有四大，王居其一焉。人法地、地法天、天法道、道法自然。

顶天立地，唯我独尊，法尔如是，自然而然。

第77章"天道"：天之道，其犹张弓与！高者抑之，下者举之，有余者损之，不足者补之。天之道，损有余而补不足。人之道则不然，损不足以奉有余。孰能有余以奉天下？唯有道者！是以圣人为而不恃，功成而不处，其不欲见贤。

第7章"韬光"：天长地久！天地之所以长且久者，以其不自生，故能长生。是以圣人后其身而身先，外其身而身存。非以其无私邪？故能成其私。

"全心全意为人民服务"的理论根源，颠扑不破，放之四海而皆准！

尧，孔子最推崇的人！老子《道德经》的典范。就是这么一位伟大得近乎尽善尽美的至圣先师，庄子也还不放过！

《庄子·盗跖》篇庄子借盗跖之口，说：世上所推崇的，莫过于黄帝。黄帝尚且不能德行完备不缺。他与蚩尤逐鹿中原，大战郊外，血流百里。

尧舜时代设置百官用以管治天下。尧不慈（没有传位给自己的儿子），舜不孝，他们都因"名利"而丧失了自己的本真，违反自然之道。

满苟得说：尧杀害了自己的长子，舜流放了同母胞弟，亲伦有常吗?

《庄子·逍遥游》篇:尧想把天下让给许由,曰:"日月出矣,而爇火不熄,其于光也,不亦难乎!时雨降矣,而犹浸灌,其于泽也,不亦劳乎!您若出山,天下将会大治,我却还在那儿尸位素餐。再说,我能力、身体确实有限,请您可怜可怜我,接管天下。"

许由:你治理天下,已很不错。还要让我代替你,我是为名吗?名,只是实的表象。我要做表面文章吗?小鸟巢于深林所需不过一枝;老鼠饮河,不过满腹。你回去吧,我是不会有为于天下的。这就像厨师做饭,他不在,难道要让尸祝越俎代庖吗?

《庄子·徐无鬼》篇:啮缺遇上许由。

啮缺:匆匆忙忙的,你这是要去哪儿呀?

许由:逃避尧的禅位。

啮缺:这话怎么说?

许由:尧盛行仁道,我怕天下人耻笑。我担心,这样下去,后世将会出现人吃人的社会。民众,是不难集聚的,爱之则亲,利之则至,誉之则劝,致其所恶则散。

爱和利出于仁义,试想,这世上,为仁义捐躯的少,而争名夺利者多。

况且,仁义的行为,如果没有诚意,就会成为禽兽一样贪婪的工具。

所以,由一人独断专行以求利于世,无异于任人宰割。尧啊,他只知道贤人有利的一面,却不知道其有害于天下的一面。这只有超越于贤人之上的智者才能看清楚。

《庄子·让王》篇：尧以天下让许由，许由不受。又让于子州支父。

子州支父说：让我当天子，可以倒是可以，但我现在有病，正在治疗，无暇治理天下。

庄子评论：夫天下，至重也！子州支父都不以害其生，何况他物乎！唯无以天下为者，才可以托天下于他。**老庄孙子**：高于老子爱以身托天下。

老子也说"贵以身为天下者，或可以寄天下；爱以身为天下者，或可以托天下也"。这就是"寄托"的来历。儒家，尤其是孔子之后的儒家们最大的缺憾就是不能"贵己、爱己、养生"，更不能"无以为天下"，最惨痛的损失是颜回早死！不得已，诸葛亮才发出"鞠躬尽瘁死而后已"的千古一叹！

关于尧，再重复一段《庄子》的故事。

"天地"篇：尧在位时，曾到华这个地方巡视。**老庄孙子**：中华之地。

华地官人（不知何名，就叫华封吧，是位得道高人）向尧祝贺：你好，圣人！请接受我对你的祝福，祝你长寿！

尧：算了吧。

华封：那就祝你富贵！

尧：那也不必。

华封：那就祝你多子多孙！

尧再拒。

华封：长寿、富贵、多子多孙，是人人所渴求的，你独不欲,为何?

尧:多子多孙则多惧,富则多事,寿则多辱。这三者,于修身养德是不利的。所以,我要拒绝。

华封:我一直以为你是圣人,现在看来顶多不过一君子。天生万民,必各授其职,多子多孙而授予每人应有的职责,何惧之有?

富有而多施舍于人,何事之有?

所谓圣人,就像鸟一样,居无定所,自由觅食,雁过无痕。天下有道,则与万物一起昌盛繁荣;天下无道,则修德隐居。

活上一千年觉得没什么意思了,就羽化登仙,乘云驾雾逍遥于无何有之乡。三患莫至,身无常殃,何辱之有?

说完,华封转身离去。

尧紧追不舍,想继续请教。

华封怒斥:回去吧!

《庄子·齐物论》还记载:

尧问舜:我想讨伐宗、脍、胥敖三个不听话的小国,每次上朝心里都放不下这件事,你说为何?

舜:这三个小国国君就像蓬蒿间的小草,你有什么放不下的?过去十个太阳共同普照万物,更何况,人的德行远远胜过太阳的光耀呢?老庄孙子:谁说舜以孝治天下?

4.119 子曰:**巍巍乎!舜禹之有天下也,而不与焉。**

孔子此章所要表达的真意是,虞舜、大禹的天下不是要手段、巧取豪夺来的,是前任发扬风格、天下为公、选贤任能、禅让揖让来的,"唐虞揖让三杯酒,汤武征战一局棋"即此意。

严格地讲,在大禹之前的社会就是马克思所描写的原始共产主义,其素材也主要源于此!所谓"原始"仅指物质财富不那么发达。是老孔庄极力推崇、渴望的"小康、大同"美好社会!

所谓"大同",即:大道之行也,天下为公(禅位授圣,不家之睦亲,不私传子孙而用尧舜禹是也),选贤任能,讲信和睦。故人不独亲其亲,不独子其子,使老有所终,壮有所用,幼有所长(老吾老以及人之老,幼吾幼以及人之幼),矜寡孤独废疾者皆有所养。男有分,女有归。货恶其弃于地也,不必藏于己(见司马迁《货殖列传》);力恶其不出于身也,不必为己。是故谋闭而不兴,盗窃乱贼而不作,故外户而不闭,是谓大同。**老庄孙子:**"路不拾遗,夜不闭户"即出于此。

所谓"小康",即:今大道既隐,天下为家,各亲其亲,各子其子,货力为己。大人世及(世袭制)以为礼,城郭沟池以为固,礼义以为纪,以正君臣,以笃父子,以睦兄弟,以和夫妇,以设制度,以立田里,以贤勇知,以功为己。故谋用是作,而兵由此起。禹、汤、文、武、成王、周公,由此其选也。此六君子者,未有不谨于礼者也。以著其义,以考其信,著有过,型仁(以仁为楷模)讲让,示民有常。如有不由此者,在埶者去,众以为殃(刑罚、法)。是谓"小康"。**老庄孙子:**不少章节有重复,一是重要,二是需细细品味。谁说孔子是复辟西周(小康),他是要复辟夏初(大同)!

这是孔子对远古中国理想社会的真实描述,体现了人类

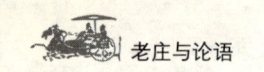

社会"最一般的和最本质的要求",也是他复兴的目标。

再看看老子描述的理想社会。

《老子》第80章"独立(我名之王国)":小国寡民,使有什伯之器而不用;使民重死而不远徙。虽有舟舆,无所乘之;虽有甲兵,无所阵之。使人复结绳而用之。甘其食、美其服、安其居、乐其俗。邻国相望,鸡犬之声相闻,民至老死不相往来。

黄帝梦想成真。

《列子·黄帝》篇记载:黄帝战败蚩尤,一统天下。在天子位上已坐了15年,天下太平,百姓拥戴,保养自己,娱其耳目,吃香喝辣,不知不觉年事渐高,体力精力渐衰。

又过了15年,开始担忧天下之不治,殚精竭虑,安民富国,年纪更老,体力精力更衰。

黄帝喟然叹曰:"我是太过了!前15年为一己之养,其患如此;后15年为天下苍生,其患也如此。"

于是乎,万缘放下、舍弃宫寝、去掉服侍、撤销悬钟、减少厨膳,找了一个大殿闭关修行,斋心伏形,一念不生,三个月不理朝政。

有一天,突然做了个白日梦,梦游华胥国。这个华胥国,不知有几千万里,非舟车足力所能到,神游而已。

这个国家没有统帅、没有首长,自然而已;其民无嗜欲,自然而已;不知乐生,不知恶死,故无夭殇;不知亲己,不知疏物,故无爱憎;不知悖逆,不知向顺,故无利害;都无所爱惜,都无所畏忌。

入水不溺，入火不热。砍斫鞭挞无伤痛，指责贬谪无痛痒。空中飞行如履平地，睡在太空如寝在床。云雾挡不住视线，雷霆扰不乱听闻，美恶无动于心，山谷挡不住去路，神行而已。**老庄孙子**：《山海经》记载大禹也去过此地。色界。

黄帝醒来，大彻大悟。遂召见群臣，告之"我闲居三月，斋心服形，思考养身治世之道，一无所获。疲而睡，所梦如此。我终于明白，至道是不能以情欲求取的（释迦之不可思议），我知道了，得道了，但就是说不清楚"。**老庄孙子**：老子之道可道非常道也。

又过了28年，天下大治，与华胥国一模一样。黄帝志得意满，白日升天（死了），百姓大臣号哭不已，此太平盛世延续了二百多年。**老庄孙子**：黄帝在位58年。此华胥国比孔子大同世界如何？

4.120　**子曰：无为而治者，其舜也与！夫何为哉？恭己正南面而已矣。老庄孙子：孔子是懂得无为而治的又一明证！**

"无为而治"是老庄治人事天的最高境界，孔子推崇备至。也足以说明孔子汲汲入世之不得已！世风日下，道德衰微，礼崩乐坏，明知不可而为之，发出"吾非斯人之徒与而谁与？天下有道，丘不与易也"的感叹！

其实孔子是极力主张"为政以德，譬如北辰，居其所而众星共之"之德治的，与老庄一脉，极符合老子"为学日益，为道日损，损之又损以至于无为，无为而无不为"之真谛！

其实，舜是以至孝赢得尧之青睐的，又跟尧干了几十年才禅位给他,这时他已很德高望重、智慧到彼岸了。

庄子同样批评了舜不孝!让父母不高兴、不开心就是不孝,不论父母怎样。当然,后来舜的行为感动了父母,感动了尧,也感动了天下。《孝经》中二十四孝排第一的就是舜。

舜后来也禅位天下,《庄子》中有不少记载。

"让王"篇:尧曾让位给子州支父,他没要。随后,舜也想让位于天下,第一个找的就是子州支父(这些人真长寿!)。他用了同样的借口回复了舜:"有病,顾不上!"

庄子也表扬了子州支父"天下大器也,而不以易生,此有道者之所以异乎俗者也"。

舜又找到了善卷,这个人可了不得!中国诗词第一人。他以诗词歌赋、美轮美奂般的语言回答了舜,史诗称之为"击壤歌":余立于宇宙之中,冬日衣皮毛,夏日衣葛絺;春耕种,形足以劳动;秋收敛,身足以休食;日出而作,日入而息。逍遥于天地之间而心意自得。吾何以天下为哉!悲夫!你太不了解我了。遂不受。于是去而入深山,莫知其处。**老庄孙子**:"逍遥游"不是庄子的专利!

舜没办法,又找到了他的好朋友石户之农,没名没姓,就是石户地方的一位农民,其实是位隐者,请他帮忙。

石户之农:当君王很辛苦啊!你真是个忙碌的人。他认为,舜的德行还很不够。于是,携妻带子隐居于海岛,终身未归。**老庄孙子**:舜和尧比确实差了一截。

舜托人找他的朋友北人无择,执意要把天下让给他。

北人无择:嗨!他的为人真够奇怪的。本来是个山野村夫偏要跑到尧的门前炫耀。仅此也就罢了，却偏偏又要用他的耻辱行为来玷污我！这是我的耻辱！话音未落，转身投入清冷之深渊。老庄孙子：真够坚决的！

4.121　舜有五位大臣，天下大治。

周武王说"我有大臣十人而天下大治"。

子曰：人才难得啊！难道不是这样吗？虞舜以降，到周武王时，人才最盛。十人中还有一位妇女（周武王之妻），其实是九人（孔子重男轻女在此可见一斑）。三分天下有其二，周文王仍然谦恭侍奉殷纣王。文王之德可谓至矣！

注意！这里是专指文王之德，不是武王之德，也不是周朝之德！选贤任能已属治国之次。老子也是这么认为。

第62章"为道"：道者，万物之奥（妙）。善人之宝，不善人之所保。美言可以市，尊行可以加人。人之不善，何弃之有？故立天子，置三公，虽有拱璧以先驷马，不如坐进此道。古之所以贵此道者何？曰：求以得，有罪以免。

周祖之德。《庄子·让王》篇：大王亶父，周文王的祖父。发展农耕，居于邠地，陕西西北。狄人攻之。亶父赠送大量皮毛、丝绵，狄人不受；赠送大量牲畜犬马，依然不受；赠送宝玉，还是不受！狄人只要土地。

最后亶父劝说百姓"与人之兄居而杀其弟，与人之父居而杀其子，这样的事，我是不忍心做的！你们都努力和狄人相处吧，做我的臣民同做狄人的臣民没什么不同。我还听圣人说，不要为了争夺土地而伤害那些土地上的人民"。老庄孙子：大德！善之善者也！至善！

于是，亶父拄着拐杖离开了邠地，百姓们也紧紧跟随，不论他走到哪里！不得已，亶父率领民众在岐山又建立一个都城。

庄子评论：大王亶父是真正知道尊重生命之人！能珍爱百姓、尊重生命者，虽富贵不以养伤身，虽贫贱不以利累形。

即老子所说"生生之厚，死者十分之三；甚爱必大费，多藏必厚亡"，也即《黄帝内经》所说"膏粱厚味足生大疔也"。

庄子接着说：现如今之人，居高官，尊厚爵，还整天担心少这缺那，宠亦惊，辱亦惊，贵大患若身，殚精竭虑，欲壑难填，见利忘义，轻亡其身，岂不惑哉！

4.122 子曰：大禹！我是没什么可说的了。自己粗茶淡饭，敬鬼神却以至孝；自己衣装简朴，祭祀时却穿着华丽；自己居住简陋，却致力于挖沟治水体恤苍生。大禹，我确实是没什么可非议的了！

就个人功绩而言，大禹治水功在当代，利在千秋，绝对做到了"全心全意为人民服务"！

庄子也说"大禹为了治水，大腿无肉，小腿没毛，三过家门而不入，最后落了个半身不遂"。

连美国人都研究大禹到过美国。

这么一位伟大神奇的人物，孔子为何要说两遍"禹，吾无间然矣"？而不像评价尧舜那样极尽华丽的辞章还唯恐颂扬得不够，为何？

主要是家天下。自大禹以后，君王开始世袭，也就是国家私有制。用孔子的标准,"大同"再无可能,"小康"或还可以。

大禹是春秋显学之一墨家的鼻祖。其宗旨就是"绝对无私"!说白了,就是"全心全意为人民服务"!思想很好!境界极高!但墨家为何在中国历史、文化的长河中消失了呢?战国以后,特别是汉末唐初,儒释道一统中华!其关键就在于这样的标准只有极个别人能做到,用来要求多数人,几乎不可能!老庄孙子:还是"中"道来得好。

《庄子·天运》篇,老子教育子贡:到了禹治天下,人心开始机智、权变、狡诈,动用武力以顺天道,杀死盗贼是罪有应得而不算杀人。自此以降,家天下开始传承,私有开始,私欲横行。接踵而来的是天下大乱,儒墨并起,摩顶放踵,巧言令色,宣扬仁义如同击鼓追逃,上悖日月之光明,下逆山水之精华,中毁四时之运行。其毒如蝎,其害如虎!让人们的性命之情无法得以安定、宁静。还个个标榜自己是圣人,真是见过无耻的,没见过这么无耻的!

《庄子·让王》篇没有记载大禹,因为他没让王,可能觉得治理天下太辛苦了,这么好的家业还是留给自己吧!一笑。

《庄子·天地》篇庄子论述:等到禹治天下,有一位名叫伯成子高的人辞去了诸侯之位而闲耕于野。

禹诚惶诚恐,三顾茅庐,拜请之:您看,过去尧舜在位治天下,您贵为诸侯。可等我上任时,您却退耕于野,这是咋说的?

子高:从前,尧治天下,不用奖赏,百姓、百官都很尽力;不用惩罚,百姓、百官都畏惧。现如今,你滥用赏罚,而百姓尚且不仁,道德自此衰落。刑罚自此建立,这就是后世必然混乱必然出现人吃人现象的根源!你赶紧走吧!不要耽误我的农事。于是乎,伯成子高专心于耕作,不再理会大禹。

《庄子·人间世》篇中记载:颜回要入仕,孔子批评他,从前,尧攻打丛枝、胥敖等不服管教的小国,大禹攻打有扈部落,致使这些国家、部落国土变成废墟,民众变成厉鬼,酋长遭受杀戮。他们征战不已,拓疆扩土,都是为了名利而已!这些所谓圣贤都如此,你颜回又能怎样?

老庄孙子:天下熙熙,皆为利来;天下攘攘,皆为利往!

《庄子·天下》篇评价大禹和墨家:不以奢华教育后世,不浪费财物,不炫耀等级制度,中规中矩以约束自己,以备应急于世。古代学派有属于这方面的,墨翟、禽滑釐就是代表。这些人,勤苦过甚!作"非乐""节用"。活着不歌舞,死后不丧服。

墨子极力主张兼爱、利人、平等、非攻,爱一切人,利一切人,反对战争,不结怨,好学博闻,勤俭持家,艰苦奋斗,并以此要求世人。

坚决主张销毁古代先贤的礼乐,如,黄帝的《咸池》、尧的《大章》、舜的《大韶》、禹的《大夏》、汤的《大濩》、周文王的《辟雍》、武王周公的《武》乐等等。古代的丧礼是,天子棺椁七重,诸侯五重,大夫三重,士两重。而墨子却独独生不歌,死不服,用桐木做的棺材只有三寸厚且外无椁,让后人效法！**老庄孙子**：现在连这也没有了！只一尺见方的小盒盒。

庄子评论：以此教人，恐不爱人；以此自行，固不爱己。这样下去，墨子之道不可能不败落！

况且，当歌不歌，该哭不哭，应乐不乐，这符合人性吗？要求人活着时勤劳艰苦，死了后又如此俭薄，他的学说太苛刻了！使人忧，让人悲，其道难为也，难行也！不应算作圣人之道。违逆天道人心，情何以堪！

墨子虽然能独行，可奈天下何？悖天逆人，离王道太远了！

墨子所最称道宣扬的是：远古之大禹时代，洪水泛滥，天灾人祸，饿殍遍野。大禹亲临一线，劈山挖沟，疏通江河，引流入海，遍及四夷九州岛，大河三百，小河三千，沟壑无数，以安万民。禹一马当先，铲土挑筐，夜以继日，整整九年！劳累得大腿无肉，小腿无毛，顶风冒雨，落了个半身不遂。最后，万邦安定，开辟了农耕时代。

禹是大圣人！他为民劳苦到如此程度。自此以后的墨者一律穿粗布衣服，穿木屐草鞋，废寝忘食，摩顶放踵，以自我勤苦为准则。

有人反驳：不能如此！这不是大禹之道，也不能说他是墨者。相里勤及其弟子，五侯的徒孙以及苦获、已齿、邓陵子等等，都诵读《墨经》，却都互相攻讦，自以为是，彼则为非。以坚白同异相辩訾；以奇偶不合相应对；以巨子为圣人，争相侍奉以求继承。至今不决。**老庄孙子**：墨家是当时显学,同儒、道。

墨翟、禽滑釐的初衷是好的,但他们那样苛刻的行为是错的。要求后世的墨者、民众刻苦自立,一定要艰辛到大腿无肉,小腿无毛,相互比拼争进。其结果是,乱天下有余,治天下不足。尽管如此,墨子是真的想把天下治理得好好的!即使不能如愿,也要累得形容枯槁、憔悴不堪。真才士也!

4.123 南宫适问孔子:羿善射,奡荡舟,俱不得其死然。禹、稷躬稼,而有天下。

夫子不答。

南宫适出。

子曰:"君子哉若人!尚德哉若人!"

俗话说,淹死的都是会水的。老子也说:"强梁者不得好死!勇于敢者死!刚强者死之徒!"羿、奡的写照。

羿,即后羿,是位射日的大英雄!十个太阳他射掉了九个,剩下现今这一个。看来,地球在远古时是个很热很热的星球。他是夏代有穷国的国君,自以为是,想篡夺夏朝王位,被其部将寒浞所杀。

奡,音 ao,矫健意,寒浞之子,力大无比,善驭舟。谋反,被少康帝所杀。

稷,周朝的祖先,善稼穑,社稷即由此来。

仅此一条就足以证明孔子不反对稼穑,更不蔑视农民,反而极崇尚"躬稼"的禹、稷,非常契合老子谦恭处下之道。帝王将相们若都能如此,天下哪有不大治的?

4.124 子曰:泰伯其可谓至德也矣!三以天下让,民无得以称焉!

泰伯,亶父长子,周文王大伯。得知父亲有意传位于三弟季历(文王之父),便带着二弟归隐。**老庄孙子**:孔子继续讲述周朝800载的德行基础。

庄子还是用犀利的语言批评了季历。

《庄子·盗跖》篇:满苟得收拾子张,季历不是长子,却继承了王位;周公杀死了他的兄长,长幼有序吗?**老庄孙子**:诛管叔,流放蔡叔。对杨朝明说诛杀少正卯是"口诛笔伐"之有力回击!还有"窃珠者诛",舜诛杀大禹之父鲧(《史记》中有记载)。

4.125 微子逃亡,箕子为奴,比干被剖心。子曰:殷朝有三位仁义之士啊!

三人都是殷纣王的嫡亲大臣。微子是孔子的祖先,纣王的同母兄长,屡谏不听,最后隐居。周朝灭商朝后,被封于宋国。

箕子,纣王叔叔,多次上谏,被迫装疯,贬为奴隶,周朝灭商后,封地高丽(现朝鲜、韩国)。

比干,纣王叔叔,冒死强谏,被纣王当众剖心而死。

孔子称之为仁者,却遭到庄子批判。

《庄子·盗跖》篇,盗跖痛斥孔子:世上所说的忠臣,没有比得上王子比干和伍子胥的!结果,比干被剖心,伍子胥被挖眼抛尸沉河而被天下人耻笑,愚忠而已,不足为贵。

随后,满苟得训斥子张:比干被剖心而死,伍子胥被挖眼沉江,这都是"忠"之过!

4.126 孔子评价子产：有君子之道四焉！其行己也恭；其事上也敬；其养民也惠；其使民也义。

子产，郑国的贤相，执政二十多年，郑国大治，称霸一方。后人评价孔子"温、良、恭、俭、让"，也只是个人修养而已。而子产那可是"修齐治平"全活！严于律己，宽以待人，尊敬上级，给人民带来实惠又不扰民，这样的好领导去哪儿找？完全合于老庄之道"谦下、敬（法天）天、惠民、节用"。

4.127 子曰：郑国要出台法令、政策，必须先由裨谌起草，世叔组织讨论、论证，行人负责修改，最后报请子产加以润色。

政令之出，要慎之又慎！一项大的改革措施，不能让70%以上的人受益最好别出台！更不能打着"改革"的旗号行一己之私！切记老子的谆谆教诲"法令滋彰，盗贼多有"！还有"治大国如烹小鲜"。国策，不能被诸如华尔街财团及少数人所左右。

4.128 有人问孔子：子产是怎样的人？

孔子：惠人之人。

又问：子西？

孔子：他啊……他啊。

问：管仲？

孔子：是个人物。他把伯氏的骈邑三百户的封地夺走了，让人一辈子吃粗茶淡饭，人家还至死都不恨他。

子西是子产的弟弟，子产之后曾主政于郑国，孔子对他不置可否。至于管仲，孔子评述颇多。所谓"惠人之人"直译过来就是为人民服务,其实比那还好。能给人们带来实惠、利益的人,这是宰相的第一职责!

管仲的打法,刘邦和他有的一拼。巧取豪夺!例如,多次收拾韩信,韩信也心甘情愿。

孔子对管仲的感觉是很复杂的。

关于子产,《庄子·德充符》篇记载:申徒嘉(郑国贤人),没有脚。与子产同师于伯昏无人。

子产谓申徒嘉:我走你留,你走我留。

第二天,二人又同席,子产:我走你留,你走我留。我现在要走,你是留下呢,还是不留下?你见到执政大臣却不回避,难道你真的想和我平起平坐吗?

申徒嘉:咱们先生的门下有你这样的执政大臣吗?你这是在炫耀自己而轻视他人!我听说"鉴明则尘垢不止,止则不明也。久与贤人处则无过"(唐太宗之以铜为镜、以人为镜、以史为镜之出处,也是神秀身若菩提树,心若明镜台以及六祖菩提本无树,明镜亦非台之渊源)。你以先生托大,出此不逊之言,不是太过分了吗!你哪里配得上做先生的弟子!

子产不服:你都残废成这样了,还要与尧争善。看看你的德行,还不足以反省自己吗?

申徒嘉:明知不可而能安之若素的,只有有德行的人才能做到。进入后羿的射程却射不中,那是命!

我没有了双脚,很多人耻笑我,我挺生气。可到了先生的寓所,我却怒气全消,为什么?不知是先生的善道教诲我的缘故，还是我自我反省的缘故？

我跟随先生已经19年，从未感觉我是个失足的人。而今，你和我谈论的是形骸之事，却要求我像尧一样跳出形骸之外，你不觉得太过分了吗！

子产无言以对，起身鞠躬：兄弟，别说了，我错了！

4.129　子路跟孔子叫板：齐桓公杀死他哥哥，召忽殉死，管仲为何不死？这算得上仁吗？

孔子：齐桓公，九合诸侯，一匡天下，不以兵强天下，管仲之功也！这就是他的仁德啊。

召忽和管仲都是公子纠的家臣，为争齐国君王之位，公子纠被他亲弟弟小白即齐桓公所杀，召忽殉死，而管仲却被鲍叔牙推荐给齐桓公做宰相，成就了齐桓公春秋五霸之首。召忽殉葬是小忠，管仲不死，虽未尽忠，但却兵不血刃，安天下几十载，所以孔子称其为"仁"。老庄孙子：可谓大仁、大德！

4.130　接着，子贡也问了同样的问题。

孔子：管仲相桓公，霸诸侯，民到今还受其恩泽。没有管仲，我们这些人早就变成蛮夷，披发左衽了！怎么能用匹夫、匹妇、小人、小信来要求管仲呢？怎么能为了恪守小节而自我了断于小沟小壑呢？

4.131　子曰：管仲不够大器！

有人问：管仲俭乎？

孔子：管仲有三处官邸，府中的家役都不兼职，何俭之有？

又问：管仲知礼乎？

孔子：国君有照壁，管仲也有。国君为宴请他国之君设"反坫"，管仲也有。如果说管仲知礼，还有谁不知礼呢？

反坫，国君之间宴请专用的放置酒器的设施。

看看庄子是怎么论管仲的。

《庄子·徐无鬼》篇：管仲有病且病得不轻。

齐桓公问他：仲父（齐桓公的干爹，似项羽的亚父），您病得这么重，咱就别避讳了。一旦您有个三长两短，您说，我该将国政托付给谁呢？

管仲：大王，您想托付给谁呢？

齐桓公：鲍叔牙？

管仲：不可！他为人太清廉，是位善良的人。他对不如自己的人从不亲近，一旦得知别人有过错，他就恨之入骨，终生不忘。让他当宰相，对上抗君，对下又清廉得不得了！您知道，察见渊鱼者不详啊！让他做宰相，那他离死就不远了。请三思。

齐桓公：那谁可以呢？

管仲：不得已，就用隰朋吧。他的为人，在高位不自以为高，在下不以为低，他自愧不如黄帝，又敬重不如自己的人。用道德来感化人却不以己为圣人，把财物分给别人认为这是应该的。逞贤使能是不会得到人心。礼贤下士，没有不得人心的。他对于国事有不该问的，对家事有不细察的。不得已，就隰朋吧！

《庄子·盗跖》篇满苟得教训子张：窃珠者诛，窃国者为诸侯，诸侯之门仁义存焉！齐桓公小白杀兄娶嫂。管仲射杀他，他却让他当了宰相。到底是谁恶谁善？真是"成者王侯败者寇"啊！

两相比较，加之孔子评述，管仲确实是一个复杂的人，难以道德论。治国理民是件太不容易的事！孔"仁"孟"义"真的不一定好使。孔子一上任不也立即诛杀了少正卯吗？

4.132　子曰：伯夷、叔齐，不念旧恶，怨是用希。老庄孙子：合于老子之道"和大怨必有余怨"。

《庄子·让王》篇详细记载了伯夷、叔齐。前面已述，此略。

"盗跖"篇，满苟得：世上所说的贤士莫过于伯夷、叔齐。二人辞去孤竹国的王位，活活饿死在首阳山上，骨肉尸体都得不到埋葬。这样的人跟为祭祀被宰杀肢解的猪狗有什么不同呢？都是重于名而轻于死，均是不顾念生命之根本的人！

4.133　古代散落于民间的贤人有：伯夷、叔齐、虞仲、夷逸、朱张、柳下惠、少连。

子曰：不降低自己的志向，不屈辱自己的人格，是伯夷、叔齐；

柳下惠、少连是既降低了自己的志向又屈辱了人格，但言谈合理，思虑再三，仅此而已；

虞仲、夷逸是隐世而居，随性放言，洁身自好，不得已，权宜之计。

孔子说自己是：我则不然，无可无不可。

老庄孙子：庄子亦是。

这是孔子晚年评价自己最"中"道也是最合于黄、老、庄思想的一句话。辩证地、发展地、变化地、历史地、相对地看问题又不失准。孟子说孔子是"圣之时者"。

老庄的"适可而止""袭明""以明"。

《老子》第27章"袭明":善行无辙迹;善言无瑕谪;善数不用筹策;善闭无关键而不可开;善结无绳约而不可解。所以,圣人常善救人,故无弃人;常善救物,故无弃物。是谓袭明。故善人者,不善人之师;不善人者,善人之资。不贵其师,不爱其资,虽智大迷,是谓要妙。

《庄子·齐物论》:道隐于小成,言隐于荣华。故有儒墨之是非相争。我是你非,你是我非,没完没了,则莫若"以明"。**老庄孙子**:以本然的清净空灵不昧虚旷之心观照万物,回光返照观自在,普度众生观世音。

物无非彼,物无非是。站在自己的角度看不清,换个角度或许就明白了。

所以说,彼此彼此,万事万物都是相互对待而存在的。尽管如此,大千世界是瞬息万变无常的!就像生死,方生方死,方死方生;方可方不可,方不可方可;因是因非,因非因是。

所以,圣人不走是非对立、狡辩无穷之路,而照之以天(人法天),即因任自然。**老庄孙子**:缘起性空空缘起,无中生有有还无,生生死死。

不然则彼此彼此,彼亦一是非,此亦一是非,非来是去,没完没了。况且,真的有彼吗?又真的无彼吗?

相互之间总要有一个相对待的东西,那就是万事万物的中枢,也就是大道的枢纽,只要抓住了它,如珠落盘,圆融无碍,就可以应对大千世界的无穷变化。**老庄孙子**:主要矛盾及矛盾的主要方面。

"是"是无穷的,"非"也是无穷的,无穷的无穷,那是真的无穷!所以说"莫若以明"。

随后,庄子又讲了一个"朝三暮四"的故事。

说,有一个养猴的老头,每天早晚共计给每只猴子喂7个橡子。平时都是早4个、晚3个,有一天,老头突发奇想,和猴子们说,今天早上给3个,晚上给4个,如何?众猴愤怒,要收拾老头。老头赶紧说,那还是早4晚3吧?众猴欢呼雀跃!

庄子评论:名实未亏而喜怒为用,仅仅是顺应了猴子的一厢情愿、平时习惯罢了。所以说,圣人"和之以是非而休乎天钧",是之谓"两行"。**老庄孙子**:即孔子的"致中和""无可无不可"。"适""可"而已矣!

庄子接着论述,何谓"以明"?远古之人,其智慧是到了极致了!怎见得?有的认为,世上本无物(六祖的鼻祖),这种认识确实是到了极致、穷尽、究竟、无以复加的地步;

其次,认为"有物混成,先天地生",但却没有界限。**老庄孙子**:此物者,东西也,非物质之物也。

再其次,认为有界限,但还没有是非。一旦有了是非,就会有损于大道的完美。大道有损,爱恨则相继而生。是非难辨,爱恨交加。

世上果真有完美和缺损吗?果真没有完美与缺损吗?就

如著名琴师昭文弹琴,只要他弹就有好坏之分,只要他不弹就不存在好和坏之分。昭文的琴艺、师旷的击节、惠施的辩论几近完美,晚年更是声名鹊起、大名鼎鼎。正是他们爱好(偏爱、专业)到了极致也才各有不同,都想让人明了他们的所好,因为这不是别人所好,所以难以达到。最后他们辩来吵去,以"坚白"论而昧其终生。昭文的儿子继承了他的事业却终身无成(张国立煞费苦心培养儿子当演员,不是那块料)。你说,他们到底是有成就还是没成就?所以,这种迷惑世人的炫耀、得瑟,是圣人鄙弃不取的!

圣人从不炫耀这些所谓的艺术、偏爱、执拗,而走"中庸"之常道。即大道不称,大辩不言,大仁不仁,大廉不刿,大制不割,大勇不忮。这就是"以明""葆光",永葆生机长久之道。

孔子的开悟,与杨朱有关。

杨朱是墨家代表人物,对孔子儒学不屑又奈何不了他,于是跑到老子那儿告状。

《庄子·应帝王》篇:杨朱:先生,你看,有这么一种人(孔子),敏捷强悍,世事洞明,学而不厌,诲人不倦。这算得上圣明之人吗?

老子:这样的人,在圣人眼里只不过像牢狱里的小看守,整日间为雕虫小技所负累。每天劳其筋骨,苦其心志,处心积虑。也如同老虎因其美丽的皮毛而招致猎人的捕杀,猿猴因其卖弄灵巧而被拘系。仅此而已,他怎能与圣人相提并论!

杨朱得意:先生,小的敢问,圣人是怎样治理天下的?

老子：圣人治天下，功盖天下却好像和自己没什么关系；化育亿万民众也好像不知谁的功劳；功德无量却从不沽名钓誉。让民众、万物觉得都是自己所应得，而自己却立于阴阳不测之境地，游于虚无静默之无何有之乡。圣人之用心就像一面镜子，物来则照，物去不留，不将不迎，与万物和谐相处而不互相伤害。

过后，杨朱用老子所教去教训了孔子，孔子不但没生气，反而大悟"我则不然，无可无不可"。庄子也因此发挥了一大堆！

有意思的是，孔子也到老子那儿告了杨朱等墨家一状。

《庄子·天地》篇：有一次，孔子问老子，说，有这么一种人，看上去似乎是在治道，而实际上却与大道背道而驰。整日间辩论"可不可，然不然；离白坚，若悬寓"，像这些人，能算得上圣人吗？

老子：那只不过是劳形怵心，玩弄雕虫小技而已。狗因善于捕捉竹鼠而被人用来打猎，猿猴因弄巧而被捉。

来！孔丘，我告诉你闻所未闻的道理：仅有头有脚却无知无闻的人是绝大多数，而身心与无形无状之大道相合者是极少数。动静、生死、废兴等等，对立统一，互相转变，都是因任自然。如果人为干预那就是人治（人为者伪）。忘记外物、忘记自然、忘记自己，从而天人合一而融于大道，则无为无所不为矣！

《庄子·齐物论》：庄子说，天地一指也，万物一马也！可乎可，不可乎不可。道行之而成，物谓之而然。恶乎然？

然于然；恶乎不然，不然于不然；物固有所然，物固有所可。无物不然，无物不可。

所以，草茎与栋梁、丑女与西施、恢诡谲怪，在道看来，统统为一！

分即是成，成即是毁（缘起性空，性空缘起，成住坏空）。凡物本来就无所谓成毁，在形上来看最终都归于一。

只有那些通达圣明者才能明了这"一"的道理。他们从不自以为是而合于"中庸"。

庸也者，用也；用也者，通也；通也者，得也；得也者，久也。因任自然，适得而几矣！

4.134 子曰：**巧言、令色、足恭，左丘明耻之，我孔丘也耻之；匿怨而友其人，左丘明耻之，我孔丘也耻之。**

他俩虽都耻之，可这世上这样的人甚至比这更恶心的人遍地都是！能奈他何？足恭，谄媚、溜须拍马也。匿怨而友其人，当面说好话，背后下毒手者之流。

4.135 子曰：**臧文仲居蔡，山节藻棁。真不知他哪一点聪明？**

臧文仲用天子之礼养龟，人们都说他聪明，孔子却认为他愚不可及！关于用龟占卜。

《庄子·外物》篇有详细记载：宋国国君梦见有人披发窥视他的旁门，说："我是来自于宰路之渊，河伯让我出使清江，被一位叫余且的渔夫打捞，请救我。"

宋君惊醒，召大巫师占梦，说"此乃神龟也"。

宋君问：有叫余且的渔夫吗？

手下回答:有。

宋君下令:马上请渔夫来见!

第二天,渔夫来朝见,宋君问:你捕鱼捞到什么了?

渔夫:我网得一只大白龟,直径五尺。

宋君:请把白龟献来。渔夫乖乖地把白龟呈上。宋君既想杀了它,又想养活它,心里犹豫不定,又请大巫师占卜。

大巫师:得把白龟杀了,用龟壳占卜。

于是,杀了白龟,剖肠刮肚,钻灼72次,没一次不灵验的。

庄子评论:然而,对于白龟来讲,却依然没有逃脱死亡的祸患。所以说,再智慧的人也有困惑之时,再神灵的东西也有不及之处。最聪明的人也经不住万人谋划(俗语,三个臭皮匠赛过诸葛亮)。鱼不怕网而怕鹈鹕(老兵不怕大炮而怕狙击步枪)。所以,去掉小聪明,大智慧才能显现,去掉人为的善那才是真善!

说白了,臧文仲与白龟一对活宝,一样蠢。

4.136　子曰:**晋文公,谲而不正;齐桓公,正而不谲。**

谲,欺诈耍手段。二人都是春秋五霸之一。介子推跟随晋文公流亡19载,最终没得重用,是晋文公之谲。

《庄子·盗跖》篇庄子借盗跖之口骂晋文公:介子推最忠诚!流亡期间,晋文公眼看就要饿死,介子推割下大腿上的肉给他吃。晋文公当了晋国君王后却背叛了他。介母提醒介子推:虽然你不在乎封赏,但也应该提醒他,你毕竟跟随他19年,还立过大功。

介子推:晋献公有9个儿子,只重耳(晋文公)一人存活,为何？这是命！上苍要让他继承国祚。即使没有我，他也一样会成功。您还不知道吗？语言是自身行为的修饰，只要把身体隐藏起来，哪里用得着去炫耀显摆以招致灾祸的。

《老子》第13章"厌耻"：宠辱若惊，贵大患若身。宠亦惊，辱亦惊。我所以有大患，因为我有其身，及吾无身，吾有何患？故，贵以身为天下者，若可以寄天下；爱以身为天下者，若可托天下！

介子推一怒之下，背母隐于绵山。晋文公被人指责后悔，下令搜山。有人又给他出馊主意，放火烧山。结果，母子俩抱在一棵大树下被活活烧死！晋文公却还猫哭耗子假慈悲，大哭了一场，厚葬了母子俩，还把那天定为寒食节以为纪念。

老庄孙子：我去过绵山，也称介山，山势险峻，山洞多而深，水源丰富，据此推断，介子推娘俩死不了。

可见，晋文公阴暗手段如此。

齐桓公则正好相反，他把所有的坏事都干在明处，但他也死得很惨！不听管仲遗言："易牙为了讨好君王杀死了自己的儿子给齐桓公做人肉羹吃；开方是卫国公子，他背叛了自己的祖国投靠齐国；竖刁为了迎合君王而自宫。他们的所作所为都不合人性情，没有人性，坚决不能用！"

管仲死后，齐桓公还是重用了易牙、开方、竖刁等佞臣。以至于齐桓公死了67天，都没人给他收尸！一代霸主就这样腐烂在深宫里，蛆虫都爬出了宫门外。

4.137 子曰：臧文仲，是个窃位、尸位素餐之徒。明明知道柳下惠是位贤人却不举荐！

说实在的，举贤任能，非大仁大智者不能！在孔子眼里，臧文仲既称不上智，也称不上贤，简直就是个小人、佞臣。

4.138 子曰：谁说微生高率直？有人向他借醋，他从邻居家讨来，再给人家。何直之有？

所谓直，有就是有，没有就是没有。微生高的做法有点"曲"了。歪打正着，倒符合老子"曲则全"之道了。一笑。孔子还说过"以直报怨"，看来他年轻时确实挺直的。微生高，字宙，《庄子》中有记载。

4.139 子张：《尚书》上说"商高宗武丁守丧，三年不语朝政"，这是何意？

孔子：岂止高宗，古人皆如此。国君去世，百官各司其职，新君守丧三年，一应事宜全凭冢宰处理。

冢宰即宰相。多好的礼制，可惜没能传承下来。

"礼与戎，国之大事"，不可不慎！家亦是。慎终才能追远啊！

4.140 子曰：吾之于人也，毁谁？誉谁？如有所誉，那一定是经过审慎考证过的。正是这些人使得夏商周直道而行。

孔子自己对先人评价的总结。孔子删《诗》《书》、定《礼》《乐》、修《春秋》、赞《易》都是有大原则的！那就是"道"，直道、正道、人道。

老子慨叹："大道甚夷，而民好径。吾道甚易知，甚易行。可是，天下莫能知，莫能行啊！"夷者，直也。

第五章 哲思篇

天 命

何谓天命？孔子在《中庸》里说得很清楚！天命之谓性，率性之谓道，修道之谓教；先天的那个东西，血统、遗传基因 DNA 是也；即老庄的自然而然；释迦的法尔如是、第八识、种子，李泽厚先生说的"偶然性"，马克思说的"个性"，俗语"秉性"，但绝不是傅佩荣先生所说的"使命"！

5.1 孔子被围于匡地，生命危急。孔子说：周文王已没，文化传承难道不是在我孔子身上吗？如果是上苍要让文明灭亡，我无可奈何；如若不然，匡人又能奈我何？

敢于担当是孔子伟大处。中华文明传承，孔子第一人！关于孔子整理、著述六经，《庄子》中也多有记载。

"天下"篇中庄子称孔子为圣人：以天为宗，以德为本，以道为门，兆于变化，谓之圣人。明仁义以崇本，系法名以救末，通六合以遨游，法四时而变化。小、大、精、粗，其运无所不在。仁、义、法、名、礼制、法规世代相传，史书记载很多。

诸如《诗》是表达心志的；

《书》是记录政事的；

《礼》是规范道德行为的；

《乐》是调和修养性情的；

《易》是预测阴阳变化的；

《春秋》是讲述名分的。

这些经书广布于天下，施行于中华大地，诸子百家也经常宣传、称道之。在此，庄子把孔子及孔学视为百家的统领！但，老子对孔子的要求更高，同样的《六经》，老子却多有微词。

《庄子·天道》篇记载：孔子晚年，整理好《六经》，准备藏书于周室国家图书馆。

子路出主意：我听说周室图书馆馆长老子，现已归隐退休，你想藏书，是不是先去拜访一下他？

孔子欣然前往。结果，老子不同意，不愿帮这个忙。没办法，孔子只好给老子做耐心细致的思想工作。给他讲《六经》的要义，不厌其烦。

老子有点不耐烦，打断孔子，不客气地插话：你说得太烦琐了！请简明扼要。

孔子：关键是"仁义"二字！**老庄孙子**：此处看出，孔子的《六经》也不究竟！

老子：请问，仁义是人的本性吗？

孔子：当然是！君子不仁则不成其为君子，不义则难以生存。仁义确实是人性的根本，此外再无其他。**老庄孙子**：人之初，性本善。

老子：何谓"仁义"？

孔子：心地中正，与物和悦，兼爱万物而无偏私，这就是仁义的实质。**老庄孙子**：说得已经很好！

老子：噫！快行了吧。你根本没说到点子上！所谓"兼爱"，不是太迂腐了吗？谁能做到？所谓"无私"，其实就是自私！你是真的想让天下人好好活下去吗？那我告诉你，天地本来就如此，日月本来就明亮，星辰本来就有其序列，方以类聚，物以群分，都是本来如此！你只管依德而行，循道而趋，就完全可以了！何必去费尽心机，汲汲于仁义，这无异于敲着大鼓去抓捕逃犯！唉，你真是在搅扰人性、乱人本真啊！**老庄孙子**：老子是道德，孔子是仁义且以仁为主。

《庄子·天运》篇同样记载孔子请教老子随后悟道的故事。老子把《六经》比作足迹，孔子与时俱化。老子对孔子的影响远高于《易经》对孔子的影响，准确地说应该是在老子的影响下孔子才比较好地赞《易经》。孔子悟道受老子影响最甚！关于孔子被围困于匡地，历史及《庄子》中多有记载，前面已述，在此不赘。在"秋水"篇，孔子对"时也、命也、运也"做了具体解释。

5.2 子曰：天生德于我！桓魋如我何？

故事同上。桓魋，宋国大司马，就是他唆使卫国人围困孔子于匡地的。其实，孔子在此又何尝不是一种无奈的慨叹呢？给弟子们鼓鼓劲儿也是好的。

5.3　公伯寮（孔子弟子）向季氏告发子路。子服景伯告诉了孔子，并说："季氏虽被公伯寮蛊惑了，但我仍有能力将他暴尸于街头。"

孔子：道之行与不行都是命！公伯寮能奈天命何？

在此，我不得不怀疑孔子的天命论，有宗教和宿命色彩。这不应该是孔子风格。他一生都与命运抗争，怎么到了晚年一变而至于此？鲁国混乱，春秋混乱，孔子弟子间也混乱，孔子确实无可奈何。这种无奈老庄都有，老子更甚。

高招迭出，可那些君王们就是不用，能奈我何？所以，只能不得已——真理永远PK不过王权！历史上有多少捍卫真理的斗士们被殷纣王之类的王权所灭绝？谁能数得清楚？所以最好的办法就是让真理掌握在王权手里，这是老孔庄等等圣人们所终生奋斗的！如，大宗师、至圣先师、亚父、干爹、师父之类。所以释迦也无奈"施若恒沙不若传经布道"啊！老子也是"立天子，置三公，虽有拱璧以先驷马，不如坐进此道"！

所以《大学》也说"自天子以至于庶人一是以修身为本"！教化永远是第一位的，尤其是对君王、领导。

5.4　说着说着又来了！子曰：这世界，没有人了解我啊！

子贡不解：先生何意？

孔子：不怨天，不尤人，下学而上达。知我者，其天乎？

人们说，伟大的人特别是伟大的哲学家都是寂寞的！信矣夫？一语道破天机，孔子的终极愿望就是"下学而上达"！

如果如愿了，他还怨什么天尤什么人？偷着乐还来不及呢！庄子还有"应帝王"的气魄，不得已就鲲鹏展翅九万里，乘云气，骑日月，逍遥、在宥于无何有之乡、广漠之野。

这时我真想给孔子唱一首歌，一首挽歌《爱是你我》："这世界，我来了，任凭风暴漩涡，不管多少苦痛折磨，我还是爱你更多……"

5.5 子曰：我什么也不想说了！

子贡总是那么好玩：先生！您啥也不说，那我们学什么呀？

孔子：天何言哉？四时行焉，万物生焉，天何言哉？

聪明如子贡者，一生也没参透孔子之道！确实差颜回一大截！无奈子贡也说自己"先生之人性与天道，我不可得而闻之"。孔子晚年所说的哲理名言几乎就像老子所说，连口气都一样，确实悟了。

《庄子·齐物论》：瞿雀子问长梧子，我听孔夫子说"圣人不从事具体事务（君子不器），不争名夺利，不趋利避害，不喜妄求，不刻意求道，说与不说都无所谓（无可无不可。说了等于没说，释迦牟尼传经布道49年一言未发；没说等于说了，不言之教，拈花微笑）"。我认为这是绝妙之道。

长梧子：你还差了点儿。我给你大概说说。人生，为何不依傍日月，怀簇宇宙，与他们浑然一体。泯灭一切是非、曲直、贵贱。众人劳碌熙熙，圣人却纯洁素朴，虽参赞天地之化育，却依然抱一为天下正。万物莫不如此，蕴藏的都是这个道理。

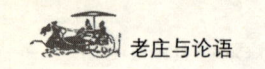

谁能知道，贪生就不是迷惑呢？

谁又知道，怕死就不是回归故里呢？

谁又知道，死去的人不后悔当初不该贪生呢？人生如梦！谁又能大梦先觉？只有大智慧、大觉悟之人才能认清！

老庄孙子："大梦谁先觉，平生我自知。草堂春睡足，窗外日迟迟。"庄周梦蝴蝶，庄周乎？蝴蝶乎？

现在人看起来像是奇谈怪论、痴人说梦，也许万世之后出一大圣人或能破解此道！即便如此，在时间的长河中，这万世也只不过是白驹过隙、昙花一现、倏忽而已！**老庄孙子**：看庄子这牢骚发的。

《庄子·徐无鬼》篇：孔子到楚国游学，楚王宴请。

席间楚王与孔子闲聊：孔先生，请说说古代的贤人吧！

孔子：我也听说过，古代有不言之教的说法，不好意思，我就试着说说。市南宜僚玩弄弹丸就化解了两家的危难；孙叔敖摇扇安寝而卧就使两国停止用兵（不战而屈人之兵，善之善者也）。我也希望，即使有三尺长的舌头也不用说话。

庄子评价：孙叔敖、市南宜僚的作为是不言之道，孔子说的是不言之辩。所以说，德最终是一定要与道齐一的。如果语言仅仅停留在卖弄知识上，那这种小智其实就是不智。万物的极致只能由道来同一，德则不能。

知道所不能知道的，再善辩的人也不能尽举（如惠施、公孙龙），追求名声像儒墨那样就危险了！

大海之所以为大海就是因为她从不拒绝任何涓涓细流。

老庄孙子：老子，大海善处下故能成百谷王。

圣人包容天地，恩泽遍及天下，却生不要爵位，死不需谥号，实利不积聚，名声不建立，这就是所谓的大人。**老庄孙子**：老子，圣人善谦下故能成百姓王。

能叫的狗不一定是好狗，人也不是因为能说会道就是贤人，更何况想成就大名的人呢？**老庄孙子**：孔子还说，不有祝鮀之佞而有宋朝之美，难免乎今世矣！俗语，好马长在腿上，好男出在嘴上。

大名都不足以成，何况成大德呢？大而完备的，莫过于天地，而天地却没什么追求。也正是因为大而完备，所以才没什么追求，当然也就没什么丧失，没有生命舍弃。**老庄孙子**：老子，天地不仁以万物为刍狗，圣人不仁以百姓为刍狗。善者吾善之，不善者吾亦善之，德善。以道莅天下，无弃人也无弃物。

不因外物而改变，反观自己的本真，因循常道行事而永不磨灭，这就是至诚！

如老子所说"独立而不改，周行而不殆"，孔子"天行健，自强不息；地势坤，厚德载物"。一脉相承！

5.6 子曰：凤鸟不至，河不出图，吾已矣夫！

孔子在晚年不停地哀鸣，人将死，其言也善啊！天下太平，必有祥瑞；国家灾殃，必生妖孽。孔子感叹，当时社会没救了，他也完蛋了！

河出图，洛出书，是大禹时代的祥瑞。

相传，大禹治水时，遇到很多难以解决的问题，大禹百思不得其解，殚精竭虑，精诚所至金石为开，大禹的至诚感

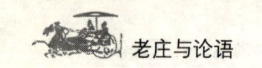

动了上苍,结果在黄河的上游,从河中跃出一匹白马,即白龙马的出处。这白龙马背上驮着一个图案,图案上圈圈点点,这就是所谓的《河图》,大禹受其启发,按图索骥,驱使鬼神,把当时地球上最大的水患治好了,开创了人类农耕时代,功莫大焉!

稍后,从洛水里又出来一只乌龟,背上也驮着一个图案,即后人说的《洛书》。**老庄孙子**:最新的考证是,河图就是太极图,由伏羲发现、发明;而两个星象方位图则是大禹发现发明,用于数字、时空。

其实,那是两幅星象图。在太原绵山即介山中依山而建的一处恢宏道观"大罗宫",旁边的悬崖上刻的就是这两幅星象图。是古圣先贤们长期观察天象的记录,是中华文明、文字、天文、《易经》、八卦、数理、自然科学以至于社会科学的重要基础。**老庄孙子**:伏羲八卦的卦象。

凤凰也是我们中华民族的图腾,象征着吉祥福瑞、天下太平。内蒙古自治区赤峰翁牛特境内出土的距今8000多年的天下第一凤即是明证!同一地方还出土了距今5000多年的天下第一龙。可谓龙凤呈祥。**老庄孙子**:老子是龙,孔子是凤。

后来,孔子又看到麒麟之死,绝笔《春秋》,带着无限的遗憾和眷恋,撒手人寰。他死时瞑目了吗?历史没有记载。我想,他肯定死不瞑目,也不会含笑九泉!

无可奈何花落去——前无古人后无来者,念天地之悠悠,独怆然而涕下。

鬼 神

后人大都认为,孔子对于鬼神是"存而不论",孔子也确实是"不语怪力乱神"。但是,不语不是不懂!是不轻易言,也确实难言。老子用了5000言就为了解释一个"道"字,最终还是"道可道,非常道也"!孔子不是也说过"阴阳不测之谓神"吗?

再纵观孔子参赞《周易》之《系辞》《象辞》《彖辞》《文言》,结合《庄子》,孔子是承认有鬼神和灵魂的,只不过不是宗教意义上的鬼神!

5.7 祭如在,祭神如神在。子曰:吾不与祭,如不祭。

祭祀就如在眼前,比如,祭祀祖先家神时,就像祖先在眼前一样。你不到现场祭祀而让人代替,和没有祭祀一样。这个观点一直影响至今。

2013年清明节,我回老家祭祖扫墓。要准备冥币即纸钱,那是绝对不许别人代办的,特别是不能让别人花钱。不然则不灵。凡是春节、鬼节都要给祖先以祭祀,很多大的家族,都设有灵堂,过年时,要举行仪式请祖先回来过年,称之为请家堂,很隆重、庄严、肃穆。同姓人都要到"家堂"拜家堂。过了初五以后还要送家堂。不然,总会做梦梦见父母、爷爷、奶奶,大都是生活得很清苦,要不就是有病。这时你必须买些冥币到宽阔的地方烧烧纸、磕磕头、念叨念叨,能发自内心流点眼泪、诚心祈求先人们在那世过得平安则更好,超级

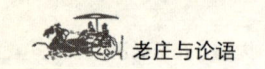

灵验！随后不会再梦见死去的家人。

一个更真实的故事。我小姨子到青海塔尔寺拜佛祈福。一朋友托她请一尊财神爷回家供养。我小姨子非常热情，花重金为朋友请了白财神，送到朋友家供养。不知是小姨子过于热情还是那位朋友健忘或小气，总而言之，钱是没给。过了一段时间，这朋友的财运越来越差，绞尽脑汁，也找不到缘由。不得已，去看了一位"大仙"。大仙告诉她，你那白财神是保佑请它的人的，不信你去问，你那朋友财运肯定比以前更加亨通。

果不其然，那段时间，我小姨子的财运非常好！这就是孔子所说"吾不与祭，如不祭"的原因所在。心不诚，又怕花钱，还想占人家点便宜，谁会保佑你？更糟糕的是，如我母亲所说"磕一个头放仨屁，行好没有作恶的多"。我父亲也常说"但行好事，莫问前程"，其真言也夫！

《老子》第60章"居位"：治大国若烹小鲜。以道莅天下，其鬼不神；非其鬼不神，其神不伤人；非其神不伤人，圣人亦不伤人。夫两不相伤，故德交归焉！

大家都和谐相处，天人合一，人与自然、人与万物、人与人、人自己内心世界都和谐了，何伤之有？

《庄子·大宗师》篇：颜回受孔子之托去孟孙氏家吊唁归来向孔子发牢骚：孟孙才（鲁国三桓之一），他是个什么人呀？他母亲死了，他竟然哭泣却没有眼泪，也看不出内心的哀伤，守丧也不悲痛。这三点他一条都不具备，竟然以善于办理丧事而著称于鲁国，这不是欺世盗名吗？我死活也弄不明白！**老庄孙子**：颜回很年轻时。

孔子：孟孙氏是尽了居丧之礼的。他比那些仅仅懂得丧礼的人强多了。一般人，想要简办丧事，却因各种礼教的约束而做不到，孟孙氏基本做到了。

其实，孟孙氏已经了悟了生、死、先、后。生生死死，死死生生，化而不化，方化方不化，谁能说得清楚？你和我都是在梦里还没有觉醒呢。

人死只是形体的变化，而没有心智（灵魂）的损失；只有尸体的毁灭，却无精神的死亡。

孟孙氏确实是个觉悟了的人。只不过奈于世俗、人情世故，所以，别人哭他也得哭，这就是他这样做的原因。这就如同人们之间互相称呼"这是我"，谁能知道你说的"这是我"就真的是你呢？

而且人们经常做梦，一会儿为鸟飞于天，一会儿为鱼游于渊（庄周还梦为蝴蝶）。谁又知道现在说话的你是在梦里还是醒着？舒适也就舒适了，笑也就笑了，无须刻意安排，要因任自然。这样也就进入了空寂、自然、纯一的境界了。

谁能说孔子这里说的"灵魂、精神"就是现在所谓的形而上的灵魂和精神而不是人的本有？

谁又能说老庄所最为重视的"精、气、神"不是客观存在？世界都在疯一样研究长生不老之术、灵魂学，什么纳米，什么转基因，还有比老庄、黄帝的"长生久视"之道更科学、更实用的吗？**老庄孙子**：上帝粒子是没有质量的！量子纠缠和意识有必然联系。

"上药三品，神与气精"，这是《黄帝内经》中所说。意思是，要想祛病延年，无病无痛，长生不老，要靠三种最上品的药"精、气、神"！这些讲起来话就长了——

5.8　子路问侍奉鬼神之道。

孔子：未能事人，焉能事鬼？

子路：敢问死？

孔子：不知生，焉知死？

精辟！活人的事都没闹清楚，何谈死人？中国的哲学、"宗教"，特别是伟大如黄帝、老子、孔子、列子、庄子等至圣先贤们，他们都是伟大的现实主义者，都极讲究活在当下，而不过于寄托于未来、来世、上帝、主啊什么的。这也是我们中华文明最伟大之处之一！

孔子在《易经·系辞》中说："阴阳合德，而刚柔有体，以体天地之撰，以通神明之德。"宇宙在乎手，万化生乎心。宇宙万物不是什么上帝、佛、主创造的，而是"乾知大始，坤作成物"，是"福祸无门，咎由自取"，是"天佑自佑者"。"仰以观于天文，俯以察于地理，是故知幽明之故。原始反终，故知生死之说。精气为物，游魂为变，是故知鬼神之情状。"

孔子不但知生死，还知鬼神！只不过是针对子路，活人事都没做好，不配探讨死与鬼神。

5.9　樊迟问知。

子曰：务民之义，敬鬼神而远之，可谓知矣。

孔子告诉世人特别是统治者们，如何为人民服务，务民的关键是"义"。义者，宜也。适合于民众要求，符合而且代表最广大人民利益的就是义,就是宜。**老庄孙子**:老子:圣人无常心,以百姓心为心。

否则,既不是义也不是宜。对待鬼神就像对待小人和女人一样,敬而远之,光远之还不行,更重要的是敬!要敬而远之。可能都有变幻莫测、难以捉摸的一面。一笑。

当然,敬的主要意思是诚敬,诚能感物,至诚不息。礼(祭祀是其主要的组成部分)的核心也是诚敬。心若不诚,一切免谈!老子所谓"法令滋彰,盗贼多有"就是从这个意义上说的。精诚所至,金石为开,所以愚公能移山,大禹能治水,精卫能填海,孟姜女能哭倒长城。

切记!不要亵渎神灵。头上三尺有神灵,所以要有敬畏之心,敬天、敬地、敬祖宗、敬圣人。说白了,人生最大的智慧一是生,一是死。把生死问题解决好了,那就是最大的智慧!**老庄孙子**:解脱。

5.10 孔子病重,子路请求为他祈祷。

孔子:有这样的事吗?

子路:有,《诔》文上说"为你向天神地灵祈祷"。

孔子:如果是这样,那我已经祈祷很久了。

《诔》,远古用于祈祷之文。"人生有命富贵在天",这是孔子说的;"但行好事,莫问前程",这是我爹说的。**老庄孙子**:其实是《黄帝内经》上说的,我是听我爹说的。

"天道酬勤"是老子说的;"为善无近名,为恶无近刑,缘督以为经,可以保身,可以全生,可以养亲,可以尽年",这是庄子说的。

5.11 子曰：非其鬼神而祭之，谄也；见义而不为，无勇也。

清明节回老家上坟，哭了三次，跪了三回，说了三句话。问人为何？众说纷纭。我答"好好过日子，有钱大家花，有事打电话（托个梦）"。还作了一首打油诗："清明时节雪纷飞，路遥途远意沉沉；沟壑纵横阡陌隐，只跪先考不跪神。"此神即孔子所谓"非其鬼而祭之"之他人之鬼神。与你无关，拜了就是有所图，是谄媚；

"见义勇为"意思是该做而不去做，那就是不勇。与孟子和现代的"见义勇为"意思有所不同。

接着说上坟，果然，没过几天，还真做了个梦，说，我父亲大宴宾朋，很隆重、气派，我父脸上有傲气，旁人流露嫉妒之意。看来，没怎么听我的话。

活人为神，死人为鬼，动物成精则为仙，如千年白狐，很流行的一首歌："我是一只修行千年的狐，千年等待，千年孤独……一旦成人，海誓山盟都化作虚无。"

夫子自道

5.12 达巷党人说：大哉！孔子。博学而无所成名。

孔子听闻，谓弟子：吾何执？执御乎？执射乎？不得已，我执御矣。

达巷，地名。党，古代500人为一党，类似现在的行政村。党派一词的渊薮。"无所成名"有孔子"君子不器"的意思，也有老子之"朴散则为器"之意。御、射是六艺之一，古代小六艺"礼、乐、书、数、射、御"。孔子六艺都很精通。当然，孔子这里有引申意，不得已，我要执御天下。不过是谦虚，没有直说，不像庄子直言仅"应帝王"就写了一大篇！洋洋洒洒5000余言。还说有道者"尘垢秕糠犹能陶铸尧舜者也"！何其气魄、洒脱！

5.13　太宰问子贡：孔子是位圣人吧？怎么那么多才多艺。

子贡：这是上天让他成为圣人，又使他多才多艺。

孔子听闻后，问：太宰了解我吗？我出身卑微、地位卑贱，生活所迫，所以学会了很多卑贱的技艺。对于君子来说，这点技艺是多乎哉？不多也啊！

太宰不知孔子，后人也多不知孔子，子贡故意拔高孔子，只有孔子自己了解自己！

为了生活，他四处奔波，学了些技艺，如老子所说乃"雕虫小技"，与君子比都差之甚远，何谈圣人？还是孔子最实事求是。由于孔子是野合、野生、野种。其母耻于见人，被迫流落到一个最见不得人的地方"阙里"，一个埋葬不得好死之人的乱坟岗子即"夶父之衢"旁边，过着连乞丐都不如的生活。

为生活所迫，孔子从小就要自己打理生活，当过吹鼓手、送过葬、哭过丧、放过牛、做过库管等等，孔子所说的"多鄙事"，主要就是这些，还不包括"礼乐书数射御"小六艺。至于孔子因此学会的礼、乐，那是成年以后的事。

至于司马迁所说"孔子为儿嬉戏，常陈俎豆，设礼仪"，说白了，就是因为孔子幼年居住在乱坟岗边，耳濡目染，小孩之间过死人家家、玩死人游戏（除此之外再没什么可玩的），模仿哭坟的一些举动，仅此而已！

后来孔子定"礼乐"的礼和乐也源于孔子小时候的哭丧、送葬的影响，觉得好玩，喜而好之，心向往之。孔子能从哭丧中辨出音律。

所谓的"儒"，在当时就是从事送葬的职业，儒者，人需也，首先是死人的需要！自孔子之后才真正成为儒学、儒家。也因孔子成就了大六艺《诗》《书》《礼》《乐》《春秋》《易》，即所谓《六经》，后来《乐经》失传也就成了现在的《五经》。老庄孙子：《四书》那是朱熹干的。

所以，南师怀瑾先生说范蠡也是儒商，不妥。

5.14 子曰：吾不仕，故艺。

这个"艺"可以解释为小六艺。孔子真正入仕是50岁以后，且很短暂。一生有大把时间学习研究六艺，从小六艺包括琴棋书画到大六艺到参道、悟道直至究竟！《论语》《庄子》等历史书籍中有大量记载。

5.15 孔子教训子贡：子贡啊！你以为我是好学多问而知识广博的吗？

子贡：是啊！难道不是吗？

孔子：不是的。吾道一以贯之。

子贡再一次傻眼。子贡很难看清孔子，所以，总有很多不切实际的评价。"一以贯之"，孔子也跟曾子说过。可见，这个"一"对孔子的重要！这是孔子晚年悟道后的表述，是老子的"一"，也是庄子"天地一指，万物一马"的"一"。

2013年春节，我和夫人到三亚度假，游览南山寺，正门赫然俩字"不二"；走过去，回头一看还有俩字"实一"。其实，孔子说得很清楚：吾道是用一贯穿始终的。即太极、无中生有的有、万物之始的始、万物之母的母、朴散则为器的朴等等。

因为太重要，所以再重复啰唆几句。

《老子》第10章"能为"：载营魄抱一，能无离乎？专气致柔，能婴儿乎？涤除玄览，能无疵乎？爱民治国，能无知乎？天门开阖，能无雌乎？明白四达，能无为乎（难得糊涂）？生之、畜之，生而不有，为而不恃，长而不宰，是谓玄德。

《老子》第39章"法本"：昔之得一者。天得一以清；地得一以宁；神得一以灵；谷得一以盈；万物得一以生；侯王得一以为天下贞。其致之。天无以清将恐裂；地无以宁将恐发；神无以灵将恐歇；谷无以盈将恐竭；万物无以生将恐灭；侯王无以为正将恐蹶。故贵以贱为本，高以下为基。是以侯王自谓孤、寡、不穀。此非以贱为本邪？非乎？故致数舆无舆。不欲琭琭如玉，珞珞如石。**老庄孙子**：等贵贱，齐玉石。

《老子》第42章"道化"：道生一，一生二，二生三，三生万物。万物负阴而抱阳，冲气以为和。人之所以恶，唯孤、寡、不穀，而王公以为称。故物，或损之而益，或益之而损。

人之所教，我亦教之。强梁者不得其死，吾将以为教父。

　　教父的出处，教育人的根本纲领。督脉、任脉（缘督以为经），一阴一阳，抟气（抟扶摇羊角）、冲气（气冲），致中致和（中也者天下之大本，和也者天下之达道）。是以，太极生两仪，两仪生四象，四象生八卦，八八六十四卦，以至于无穷，无穷之极就是太极！太极之极就是无极。也是孔子"形而上者谓之道"的道；也是子贡说孔子"先生之性与天道不可得而闻之"的"人性、天道"。

　　聪明如子贡者，陪伴孔子到人生的终点，又为他守了六年坟，最后也没有悟了孔子之道，确实比颜回差得远，所以，子贡说颜回"闻一知十，我则闻一知二"，此言不虚。

　　5.16　子曰：出则事公卿，入则事父兄，丧事不敢不勉，不为酒困，何有于我哉！

　　这是孔子年轻时的梦想。人生能做到这四条也就不枉此生了。光武帝的梦想"做官要做执金吾，娶妻要娶阴丽华"。孔子给季氏做过家臣，第一条够；父，没有，兄，是异母的，第二条不行；第三条，没问题！就是以哭丧起家；孔子酒量很大，遗传了他父亲。所以，告诫人也告诫自己"不为酒困"！当然，孔子曾一度以为人办丧事为主业，送完葬，喝点酒，冲冲晦气，解解乏也是有的。

　　5.17　子曰：苟有用我治国者，一年见效，三年见大效！

　　这就是孔子汲汲于入仕的真实写照！"自信水击三千里"，确实有这份自信。事实上，孔子的为政能力极强。当过季氏的家臣，牛肥马壮，公平交易，"修之以天钧"。

53 岁任鲁国大司寇，后又兼宰相，不到三年，鲁国大治，路不拾遗，夜不闭户。类似的话，孔子说过多次，包括两个乱臣贼子叛乱，孔子都想去帮忙。入仕之急，能力之强，可见一斑。

5.18 子曰：弟子们！你们认为我有保留吗？没有，我没有任何保留。我没有什么不可以告诉你们的，这就是我孔丘！

结合 4.60 理解会更好。有人怀疑孔子有偏向、有保留，故有此说；也有人怀疑孔子干了什么见不得人之事，如，见南子。也因此，子贡赞誉孔子像太阳，阴云是终究遮不住的。孔子也确实非常坦荡，包括卑贱的出身，见南子对天发誓，出身卑贱多鄙事等等，毫不隐瞒！符合自己说的"率性之道"。不像后世的腐儒们把他捧得那么高，正人君子，几乎不食人间烟火，以至于"存天理，灭人欲"！**老庄孙子**：知识可以传播，而道只能靠悟。

5.19 子曰：圣与仁，则吾岂敢？只不过为而不厌，诲人不倦，仅此而已。

公西华：这正是弟子们所做不到的。

有人说孔子是"行动的君子"，确实，孔子一生汲汲于仁从不厌烦，顶多发点牢骚。"学而不厌，诲人不倦"是孔子一生的真实写照！盛名之下其实难副。子贡等把孔子捧上了天，后人封其为"至圣先师、素王"什么的，都是有目的的。还是孔子自己来得实在。当然，孔子也没想到，他对后人影响那么大，受的罪也不少。

5.20　子曰：文，莫吾犹人也；躬行君子，我还不行。

孔子说自己连君子的标准都不够，躬行稼穑如禹稷，也是事实。严格按孔子所说的君子标准，孔子确实有差距，不信请自行查找对照。

至于"文"，祖述尧舜宪章文武，孔子对人类文明的贡献当之无愧，堪称伟大！文在兹也，斯文不能扫地。

5.21　子曰：述而不作，信而好古，窃比于我老彭。

这也是孔子的真实写照。孔子一生没有自己的著作，祖述尧舜，宪章文武。但他的所有思想、观点都融入所述之中了，如"孔子著《春秋》，乱臣贼子惧"。另一方面，孔子也想表白，他是以诚实、客观的态度来面对历史的。就是这样，李泽厚先生还说尧舜禹禅位是子虚乌有。

其实，老子掌握的文史资料远多于孔子，可惜一把大火尽烧，老子一怒之下，骑青牛，过函谷，被关令尹喜拦截，"逼迫"他著述5000言《道德经》，全凭记忆和悟性。

所以，在《道德经》中很少见其出处和考证。最多用的是"建言、昔者、法言"等等模糊用语。《道德经》中很多话是黄帝、广成子、尧舜禹、周文王、周武王、《易》等所说。细看《庄子》《列子》便知。

如《庄子·知北游》篇：黄帝曰"知者不言，言者不知，故圣人行不言之教"；故曰"失道而后德；失德而后仁；失仁而后义；失义而后礼"。礼者，道之华而乱之首；故曰"为道者日损，损之又损以至于无为，无为而无所不为也"。这里，黄帝也引述古人所说。

《老子》第56章"玄德"：知者不言，言者不知。

第38章"论德"：故失道而后德。失德而后仁，失仁而后义，失义而后礼。夫礼者，忠信之薄而乱之首。

第48章"忘智"：为学日益，为道日损，损之又损以至于无为，无为而无不为。等等等等，何其一致！

关于老彭，众说纷纭！我以为就是老子和彭祖的简称，就像我们称老子和庄子为老庄，称黄帝、老子为黄老，称孔子和孟子为孔孟一样。

孔子的楷模，一是老子，一是彭祖。求道与养生。学老子最终悟了道。彭祖的长寿、养生秘籍用于自己也还可以，如，食不厌精，脍不厌细，割不正不食之类。但却没有传给弟子，特别是颜回，害得颜回早死，耗精、耗气、耗神，又营养不良，致使中华文明的"真经"失传！颜回多次想入仕，拿点俸禄，改善一下生活，孔子又不许，过于形上。给了自己"仁者寿也"一响亮耳光！确实是"窃比于我老彭"，偷偷地。

李泽厚先生说孔子不谈性爱，如彭祖御女之术，何其裸露！孔子赞彭祖其内涵是极丰富的。**老庄孙子**：《列子》《庄子》中有大量孔子养生、修炼之法，绝不亚于《维摩诘经》《瑜伽师地论》，甚至更简约、实用，亦可谓禅宗鼻祖之一。孔子还说"食色，人之大欲存焉"。

庄子在"逍遥游"篇中也把彭祖批了一把：小知不及大知，小年不知大年。奚以知其然也？朝菌不知晦朔，蟪蛄不知春秋，此小年也。楚之南有大海龟，以五百年为春，五百年为秋（千年王八万年龟）；上古有大椿树，以八千年为春，八千年为秋，此大年也。而彭祖以长寿著称，人们都争先比之学之，不亦悲乎！

5.22 子曰：默而识之，学而不厌，诲人不倦，何有于我哉？

孔子一生的写照。默诵、默记，小学老师就这么教我。活到老，学到老，改造到老，源于此。

没有学习，哪来温故知新？

人非圣贤，孰能无过？所以教育、教化是万万不可少的。

5.23 叶公问孔子于子路，子路无言以对。

孔子：你为什么不告诉他"他这个人啊，发愤忘食、乐以忘忧、不知老之将至，仅此而已"。

叶公，楚国大夫，封地在叶，姓沈，名诸梁，字子高。是孔子好朋友。著名典故"叶公好龙"。

《庄子·人间世》篇记载：叶公子高将出使齐国。向孔子请教："楚王委任我出使齐国重任。我听说，齐王对待使者，总是表面谦虚而内心傲慢。普通人都难以对付，何况他是诸侯呢？我内心恐惧。你常对我说，凡事不论大小，不以道莅之，很少有成功者。否则，不是天灾就是人祸。我平时修身养性，清心寡欲，食不求精，脍不求细，不着急，不上火。可如今，刚刚接到使命，我就心急火燎，成与不成，都有灾祸。先生，请教我。"

孔子：天下有大戒者二，一是命，一是义。

父母子女之爱，是命里注定，是想当然的，不必动什么心思；

臣子侍奉君王，下级服从上级，这是义，理所当然。

所以说，孝敬父母，要无时不适，无地不安，这是至孝；

侍奉君王，无事不安，这是至忠；

自我修养，不受哀乐的影响，知其无可奈何而安之若命，随遇而安，安之若素，德之至也。

为人臣者，肯定会有不得已之处。然而，行为做事能到忘我的境界，根本无暇顾及生死之虞。这样就可以了。

古语云"传其常情，无传其溢言，则几乎全"。客观准确，不添枝加叶，无溢美之词。

"无迁令，无劝成，过度益也。"不断章取义，不强人所难，过犹不及，好事多磨，坏事难改，可不慎与？

"且夫乘物以游心，托不得已以养中，至矣！"不要图什么报答。实事求是，何难之有？**老庄孙子**：显示了孔子出色的外交才能，悟道水平也颇高。

孔子晚年玩索《周易》，确实是到了发愤忘食、乐以忘忧、不知老之将至的境界。孔子闻"韶乐"，三月不知肉味，也是追求乐在当世，安贫乐道，乐天知命。

孔子在《易经·系辞》中说：与天地相似，故不违；知周乎万物而道济天下，故不过；旁行而不流，乐天知命，故不忧。

中华文明是讲究"乐"的，不像那些宗教，佛的悲、基督的苦与罪。庄子讲究"至乐"，老子讲究恬淡人生，孔子则乐天知命、安贫乐道。只可惜《乐经》失传，不然，中国人会更乐、更幸福！朱熹之"独坐小窗读周易，不知春去已

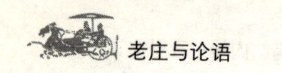

多时"与孔子同乐。

孔子悟道后之忧。《列子·仲尼》篇记载：有一天孔子闲居，子贡入侍，见孔子面有忧色。

子贡不敢问，出而告诉了颜回，颜回不答，操琴而歌。

孔子闻之，招呼颜回，问：你为何独乐？

颜回：先生为何独忧？

孔子：你先说。

颜回：我过去总听先生说"乐天知命故不忧"，这就是我所乐的原因。

孔子怅然有间：是啊！我过去是说过。可是，你并不明白我的意思。这是我过去说的，请以我今天说的为准。

你只知乐天知命之无忧，却不知乐天知命之有忧更是个大问题！今天我就全部告诉你。

修一身，任穷达，知去来之非我，无变乱于心虑，这是你所知道的乐天知命之无忧也。

过去，我修《诗》《书》、正礼乐，将以治天下，遗来世。非但修一身，治鲁国而已。可是，鲁国之君臣，日失其序，仁义益衰，情性益薄。我这一套办法连鲁国都影响不了，更何况治天下泽及后代！**老庄孙子**：可参考孔子"遗言"。

所以，我才知道诗书礼乐是不能治理天下大乱的，而我又找不到治世改革之良方。这就是我乐天知命之所以忧者。

老庄孙子：乐天知命是悟了道，悟了道的人大慈大悲之心更重、更痛苦。如仓央嘉措的情诗"只说出家堪悟道，谁知成佛更多情"。这就是中国的"大乘气象"。小乘与大乘。

孔子接着说：不过，我还是悟了的。所谓乐而知者（常乐我净），并非是古人所说的"乐知"。无乐无知，那是真乐真知。故无所不乐，无所不知，无所不忧，无所不为。

站在这个角度讲，那诗书礼乐何弃之有？又革之何为？

颜回北面拱手作揖：老师，我也得道了。

颜回出来告诉了子贡。子贡茫然自失，回家冥思苦想了七天（禅七），不吃不喝不睡，瘦成了皮包骨。

颜回不忍，又去开示子贡，子贡还是没悟！不得已，颜回回到孔子处，从此与孔子不离不弃，弦歌诵书，终身不辍。

老庄孙子：看《庄子》就像看小说，乐在其中。孔子"内圣"之学的修养、修炼、修证在后世儒家的书里特别是董仲舒之后难以见到，全在道家特别是《列子》《庄子》中，禅宗也不是舶来品，受道家包括孔子影响极大，太需要挖掘！

时光如流水

5.24　子在川上曰：逝者如斯夫！不舍昼夜。

结合孔子之"天行健君子以自强不息"等，显露孔子精进、积极、自强不息、阳刚的一面。而老子恰恰是尊崇天地之阴柔、无为、恬淡的一面，"负阴而抱阳，知其雄，守其雌"。孔子法阳，老子法阴，一阴一阳，道之全体，同出而异名，道的两个方面。对于自然的认知，老子来得更彻底。

《老子》第25章"无象"：有物混成，先天地生。寂兮寥兮，独立不改，周行而不殆。可以为天下母。吾不知其名，学之曰道,强谓之曰"大",大曰"逝",逝曰"远",远曰"反"。故道大,天大,地大,王亦大。域中四大,而王居其一焉。人法地,地法天,天法道,道法自然。**老庄孙子:自然而然。**

一切的宇宙科学、科学哲学、哲学科学、自然、社会、人文科学等等,全部囊括其中!如果仅仅理解为孔子叹息时光飞逝,那太看低孔子了!只是一解,仅此而已。董仲舒解"王"字"顶天立地,中间是人,一统天下"。

5.25　色斯举矣,翔而后集。子曰:**山梁雌雉,时哉!时哉!** 子路投了点食物,野鸡三嗅而飞。

后人解此莫衷一是。结合《诗经》第一篇解之,则可豁然开朗。"色斯举矣,翔而后集",说的是,雄性野鸡为什么要展示他那美丽的翅膀和漂亮的舞姿,那是在求偶!子曰:"山梁雌雉,时哉!时哉!"说的是,春暖花开,男欢女爱,雌雄和合,正当其时。与"窈窕淑女,钟鼓乐之"有何区别?至于其含义是啥,比喻什么,自己琢磨吧。还不懂?那就好好看看屈原的《离骚》。**老庄孙子:谁说孔子不谈性爱?**

5.26　子曰:**甚矣哉吾衰也!久矣吾不复梦见周公!**

这是孔子对自己"道之不行也矣夫"所做的最后慨叹!"郁郁乎,文哉!吾从周",孔子一生所推崇的西周初期特别是周公组织制定的人类最完美的礼乐典章制度的几近大同世界到死也未看到,因此,留下了深深的遗憾和最后的哀鸣。

第二篇 外 编

弟子之言

第六章　评价篇

生　前

6.1　仪封人请见，曰：大凡君子到此地，我都要请求见面。弟子引领见到孔子，出来后，说：你们何必如此沮丧、失魂落魄呢？天下无道已经很久了！上苍将以你们夫子为木铎啊！

仪，地名。封人，戍守边关的人，如《庄子》中的华地封人，函谷关令尹喜等。木铎，古代君王摇铃召集民众，发布政令。有惊堂木之意，用以警醒世人。仪封人是位得道之人，对孔子评价很是中肯。也是隐士们对孔子难得的正面评价。《庄子》中老子也把孔子宣扬仁义形容为击大鼓追逃者，是在搅扰人心。仪封人是否也有此意？

6.2　子路宿于石门。

守门人（中隐隐于市者）问：你从哪里来？

子路：从孔子那儿来。

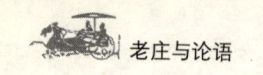

守门人：就是明知不可而为之那位？

"明知不可而为之"是对孔子也是孔子对自己的准确描述。老子、庄子以及隐士们对他的无情批判、棒喝亦因于此。孔子也无数次感叹"道之不行，甚矣哉！已矣乎！天丧予？天丧予！"等等。盗跖骂孔子最为经典、全面、苛刻，详见《庄子·盗跖》篇。这哪里是弟子之言，简直是隐士们的评判！

老庄孙子：这正是孔子与隐士们的不同处，乐天知命之忧。

身　后

6.3　叔孙、武叔在朝堂上对大夫们说：子贡贤于孔子。子服景伯告诉了子贡。

子贡：譬如宫墙。我的墙高顶多及肩，能随时窥见室内之好；而夫子之墙则高数仞，不得其门而入，是不能见到宗庙之美和内室的富丽的。

能得其门者是极少数啊！叔孙、武叔之言也是有其道理的。因为他们不得孔子之门而入。这是子贡评价孔子最为精准的一次，感情深厚，理解深刻。当然，以常人眼光观之，子贡确实有优于孔子之处，如，纵横、儒商、入仕等等。再看看颜回咋评价孔子。

《庄子·田子方》篇：孔子晚年。有一天，颜回与孔子闲聊。颜回：先生您缓步走，我也缓步走；您小步疾走，我也紧紧跟随（亦步亦趋）。可是当您奔逸绝尘（道行太高深），我则目瞪口呆、望尘莫及。

孔子：嗨！小子，你在说什么呢？

颜回：先生您慢步走，我也慢步走，这意思是，您说什么我也说什么；

先生您小步疾走，我也紧紧跟随，说的是，你怎么辩论，我也怎么辩论；

您奔跑，我也使劲追，意思是，您天行健君子以自强不息于道，我也逝者如斯夫不舍昼夜地追寻；

至于您奔逸绝尘我瞠目莫及，意思是，先生您不用言说就能让人信服，不自私又普世关怀，没有君王之位却万众敬仰！而我则是，只知其然不知所以然啊！所以，望尘莫及。**老庄孙子**：结合《庄子》中王骀，哀骀它。

与子贡评价有异曲同工之妙，当然还是颜回高出一头。

6.4 叔孙、武叔又一次诋毁孔子。

子贡反驳：你们不能这样！孔夫子是不可诋毁的。别人的贤德，像丘陵，犹可逾也；孔夫子是日月，不可得而逾也！有人不想见日月，这对于日月能有什么损毁呢？只能表明他们是多么不自量力！

这都是孔子死后的事。这次，子贡可是赞美得过了头。关键是，子贡也是不得其门而入。同样说给叔孙、武叔的话也可回敬给子贡："夫子之云，不亦宜乎？"子贡也曾说与孔子比真是不知天高地厚！其实，子贡到死也不知孔子好在哪儿？只知其然不知所以然，只知道孔子伟大，不知道孔子为何伟大。还是颜回看得透，即知其然又知所以然。**老庄孙子**：当然，庄子不但看得最清而且记述得最全！

6.5　陈亢对子贡说：你为人谦恭，孔仲尼怎么会贤于你呢？

子贡：君子说话一言定智愚，不可不慎啊！孔夫子之不可及也，犹如登天没有阶梯可攀。如果孔夫子能得到重用，正像人们所说："他会有所创建，而所创建的制度必然可行；有所引导，民众就会跟随前行；有所安抚，远方百姓就会前来归顺；有所号召，天下人就会群起响应。活着极为荣耀，死了深受哀悼。"如此这般，我怎么能赶得上呢？

子贡对孔子确实是心服口服，为其守孝六年，可谓至孝！

学　说

6.6　颜回喟然叹曰：仰之弥高，钻之弥坚。瞻之在前，忽焉在后。夫子循循善诱，博我以文，约我以礼，欲罢不能。既竭吾才，面前还是一座高山，卓然而立。虽欲爬上去，可是却找不到路径。老庄孙子：和《庄子》如出一辙，就是一辙！

这是颜回年轻时对孔子的评价。到后来，颜回与孔子一起悟道；再到最后，颜回先于孔子悟道，孔子反过来喟然叹颜回了！又是拜他为师，又是为他驾车，还要给颜回当会计。

孔子引导颜回悟道。《庄子·人间世》篇：颜回要入仕。

一天，颜回向孔子辞行。

孔子：你要去哪里？

颜回：去卫国。

孔子：干啥去？

颜回：我听说，卫君卫出公辄（或蒯聩）身体彪悍，刚愎自用，穷兵黩武，生灵涂炭，不顾民众死活，也从不反省自己，人民已忍无可忍。我常听夫子教诲"太平的国家可以离开，混乱的国家要前往救治。这就好比良医门前总是有很多病人一样"。我愿以先生的教诲去思考救国之策，或许能将卫国治理好。**老庄孙子**：此时的颜回充其量是一扁鹊或华佗。

孔子：唉！你这是去送死啊！你可知道，大道是不能繁杂的，繁杂了就会多事，事多则乱，乱了就焦虑忧愁，既乱又无可奈何，也就没救了。古圣先贤，是先修炼好自己，然后才推己及人。自己都没弄明白，怎么去纠正暴君的行为呢？况且你明不明白世风日下、德行日衰、智巧横行的原因呢？我来告诉你，德行衰落是因为人们过于求取虚名。世间的争斗诡诈使得智巧横行。人与人之间互相倾轧，就是为了这点名利。智巧变成了争斗的工具。

况且，德行淳厚，诚实确信，也不一定就能与人很好地沟通。你虽然不争名、不图利，但也不一定能与人情投意合。在人家面前宣扬、表白"仁义礼智"，不但人家不相信，反而认为你是用所谓的美德去衬托人家的过失与罪恶。

总而言之，言而总之，说一千，道一万，孔子就是不让颜回去卫国。颜回无奈，请老师指教。

孔子：你先斋戒，我再告诉你。你带着成心去见卫君，不是那么容易的。如果很容易，那就不合天道了！

颜回：我家贫穷，已数月没有酒肉了，这算作斋戒吗？

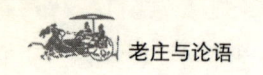

孔子：你这是为了祭祀斋戒，不是心斋。

颜回：先生，何谓心斋？

孔子：你先要做到一心一意，心无杂念。不是用耳朵听声而是要用气听，不仅是用气听更要用心悟（《黄帝内经》讲耳朵是通于气的）。不仅要悟，悟后还要有气化（踵息、胎息等等）感应。耳的功用是听；心的功用是思考（悟）如何与大道相符；气的功用在于虚灵不寐，以容万物。只有大道才能集聚精气神（炼精还气、炼气还神、炼神还虚），虚静、虚空、虚无、虚旷等等，才称得上是心斋。

颜回有点开悟：我在没有您引导之前，能切实感觉到自己的存在。听您这么一讲，我都不知道我是谁了。这算得上虚静吗？老庄孙子：忘我。

孔子：可以了，相当可以了！我告诉你：你身虽在樊笼之中，但却不被樊篱（名利等身外之物）所困。投机了就说两句，不投机就闭嘴。保全自己，不受其害，一以贯之。不得已而为之，这样就差不多了。

有了虚灵不寐的心性就可体悟虚怀若谷，洞明事物，止于至善。如果心猿意马、神思飞扬，那就叫身体虽然不动，而心思却在驰奔不羁，所谓"坐驰""心驰"。老庄孙子：风动、幡动、心动。

若能回光返照，每日三省吾身而心无旁骛，鬼神都会帮助你，何况人呢？这是化育万物的宝典，也是尧舜禹修身治国平天下的关键，更是伏羲等三皇须臾不可离的，更何况我们这些世俗之人呢？老庄孙子：解脱、涅槃。远在释迦牟尼

7000年前!

颜回帮孔子悟道。

《庄子·大宗师》篇：有一天，颜回兴奋地嚷嚷：我有长进了。我有长进了！**老庄孙子**：李泽厚说颜回死性、古板。

孔子：怎么讲？

颜回：我忘掉仁义了！

孔子：还行，但还不算究竟。

过了几天，颜回又嚷嚷：我忘掉礼乐了。

孔子：有进步，但还不算究竟。

又过了一段时间，颜回又嚷嚷：这回我是真的进步了！

孔子：怎么讲？

颜回：我坐忘了！

孔子吃惊：什么是坐忘？

颜回：遗忘肢体，废除聪明，超脱形象，去掉智巧，同于大道，这就是坐忘。

孔子：大同了，就没有偏好。与物俱化则无常心。你果真是圣贤之人了！孔丘我请求拜您为师永随其后。**老庄孙子**：颜回，绝对老庄释迦的究竟！大同的真意。

6.7　子贡说：**夫子之文章，可得而闻也；夫子之言性与天道，不可得而闻也。**

孔子弟子中，除颜回外没人懂得孔子之"性与天道"。

6.8　卫国公孙朝问子贡：**孔子的学问从何而来？**

子贡：周文王、周武王之道并未失传，尚存世间。贤者

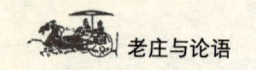

识其大者,不贤者识其小者,到处都有文武之道。我的老师何处不能学呢?不一定非有固定老师来传授。

处处留心皆学问,子无常师,孔子学问来源极其广泛,自学是其关键。勤奋好学,不耻下问,学之、好之、乐之,祖述尧舜宪章文武,《诗》《书》《礼》《乐》《易》《春秋》,最后为集大成者、大乘者。

第七章　记忆篇

音容笑貌

7.1　孔子温而厉，威而不猛，恭而安。

孔子一生修行外在的表现，即所谓相由心生。契合中道。也是老庄的追求。

7.2　子所雅言。《诗》《书》，执礼，皆雅言也。

雅言，即书面语言、文言、官方语言、标准普通话。既雅致又易懂。孔子是推广普通话的先驱。

行为举止

7.3　君召使傧，色勃如也，足躩如也。揖所与立，左右手，衣前后，襜如也。趋进，翼如也。宾退，必复命，曰：宾不顾矣。

躩，小步快走状。襜，衣服整齐状。这是孔子长期习礼、尊礼在外交上的表现。庄重、积极、恭敬、风采、潇洒,不辱使命。这些礼节一直沿用至今。礼仪之邦。

讲一段"宾不顾矣(宾客已经不再回头了)"的故事。有一次,我带队送国家认可委的朋友(也是领导),他已经安检完,其他送行的人都走了,我依然在那儿站立,看其穿衣、拎包,只见他突然回首,看到了我,向我连鞠三躬。

7.4 孔子入公门,鞠躬如也,如不容。立不中门,行不履阈。过位,色勃如也,足躩如也,其言似不足者。摄齐升堂,鞠躬如也,屏气似不息者。出,降一等,逞颜色,怡怡如也。没阶,趋进,翼如也。复其位,踧踖如也。

上朝、退朝的表现。形象、生动。阈,门槛。齐,衣下角。踧踖,不知所措,恭敬而小心状。拍孔子电视剧必须做到这些!可做剧本。那些大牌导演、演员应到此好好进修学习,修内与相外。特别是拍古典剧者。

7.5 执圭,鞠躬如也,如不胜。上如揖,下如授,勃如战色。足蹜蹜如有循。享礼,有容色。私觌,愉愉如也。

战,战战兢兢状。蹜,小步走路。私觌,私人会见。凡事要发自内心,再加以规矩。**老庄孙子**:庄子论道"与乎其坚而不觚,崔乎似不得已,义而不朋,著不足而不承"。

7.6 朝,与下大夫言,侃侃如也;与上大夫言,訚訚如也。君在,踧踖如也,与与如也。

因人而异,见机行事,见人说人话,见鬼说鬼话,看人下菜碟,孔子是做到家了!侃侃,温和快乐,洒脱样。訚訚,严肃而又直率样。与与,谨慎状。大礼三百,小礼三千，一言以蔽之"毋不敬"。

乡野之间

7.7　孔子于乡党，恂恂如也，似不能言者。其在宗庙、朝廷，便便言，唯谨尔。

恂恂，温和恭敬样。便便，善辩状。孔子为何这样？

看《老子》第41章"同异"：上士闻道，勤而行之；中士闻道，若存若亡；下士闻道，大笑之，不笑不足以为道。

在乡下遇到的人大都是下士又是乡亲，无须多言，温和谦卑，则人觉有大德，少说话威信高。反之，会大笑，自取侮辱。在朝堂，则大都是上士，一定要说出个一二三。孔子还说过对待女人、小人和鬼神要敬而远之。

7.8　乡人傩，朝服而立于阼阶。

看看！来了不是，刚刚说完鬼神。傩，民间迎神驱鬼的仪式。遇到这种情况，孔子是一定要穿上朝服，恭敬地站在东台阶上，远远地看着，敬而远之。一笑。

7.9　孔子与人歌，觉得好，一定请再来一遍，孔子而后和之。

孔子能歌善舞，多才多艺。孔子对音乐也是参悟到了极致！能把《诗经》305首全部谱曲吟唱，还著《乐经》，可惜失传。

7.10　孔子问人于他邦，再拜而送之。

托人向他国朋友问候为何要拜两次？一次是给朋友，一次是给使者，礼之至也。

7.11 朋友之馈赠，虽是车马，不是祭肉，孔子是从来不拜的。

车马虽贵重但是是物件，是友情，谢而已矣。只有祭祀用品，是来自庙堂，祭先祖，君王所赐，焉能不拜？拜的是神明不是肉。

7.12 子于是日哭，则不歌。

是日，这一天。哭是发自内心的，哪里还有心情歌唱。孔子小时候没少帮人哭丧，长大后又没少帮人送葬包括国葬。

7.13 子食于有丧者侧，未尝饱食。

与丧者同悲悯，感同身受，堵心，难以下咽。孟子借此恻隐之心发而扬之为孟学，成就其亚圣美名。

7.14 子见丧服者、高官及盲人，即使对方年轻也一定会视之以敬并小步快走而过。

7.15 子见丧服者，会立马收住笑脸一变为庄重、严肃。见冕者与瞽者也一样。在车上遇到丧服者、背书籍者也要挺直腰板目视以敬。遇有丰盛的宴席，必生恭敬之心，当思来之不易。遇迅雷烈风也诚惶诚恐。

孔子每当遇到上述情况，不论处于什么状态都会勃然变色而严肃、庄重以示敬意。这就是所谓的敬畏之心：天、地、大人。老庄孙子：《黄帝阴符经》，迅雷烈风，莫不蠢然。

衣食住行

7.16 君子不以绀緅饰,红紫不以为亵服。当暑,袗、絺、绤,必表而出之。缁衣、羔裘；素衣,麑裘；黄衣,狐裘。亵裘长,短右袂。必有寝衣,长一身有半。狐貉之厚以居,去丧,无所不佩。非帷裳,必杀之。羔裘玄冠,不以吊。吉月,必朝服而朝。

绀緅,绀,带红的黑色缎,微带红的黑色,绀緅是古时礼服颜色,不能用来做缘边。袗絺绤,单衣、麻布、细布。短右袂,为了干活方便。说白了,是人就应该有个人样！君子就应该讲究一些,既敬人也敬己。哪像如今,女人穿得越少越好,越露越好,整得人神魂颠倒、心乱如麻！羔裘玄冠不以吊。明明知道原宪穷得连裤子都没有,他还得瑟,骑大马,穿羔裘,戴礼帽去吊问原宪,让原宪给了个二比零！

7.17 齐,必有明衣且是布衣。必吃素,男女(包括老婆)不能同床。

祭祀前,必须斋戒沐浴,戒荤腥酒,夫妻不同房,以示对先祖的敬重。老庄孙子：戒、定、慧。

孔子说"祭神如神在。不然,不如不祭",心不诚则神不灵。

7.18 君王赐食,必正席尝之。君王赐生肉,必熟而荐之。君王赐活物,必认真饲养。侍奉君王吃饭,君王祭祀后,必先尝。

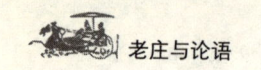

孔子确有忠君思想，特别是晚年，反对革命，主张改良。其实，对长者也应这样。尊老爱幼，中华美德。

7.19 食不厌精，脍不厌细。食饐而餲、鱼馁而肉败，不食；色恶不食；臭恶不食；失饪不食；不时不食；割不正不食；不得其酱不食；肉虽多，不使胜食气。唯酒无量，不及乱。沽酒、市脯，不食。不撤姜食，不多食。

孔子很讲究食疗。这些常识至今不过时。饐而馁，放久变味。喝酒不醉乃英豪！

7.20 孔子参加公祭，所得祭肉不过夜。自家祭肉，不能超过三天，超过三天已腐则不再吃了。

孔子被迫离开鲁国与祭肉有关。孔子56岁时，鲁定公举行秋祭，没有把祭肉分赐给孔子，这是君王对臣下极不信任的信号。孔子失宠，不得已离开了他至爱的祖国，踏上流亡的征程。临走时抚琴吟唱了一首诗歌：彼妇之口，可以出走。彼妇之谒，可以死败。盍不优哉游哉，惟怡以卒岁。将鲁定公比作妇人。

当时齐国，准确地说是晏子，为了离间孔子与鲁定公的关系，确实送来了16名美女，自此鲁定公和季氏不理朝政。孔子黯然神伤，出走的心情并非优哉游哉，而是一步三回头，就是到了鲁国边境还徘徊了数日，等待鲁定公回心转意。可惜，梦想成空。季康子接孔子回鲁国时也反省了自己重色轻友一事。那时，孔子已68岁。

7.21 食不语，寝不言。

我父母从小就告诫我们，食不言，睡不语。很科学！食不言,一是出于礼貌,二是怕噎着,容易走岔道,食物进气管;睡不语,睡觉说话容易兴奋,不易睡着。

7.22 虽疏食、菜羹、瓜祭,必斋如也。

不管生活多么困难,都要分出一份祭先祖。

7.23 乡人饮酒,杖者出,斯出矣。

出于礼貌,在乡下饮酒,长者为尊,老人停箸,你就应放杯。

7.24 子之燕居,申申如也,夭夭如也。

申者,伸也,伸伸腰,拉拉胯,随意些。夭夭,像桃花绽放,愉悦、舒适,桃之夭夭,灼灼其华。符合老庄境界,虽有荣观,燕处超然、超脱、洒脱。

7.25 席不正,不坐。

礼数使然。老子"以正治国,以奇用兵,以无为取天下"。

7.26 寝不尸,居不客。

不要像死尸一样直挺挺地睡觉,一不雅观,二不科学。老庄讲究"尸居而龙现",形如槁木,心如死灰,当然境界更高。居不客,在内室不接待客人,或自己在内室闲居时不必像接待客人那样拘谨。南子见孔子,好像就在内室,南子又是垂帘,又是遮幔的,故意制造朦胧感,还玉佩叮当,还就他们两人,弄得孔子心猿意马。

7.27 子疾,君视之。东首,加朝服,拖着长长的绅带。

死到临头还不忘大礼,礼之至也!克己复礼的楷模。老庄孙子:天下万事,唯此为大,克己复礼。

7.28 君命召,不俟驾行。

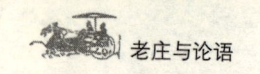

唯恐见疑，有辱君命。急急如星火，击鼓而追逃。汲汲于仕的形象描写。

7.29 升车，必正立，执绥。车中，不内顾，不疾言，不亲指。

中规中矩，形象极佳，讲究！以此可以看出，南子为了炫耀和孔子的关系，央求卫灵公与其同车，招摇过市，没想到，深深地伤害了孔子。还让孔子误解了卫灵公："已矣夫！未见好德如好色者也"！

言传身教

7.30 子罕言利，与命、与仁。

后世众说纷纭。纯粹是断句问题。孔子很少谈利，这一点被孟子发挥到了极致。最为著名的故事"鱼与熊掌"，最后发展到"舍生取义"之极端。命和仁是孔子一生所汲汲追求的。天命之谓性，仁者爱人。

7.31 子之所慎：斋、战、疾。

祭祀、战争、瘟疫是一个国家、君王所应特别关注的！老庄则不太注重"斋"。因为他们都看开了生死。但为了更好地统治天下，"斋"还是很重要的。历代君王的祭天、祭地、祭祖都是极为隆重的，包括祭泰山。不然，数典忘祖那是很可怕的。

老子说"大军过后必有凶年"，包括瘟疫。对于战死者，特别是对方的死者，要以哀礼祭之。

7.32　子不语怪力乱神。

孔子教训过子路："不知生焉知死？不事人，焉事鬼？"这些东西很难说得清楚，又易扰人心。

7.33　子以四教：文、行、忠、信。

孔子教育人的四条法则。文以载道，力行近仁，忠贞不贰，民无信不立。

7.34　子绝四：毋意，毋必，毋固，毋我。

与老庄、释迦极吻合。老子之"勿矜、勿夸、勿是、勿伐"，庄子之"师心自用，无执"，释迦之"无我相，人相，众生相，寿者相"。意，猜测，臆测。如子贡经商，"臆则屡中"，很难判断褒贬，有挤兑嫌疑。因为他不听孔子话，不入仕，不悟道，光挣钱。

7.35　子钓不纲，弋不射宿。

网开一面，不要赶尽杀绝。慈悲普度，包括生物。六祖慧能为躲避追杀混迹于猎人堆里，经常网开一面，放走猎物，不得已只吃炖肉锅里的蔬菜。

生平际遇

7.36　齐景公对待孔子，说：若季氏，则吾不能，以季、孟之间待之。孔子说：我老了，不能做什么了。孔子离开。

这里面有故事。齐景公非常欣赏孔子，想重用他，但被晏婴等人阻止。当然，孔子也说过晏婴的坏话。大约孔子30岁左右，晏婴陪同齐景公到鲁国访问，并向孔子询问周礼及古代一些人事。

齐景公问孔子：秦穆公时的秦国，国家并不强大，落后偏远，却能称霸中原，为何？

孔子：国家虽小，但他的志向高远，政治清明，办事果断，政策得人心，法令能很好地落实执行。秦穆公从俘虏里发现百里奚并委以国政。这种作为即使称霸天下也不难。称雄中原，实在太委屈他了。结果被孔子言中，秦国最终统一了中国。

孔子多次见齐景公。孔子35岁还在齐国逗留很长一段时间，向齐景公提出"君君、臣臣、父父、子子"的伦理观。言外之意，齐国自齐桓公始，礼崩乐坏，君不君（乱伦）、臣不臣（弑君）、父不父、子不子。

《晏子春秋》中关于孔子与晏子的故事多有记载。

孔子说晏子事君三心二意，晏子反驳"一心可以事万君，万心不可事一人"，说孔子"来说是非者，必是是非人"。从此影响了孔子一生。

有一天，齐景公田猎，天气很冷，景公故作温暖的样子，回头问晏子：如果有很多人，中间会有孔子吗？

晏子：孔子？我是没见到。至于舜，好像有。

景公：孔子差舜远矣！你什么意思？

晏子：确实，孔子差舜甚远。孔子也有长处，在常人中，炫耀不已，见到君王更是如此（与大夫言侃侃、訚訚如也）。而舜则不然，与常人在一起，就像一般人；和君子在一起就像个君子；和圣人在一起，他本来就是圣人。这就是孔子不及舜的地方。

善哉！晏子，一位伟大的智者。

再看晏子是如何阻止鲁定公重用孔子的。孔子52岁时，鲁定公提拔孔子为大司寇兼摄相事，鲁国大治。齐景公恐惧，问晏子：邻国有圣人，是敌国的忧患。如今，孔子任鲁国相，怎么办？

晏子：请君勿忧。那鲁国的国君是位昏君。孔子是圣明的相国。您不如私下许愿给孔子让他兼任齐国宰相。孔子肯定力劝鲁定公，鲁君肯定不同意。孔子自当投奔于您这明君。到时，您再不接纳他，孔子就完蛋了。**老庄孙子**：晏子更损，不愧为政治家。

随后，又给鲁定公送去美女、宝马，加之挑拨"三桓"。孔子自此永远在政坛上消失。

果不其然，鲁定公冷淡了孔子，孔子不得已挂印离去，第一站就是齐国，齐景公采纳晏子计谋，没有接纳孔子。孔子开始14年的流亡生涯。**老庄孙子**：害孔子者，晏子也？孔子也？

后来，孔子向晏子赔罪，晏子不接受并评价孔子及儒学：儒者骄傲自大，轻蔑国法，倡导繁文缛节，提倡无用之学，不利于移风易俗及百姓发家之业。儒者，滑稽而不轨法。倨傲自顺，不可以为下。崇丧遂哀，破产厚葬，不可以为俗，游说乞贷，不可以为国。自大贤之息，周室即衰，礼乐缺有间。今孔子盛容饰，繁登降之礼，趋详之节，累世不能殚其学，当年不能穷其礼。君王欲用之以移齐俗，非所以先细民也！

老庄孙子：同盗跖骂孔子一般。韩非子之"儒以文乱法"。

鲁昭公死，孔子不置一词，历史悬解。

我写此书就是要破解晏子之"累世不能殚其学，当年不能穷其礼"之千古难题！**老庄孙子**：这也是我不赞成南师怀瑾先生读经诵经的缘由。就是把南师的书读完一遍也要十年八年的。

7.37 齐人馈赠女乐，季桓子受之，三日不朝。孔子行。

齐国人不但送美女给鲁定公，也送给在鲁国势力最强大的季氏。孔子彻底失望。一言可以亡国，孔子是也！说了晏子一句坏话，百日新政结束，永远结束！

7.38 孺悲（人名）欲见孔子，孔子以有病推辞。传话人刚出门，孔子操琴弹唱，让人故意知晓。

这样的事，孔子一生可能只此一次！孺悲是一个怎样的人？以至于孔子如此。

第八章　阐述篇

主要思想（有点凌乱且不是主要思想）

8.1　有子说：其为人也孝悌，而好犯上者，鲜矣。不好犯上，而好作乱者，未之有也。君子务本，本立而道生。孝悌也者，其为仁之本欤？

从称呼上看，这是有子弟子记述有子所说，亦合孔子思想。说舜以孝治天下，不如说是以孝得天下。因为舜还有更多治天下的本事。老子说"六亲不和有孝慈"，俗语"家贫出孝子"。孔子孝的直接目的是不犯上作乱，是手段。看看后世的举孝廉便知。

8.2　司马牛忧曰：人皆有兄弟，我独之。

子夏：我听夫子说"死生有命，富贵在天"。君子敬而无失，与人恭而有礼，四海之内皆兄弟也。君子何患无兄弟也？

小爱与大爱。现如今，都是独生子女，哪来兄弟？无奈

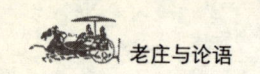

地一笑。有无兄弟，不取决于己。博施而济众，用孔子话说"德不孤，必有邻"。孙中山先生的"博爱"是也，墨子兼爱是也，仁者爱人是也！

8.3　曾子曰：**我听夫子说"人难以尽情宣泄自己，如果有，那一定是在父母去世时"。**

未见孔子怎么哭父母，倒是颜回死，孔子恸哭到极致，还说那也是"中"。

8.4　曾子说：**我听夫子说"孟庄子的孝也许别人能做到，其不改父亲及其为政之道，难以做到"。**

孔子还说：孝，父殁，三年不改其志。志者，遗志也。老庄孙子：萧规曹随。

8.5　子游曰：**丧，致乎哀而止。**

感情难以用理智控制。乐而不淫，哀而不伤，确是孔子的追求。

8.6　有子曰：**礼之用，和为贵。先王之道，斯为美，小大由之。有所不行，知和而和，不以礼节之，亦不可行也。**

不仅仅和气生财，先王之道最珍贵之处也在此。中也者，天下之大本；和也者，天下之达道。致中和，天地位焉，四时行焉，万物育焉。一味地一团和气而无所节制，那是乡愿，也不好，孔子说是"德之贼也"。老庄孙子：有中才有和。没有中心，那是狡辩是乡愿。

8.7　有子曰：**信近于义，言可复也；恭近于礼，远耻辱也。因不失其亲，亦可宗也。**

信不是愚信，关键是适宜否，这样才能践行（说话算数）。

孔子还说"为政，道之以德，齐之以礼，有耻且格"。

过于谦卑，有阿谀之嫌，自取侮辱，也要恰到好处，那就需要以礼节之。

最后一句应该说的是怎样对待亲人。做到上述两条又不失亲情这就算抓住根本了。有人说是"依靠亲近的人"，也有人说"因是姻亲"之意，莫衷一是，不知所云。

尊重他人，以信取友，又认亲，不是很好吗？符合老子"六亲不和有孝慈"之说。

学习修身

8.8 **子夏说**：博学而笃志，切问而近思，仁在其中矣。

孔子说：好学近乎知，力行近乎仁，知耻近乎勇。

不但学而且好学且持之以恒，学以致用，勇于为仁。比子夏如何？**老庄孙子**：关键是"道"。知者，智也智慧也。智仁勇。有智慧，又仁慈，勇于普度众生。

8.9 **子夏说**：百工居肆以成其事。君子学以致其道。

人生的究竟是悟道，即孔子之"朝闻道，夕死可也"。肆，作坊。小技艺是可以学的，大工匠则不然，更何况"道"？道是学不来的，要参、要悟、还要证。

子夏是学道，不够究竟。看看《庖丁解牛》，再看看颜回、六祖。子贡也说"夫子之性与天道是不可得而闻欤"亦有此意，听不来，学不到。所以我说孔子死后，八脉尽枝叶！

8.10　子夏说：日知其所亡，月无忘其所能，可谓好学也已矣！

老子曰：为学日益，为道日损；出之弥远，知之弥少。恐怕子夏不是这意思。读万卷书，行万里路，增加的仅仅是一点知识。书山有路勤为径，学海无涯苦作舟。苦海无边，回头是岸。**老庄孙子**：子夏，渐悟是也。

8.11　曾子曰：以能问于不能，以多问于寡，有若无，实若虚，犯而不校，我以前的朋友就是这样的。

犯而不校，人家冒犯了，也不计较。符合老子、孔子、庄子之道。三人行，必有我师焉，不耻下问；虚极静笃，谦以待人，以德报怨，曾子的朋友该有多么高尚！后人公认说的是颜回。

8.12　子贡说：君子之过也，如日月之食焉。过也，人皆见之；改之，人皆仰之。

说的是孔子！颜回也是"不迁怒，不贰过"。日食、月食，子贡说之。自然现象，不迷信。

8.13　曾子曰：吾日三省吾身，"为人谋而不忠乎？与朋友交而不信乎？传不习乎？"

反省、思考，是人之为人的关键。要有所为，每人都应如此，不然，就是禽兽，甚至禽兽不如！养成每日反省、总结的好习惯，那真是善莫大焉！

传习，传给弟子们的一定要经过验证。**老庄孙子**：实践是检验真理的唯一标准。包括心证、唯识。量子纠结到如今怎么也说不清，因为它不仅仅是物理。

8.14　子夏：贤贤易色。事父母，能竭其力；事君，能致其身；与朋友交，言而有信。虽曰未学，吾必谓之学矣！

色，本色，如孔子说"孝，色难"，我对"容易"，绝对。好德好过好色，要发自内心去尽力做。而为君王献出生命，似不妥。孔子说"事君王以义（道），不可则止"，还说"事君数，斯辱矣"。老子是以道莅天下。

子夏在此说的是学问、真知灼见，并非是用于卖弄的知识、小聪明、小伎俩。像我母亲，一字不识，一生的阅历，说出的话全是人生真谛。

8.15　子夏：大德不逾闲，小德出入可也。

闲，木栅栏，比喻规矩。孔子大德是"七十随心所欲不逾矩"。小不忍则乱大谋。老子说："图难于其易，为大于其细，天下难事必作于易，天下大事必作于细。"

千里之堤溃于蚁穴。细节决定胜败，小河沟也照样翻船。拿破仑字典中没有困难两个字，最终亡国亡身！大丈夫不拘小节，那是胡扯！有点庄子"为善无尽名，为恶无近刑"的味道。

8.16　子夏：小人之过必文。

对！文过饰非，巧言令色，推过揽功，从不想改过，这就是小人。

8.17　子张说：执德不弘，信道不笃，焉能为有？焉能为亡？

这样的人到处都是，半吊子、半桶水。如老子所说"中士闻道，若有若无；信不足焉，有不信焉"。

8.18 曾子有疾，孟敬子慰问。

曾子：鸟之将死，其鸣也哀；人之将死，其言也善。

君子所贵乎道者三：动容貌，斯远暴慢矣；正颜色，斯近信矣；出辞气，斯远鄙倍矣。笾豆之事，则有司存。

这是曾子的遗言。虽然很好，但比老庄包括孔子差之远甚！

曾子有疾，召弟子曰：启予足！启予手！《诗》云"战战兢兢，如临深渊，如履薄冰"。而今而后，吾知免夫！弟子们啊！

曾子一辈子小心翼翼，又是至孝，发肤受之于父母，不可有丝毫损伤；不像子夏"为君可致命"。

曾子说的"诗"出自《诗经·小雅·小旻》，是周幽王（为博得他的宠妃褒姒一笑而烽火戏诸侯的那个昏君）的大臣为他上谏所作。其中还有"不敢暴虎，不敢冯河"句，孔子曾引用骂过子路。看看老子怎么说？

《老子》第15章"显德"：古之善为士者。微妙玄通，深不可识。夫唯不可识，故强为之容：豫兮若冬涉川；犹兮若畏四邻；俨兮其若容；涣兮若冰之将释；敦兮其若朴；旷兮其若谷；混兮其若浊。孰能浊以静之徐清？孰能安以久动之徐生？保此道者，不欲盈。夫唯不盈，故能蔽不新成！

曾子"道三"，老子"道七"！老子还说"吾有何患？患有其身。及吾无身，又有何患？"再加上上善若水等等那就多了去了，慢慢品。

曾子算是善始善终，寿终正寝了，不易！老庄孙子：一个至孝，就已偏了。

君子和志士

8.19 曾子曰：可以托六尺之孤，可以寄百里之命，临大节而不夺也，君子人与？君子人也！

这篇文章很大，如诸葛亮、"赵氏孤儿"中的程婴等等都是君子。看看老子怎么说。

《老子》第13章"猒耻"：宠辱若惊，贵大患若身。何谓宠辱若惊？宠，为下得之若惊，失之若惊，是谓宠辱若惊。何谓贵大患若身？吾所以有大患者，为吾有身，及吾无身，吾有何患！故贵以身为天下者，若可寄天下；爱以身为天下，若可托天下。

曾子得老子之意，但不够究竟。"临大节而不可夺"，老庄则是"秕糠犹能陶铸尧舜"。老庄孙子：朱熹宋儒之"饿死事小，失节事大"源于曾子。老朱对曾子那是崇敬的不得了。以至于把《大学》排在《四书》首位。

8.20 曾子曰：君子以文会友，以友辅仁。

君子之交淡如水。以文会友不是酒肉朋友。文以载道。孔子说"益友三，友直、友谅、友多闻"，以此修身、辅仁。

8.21 棘子成（卫国大夫）说：君子质而已矣，何以文为？

子贡：真遗憾！您这样谈论君子。要注意！一言既出可是驷马难追啊！文采离不开本质，本质需要文采来展示。去掉花纹皮毛的虎豹与去掉皮毛的羊狗有什么区别呢？老庄孙子：文章。

关于君子，还是孔子说得好："质胜文则野，文胜质则史，文质彬彬，然后君子。"

8.22　子夏：君子三变，望之俨然，即之也温，听其言也厉。

孔子是"温而厉，威而不猛，恭而安"。释迦有32相，孙悟空则会72变，一笑。

8.23　子夏：虽小道，必有可观者焉。致远恐泥，是以君子不为也。

二人行就有吾师。每个人都有优点，万事万物都有可取之处。小道不能致远，只有大器或不器才能明志，才能致远。

8.24　曾子曰：士不可以不弘毅，任重而道远。仁以为己任，不亦重乎？死而后已，不亦远乎？

不弘毅，不足以担当大任。格局不可不大，毅力不可不强。如孟子之"天将降大任于斯人也，必先苦其心者，劳其筋骨，饿其体肤，动心忍性，增益其所不能"。诸葛亮之"鞠躬尽瘁死而后已"出于此。舍生取义，杀身成仁，偏了。

8.25　子张：士，见危致命，见得思义。祭思敬，丧思哀，其可已矣。

临危致命是烈士，庄子不取。见义（宜）勇为可也。见利思义，君子爱财取之有道。祭与丧还用思吗？本能而已。诚于心而发于外。

从政治国

8.26 子禽问子贡：孔夫子每到一个国家，一定要打听该国的政事。是他自求还是人家请他呢？

子贡：夫子温良恭谨让，他是以这样的品德赢得了参政的机会。

问得好！孔夫子汲汲于仁于仕。子禽问的苛刻，子贡回答的勉强。孔子是不患人之不己知，患己无能也，但也没放过任何入仕的机会。不过和一般人不同的是他也确实没有伸手要官，花钱买官，挖门盗洞找关系。

8.27 子夏：**仕而优则学，学而优则仕。**

此话，子路也说过，虽遭孔子批评，但极可取。学习是终身大事，世事变迁，不学还真不行。中央党校、国家行政学院都是为"仕而优则学"者建立的。

8.28 子夏：**君子信而后才能劳其民。未信，民以为厉己；信而后谏，未信则以为谤己。**

孔子说"民无信不立"，信为立身立国之本。对于领导也一样，他不信任你，你还要给他提意见，不但不信，反而以为你在诽谤他。所以，一个人要想成就一番事业，不但要取信于民还要取信于领导。商鞅为了推行法令，不惜重金立杆徙木，就是为了取信于民，为大秦帝国国富兵强、统一中国打下了最为坚实的基础。魏征和唐太宗的相互忠诚和信任堪称典范。

8.29　鲁哀公问有若：灾荒之年，民饥，国库空虚，怎么办？

有若：何不抽十分之一的税。

鲁哀公：你说什么？十分之二，我尚觉不足，怎么抽十分之一？

有若：**百姓足，君孰与不足？百姓不足，君孰与足？**

富民才能强国，可惜，统治者多如鲁哀公。老庄孙子：十一税最科学！

《老子》第75章"贪损"：民之饥，以其上食税之多，是以饥；民之难治，以其上之有为，是以难治；民之轻死，以其求生之厚，是以轻死。夫唯无以生为者，是贤于贵生！

8.30　曾子：**慎终追远，民德归厚矣。**

祭祀死人是给活人看的。君子之德风，小人之德草。上有好之，下必甚焉。榜样的力量是无穷的！当然，诚心最好。慎终才能追远。不宁静不足以致远。

8.31　子曰：**不在其位，不谋其政。**

曾子：**君子思不出其位。**

孔子说为政第一要务就是正名，名正才能言顺。现在的定岗、定编、定责，就是为了各负其责，不要不在其位还要谋其政，更不要越俎代庖。每个人都把自己门前雪扫干净了，他人瓦上霜也自有人打理。

8.32　孟孙氏让曾子弟子阳肤为狱官。阳肤请教曾子。

曾子：**执政者无道，民心涣散已经很久了。如果你能弄清楚事情真相，就要哀痛怜悯他们而不要沾沾自喜。**

冤狱过多，曾子真是把社会和法律的本质看透了！

8.33　柳下惠为狱官，被三次罢免。

有人说：你怎么还不离开鲁国？

柳下惠：以直道侍奉君主，到哪个国家不会被免三次呢？以枉道事人，又何必离开父母之邦？

振聋发聩，一言中的，让人深思。柳下惠真是个明白人！难怪孔子那么赞赏他。人间正道是沧桑啊！

交友之道

8.34　子游曰：事君数，斯辱矣；朋友数，斯疏矣。

子游听孔子说的。不论是事君、侍亲，还是交友，总是没完没了，提意见，谁也不会舒服。又何况如前面子夏所说"信而后谏，不然，则以为谤己"。孔子也说：要学会察言观色，把握火候。当然首先要信在其中。其实不管是思考、决策还是提建议，"再"可也，不可则止。不要疏远了朋友，惹怒了父母，以道事君，不道则已，不要自取侮辱。

8.35　子夏的弟子问子张如何交友。

子张：你老师子夏是怎么说的？

弟子：子夏说"可者与之，不可者拒之"。

子张：这和我听说的可不一样。君子是尊圣而容众，嘉善而矜不能。我如果是个大贤人，于人何所不容？我如果不贤，人将拒我，如之何其拒人也？

挺有意思。子夏交友是有选择的，符合常理。孔子也"损友三，益友三""无友不如己者"。子张则是境界高了许多，有点老庄的味道"善者吾善之，不善者吾亦善之""圣人善救人，故无弃人；善救物，故无弃物""天地不仁以万物为刍狗，圣人不仁以百姓为刍狗"。孔子还没死几天，哥俩就杠上了！都是听夫子说，谁为正传？

关于弟子

8.36　德行科：颜回、闵子骞、冉伯牛、仲弓；言语科：宰我、子贡；政事科：冉有、季路；文学科：子游、子夏。

孔子教育大的方面分四科，各有代表人物。德者本也。行有余力则以学文。

8.37　子路有闻，未之能行，唯恐有闻。

子路是知行合一，言必信、行必果的典范。一事未了，不再接受新的任务和思想观点，唯恐不能践行。

8.38　季氏想委派闵子骞为费邑宰。

闵子骞：请替我婉言辞谢吧！再来召我的话，我肯定跑到汶水那边去了。

隐士、高士风范，不愧德行科第二（颜回第一）。知道季氏不道德又无能为力，只好婉言谢绝。如果换成孔子说不定就去了。一笑。

《庄子》中这样的人比比皆是，如许由、善卷、伯夷、叔齐，还有屠羊说、介子推、庄子等等。选一段《庄子》吧。

《庄子·列御寇》篇：楚王派人聘庄子到楚国主政。庄子说:"你难道没见过用于祭祀的牺牛吗?穿的是锦衣,吃的是玉食,一旦被人牵往太庙宰杀祭祀时,后悔莫及,他就是想成为一头孤独的没人饲养的小牛犊都不可能了!"李斯是其写照,一人之下万人之上,一旦死到临头,再想和儿子一起牵着小黄狗在东门溜达散步都已不可能。

闵子骞不但德行好,智慧也高。

8.39 南容反复朗诵"白圭"。孔子将侄女嫁给了他。

白圭,《诗经·大雅》里的诗句:白圭之玷,尚可磨也;斯言之玷,不可为也。意思是,白玉上的瑕疵污点还可以磨去,言语中的错误就难以挽回了。告诫人们要谨言慎行。孔子选婿的首要标准还是德行,稳重、不张扬。命都不在了,何谈其他?

8.40 **柴也愚,参也鲁,师也辟,由也喭。**

柴,高柴。参,曾参。师,子张。由,子路。鲁,迟钝。辟,偏激。喭,鲁莽。人无完人,金无足赤。这是孔子对弟子缺点的点评。

8.41 曾子曰:**堂堂乎子张!难与并仁矣。**

曾子承认子张是个堂堂男子汉,只是仁道差了点。子张是外王的典范;曾子是仁(内圣)的楷模。哥俩不是一路人。其实,子张被满苟得教化后,境界已不止于仁矣。

8.42 子游曰:吾友张也,为难能也,然而未仁。同曾子一样,子游也评价子张之难能可贵,堪称大丈夫,但就是不够仁。老庄孙子:二人均有偏见。

8.43 子游说:子夏之门人弟子,洒扫、应对、进退还可以。这都是"末"呀，根本的东西一点也没学到。

子夏闻后反驳：噫！子游说的错了。君子之道，孰先传焉？孰后习焉？譬如草木，是要有区别的。君子之道，焉可诬也？有始有终，唯圣人能为。

这哥俩也干起来了！洒扫、应对、进退，确是小学之道。但子夏说得也很好。没有小道，连这些都不会，何谈大学之道？树有根叶，理由本末，事有终始。有末无本，有终无始是不存在的。

老子说："合抱之木，生于毫末；九层高台，起于累土；千里之行，始于足下。"慎终如始，故我从子夏。不求大道，只逐枝叶，孔学、孔子传承的悲哀！不忘初心。

历史之鉴

8.44 尧曰：咨！尔舜。天之历数在尔躬，允执其中。四海困穷，天禄永终。

舜亦以此命禹。

商汤说：予小子履，敢用玄牡，敢昭告于皇皇后帝：有罪不敢赦。帝臣不蔽，简在帝心。朕躬有罪，无以万方；万方有罪，罪在朕躬。

周文王说：周有大赉，善人是富。虽有周亲，不如仁人。百姓有过，在予一人。

孔子总结说：谨权量，审法度，修废官，四方之政行焉。兴灭国，继绝世，举逸民，天下之民心归焉！所重：民、食、丧、祭。宽则得众,信则民任焉。敏则有功,公则悦。

这是一篇大大的文章!唐虞揖让三杯酒,汤武征战一局棋。尧舜汤武,中国历史上最负盛名的圣贤,君王的施政榜样。大道在此一览无余,孔子总结得也极好,所谓"祖述尧舜宪章文武",在此,可见一斑!

"允执其中",是中庸、老庄、孔子、释迦"中道"有文字记载以来的终极源头。如果说,儒道百家为一脉,即源于此;也是中华文明的终极源头,是最核心的思想源泉。这就是老子所说的"道",孔子所说的"一",庄子所说的"中枢",得此道者,即为圣人、神人、至人!以此,可以统领天地人以至于自然。是尧禅位给舜最重要的四字真言。

舜禅位给禹则成了16字真言:天道惟微,人道惟危,惟精惟一,允执厥中。孔子评价《易经》也用了四个字"洁净精微"。"微、危、精、一、中",在老子、孔子、庄子文章里得到了最充分的诠释。确实是"玄之又玄,众妙之门"啊。

汤武虽功勋卓著,但其恩德、智慧还差尧舜禹包括周文王一大截;毕竟是靠武力征服天下,虽正义,却杀人无数,所以也才有两人的忏悔。当然境界极高,但高到什么程度呢?

《老子》第78章"任信(孔子说信则民任焉)":是以,圣人云"受国之垢,是谓社稷主;受国不祥,是为天下王"。所谓圣人就是汤武。不是老子说的!

再看老子"朕"的出处。

《老子》第42章"道化":人之所恶,唯孤、寡、不谷,而王公以为称,即出自商汤口中。到了秦始皇"朕"变成了专用。皇皇后帝,后者,大也。

"四海穷困,天禄永终",后人多解错解。其实,他的本意是,如果你一直坚持"允执厥中"之道,就是四海都干涸了,天禄也不会终结,直到永远。根本就不是天下百姓困苦、穷困之意!真是岂有此理!

"周有大赉,善人是富",也多曲解。不是周朝奖赏别人,而是指周武王托周文王等先祖的庇护,享此"天道"之大礼、恩赐。富,是指"善人、贤人"是我的宝贵财富,不是让善人发家致富。

"虽有周亲,不如仁人",更强调、注解了前一句的意思:既要认亲,又要礼贤下士。

孔子总结的一段话,堪称孔子包括圣人们施政、为民,走向大同世界最伟大的施政纲领:对于新政、改革要慎之又慎,权衡度量,包括历法、节气、四时、阴阳、五行,均衡天下。

审慎法度,不多也不少,法令有度,决不可"法令滋彰,盗贼多有"。"治大国如烹小鲜。"约法三章,有法可依,有法必依。

立天子,置三公,设九卿,用以统领、治理天下。

兴灭国,继绝世,举逸民,则有大国、大同的风范、味道,也是我们永不称霸的理论、思想、历史基础。

就像《老子》第61章"谦德":大国者下流,天下之交,天下之牝，牝常以静胜牡，以静为下。故大国以下小国，则取小国。大国不过欲兼畜人，小国不过欲入事人。夫两者各得所欲，大国宜为下。大国怀柔，小国入流。

绝不会像所谓的西方文明，达尔文的哲学，弱肉强食，灭绝人性，置之死地而后快。

我们则恰恰相反，让灭亡的国家再兴起，让绝后的家族香火得以延续，野无贤人，都出来为人民服务。这才是统领万邦，大同世界，人人归顺，心服口服的好方法、好策略。

要重点解决：民众、粮食、丧葬、祭祀等关系国计民生的大问题。宽以待人，取信于民。勤勉工作，不骄不衿。公天下，不以私为，公平、公正、公心，博施济众。孔子还描述了"小康、大同"社会的愿景（见前）。

《庄子》中也多有记述原始至德之世即马克思所说的原始共产主义。

"缮性"篇：远古之人，混沌淳朴，淡泊恬静，不汲汲于所求。当是时，阴阳和静，鬼神不扰，四时顺遂，万物和谐生长，群生不夭，个别人如圣贤虽有智慧但却无所用之，人与自然绝对同一，自然而然。

远古之人，身行天下，不以狡辩为智慧，不用智巧去祸害天下，不以智谋败坏德行，不以聪明坏道。独立不改，周行不殆。一以淳朴为德，此外再无什么可作为的。端正自己，仅此而已。人与自然高度和谐。**老庄孙子**：缮性者，引导人性向善也。

"马蹄"篇：原始至德之世，日出而作，日落而息，同于禽兽居，族与万物并，纯素质朴，不知有君子、小人。天下太平，万物和谐。没有外物的牵累。

无为名尸，无为谋府，无为事任，无为智主。体尽无穷而游无朕。

民居不知所为，行不知所往。含哺而熙，鼓腹而游，民能以此。

结绳而记事，甘其食，美其服，安其居，乐其俗。邻国相望，鸡犬之声相闻，民至老死不相往来。若此之时，则至治矣。**老庄孙子**：最好的太平盛世了！

及至圣人出，汲汲于仁，悬企于义，致使天下人疑惑不解。人们开始纵逸行乐，礼仪始制，天下开始有了是非的分别。世风日下，道德衰微，礼崩乐坏，物欲横流，世道越来越乱了！

这里要特别注意的是，《老子》第80章"独立"所描述的：小国寡民，使有什伯之器而不用，使民重死而不远徙。虽有舟舆，无所乘之；虽有甲兵，无所阵之。使民复结绳而用之。甘其食，美其服，安其居，乐其俗。邻国相望，鸡犬之声相闻，民至老死不相往来。绝不是老子的愿望而是历史的真实写照！孔子之"大同""小康"亦然。更不是什么"乌托邦"！"华胥国"最后也在黄帝的治理下梦想成真！

8.45 子贡说：殷纣王之不善，不像人们说得那么严重。所以，君子恶居下流，因为，天下之恶皆归焉。

伟哉！子贡。敢说人之不敢、不能说！墙倒众人推。虽然子贡找了很好的理由"君子恶居下流",但还不如老子究竟。

老子主张大圣人、大贤人都应该"上善若水,处众人之所恶,故几于道"。

缺乏海纳百川、江海之所以为百谷王以其善居下的胸怀和受国之垢、国之不祥的担当。

8.46 周公谓鲁公:君子不疏其亲,也不使大臣怨乎不已。故旧无大故,则不弃也。无求备于一人。

周公是孔子最推崇的圣人之一。周朝完美的礼乐制度都出自他手,还助周文王演《周易》,摄政周成王,奠定了周朝八百年基业。

国家国家,没有家哪有国?天下五伦始于夫妇、父母,修身、齐家才能治国平天下。故旧无大碍则不弃。也要讲平衡,亲戚要照顾,也不能让大臣们怨恨太多,更不要求全责备。这就是做君王、领导的艺术、水平。鲁公,周公之子。

8.47 齐景公有马千驷。死之日,民无德称焉。

伯夷、叔齐,饿死于首阳山下,民至今称颂之。

齐景公不算明君也不算太昏,有晏子辅助没出什么大事。看看《庄子·盗跖》篇子张与满苟得长篇辩论或可启发不小。

8.48 邦君之妻,君王称之为夫人,夫人自称小童,邦人称君夫人,称诸异邦则为寡小君,异邦人则称君夫人。

春秋时国君的妻子在不同场合的称呼。此记录与南子有关。孔子流亡第二站就是卫国。南子得知,想尽一切办法要见孔子。让人传话"四方之君子不辱,欲与寡君为兄弟者,必见寡小君。寡小君愿见"。孔子再三推辞，不得已以礼相见，却惹出那么多的麻烦。

8.49 大师挚去了齐国，亚饭干到了楚国，三饭缭去了蔡国，四饭缺去了秦国，鼓方叔去了黄河那边，播鼗去了汉水那边，少师阳、击磬襄去了海岛。

自此，孔子所说的"礼崩乐坏"在鲁国彻底发生了，国家乐队解散，乐师们各奔东西。也符合孔子一生，以礼乐始以礼乐终。**老庄孙子**：是报应、轮回吗？其事好还。